L'holocauste
des sorcières d'Alsace

www.nueebleue.com

Jacques Roehrig

# L'holocauste des sorcières d'Alsace

## Un effroyable massacre au cœur de l'Europe humaniste

La Nuée Bleue

DU MÊME AUTEUR CHEZ LE MÊME ÉDITEUR

*À mort, la sorcière ! Sorcellerie et répression en Lorraine XVI^e^ - XVII^e^ siècles*

DANS LA MÊME COLLECTION

*La guerre des Paysans*
Georges Bischoff

*L'Alsace au Moyen Âge*
Guy Trendel

*Racontez-moi Strasbourg*
Guy Trendel

*La Décapole*
Collectif d'auteurs sous la direction de Bernard Vogler

*La nef des fous*
Sébastien Brant, traduit de l'allemand par Madeleine Horst

*Yossel de Rosheim, l'avocat des juifs*
Selma Stern, traduit de l'allemand par Monique Ebstein et Freddy Raphaël

*Le nom de l'Amérique*
Albert Ronsin

*Histoire culturelle de l'Alsace, du Moyen Âge à nos jours*
Bernard Vogler

Pour en savoir plus ou dialoguer avec l'auteur :
sorcellerie.alsace@orange.fr


ISBN 978-2-7165-0783-7

*À Gilou,*
*ma sorcière bien-aimée*

* Les astérisques renvoient à un glossaire placé en fin d'ouvrage

AVANT-PROPOS

# La grande chasse

Entre le crépuscule du Moyen Âge et l'aube des Temps modernes a surgi l'éclatante Renaissance ; elle nous est décrite comme les prémices du rayonnement de l'esprit. Cet essor intellectuel et artistique n'augurait-il pas l'avènement du siècle des Lumières ?

Cependant, la Renaissance recèle, comme toute chose, humaine ou pas, une part d'ombre : dans toute l'Europe chrétienne, de la très-catholique Espagne à la luthérienne Scandinavie, de l'Angleterre anglicane à la Sainte Russie orthodoxe, dans tous les pays et contrées de ce monde où les différentes Églises en une lutte sans merci prônaient leur propre exégèse des Saintes Écritures, mille et mille bûchers furent dressés, illuminant le ciel de leurs flambeaux humains.

Aux XVI$^{e}$ et XVII$^{e}$ siècles, des dizaines de milliers d'hommes et de femmes ont été réduits en cendres. Pourquoi les a-t-on fait disparaître de cette manière ? Quels êtres étaient-ils pour encourir un tel châtiment ? Quels crimes avaient-ils commis ?

La lecture des sentences montre que la plupart des accusés ont été condamnés en raison d'attendus que l'on peut classer en deux catégories : l'une concerne les maléfices – c'est-à-dire les actions malfaisantes perpétrées par des moyens occultes –, l'autre les relations avec le Diable. La première reprend essentiellement l'emploi de poudre ou de breuvage mortifère visant aussi bien les humains que les animaux, l'utilisation de baguettes pour battre l'eau et provoquer de la sorte la tempête ou la grêle afin de détruire les récoltes pour affamer leurs propriétaires ; des « maléficieurs » n'hésitent pas à hanter les cimetières pour déterrer les enfants mort-nés et les faire bouillir ; avec la graisse ainsi obtenue et d'horribles ingrédients, ils mijotent ensuite une mixture mortelle, gardant néanmoins les frêles menottes des bambins pour la fabrication de cierges. La seconde catégorie d'attendus a trait à la soumission de l'accusé à la volonté démoniaque, avec pour corollaire le renoncement à Dieu, l'abjuration du baptême, l'abandon de son corps au nouveau maître et la signature du pacte satanique ; à cette relation intime s'ajoute la participation collective au sabbat, l'antimesse des ouailles du grand Bouc au cours de laquelle ont lieu le baiser anal audit Bouc, le banquet où pain et sel sont proscrits et, pour conclure l'office, l'emmêlement général d'une fornication à tout va, sans distinction de sexe ni d'âge.

Assurément, il ne peut s'agir que de sorciers et de sorcières pour commettre de tels crimes. C'est donc au titre de la sorcellerie qu'ils seront jugés. Leurs forfaits, comme on vient de le voir, étant des plus odieux, une justice d'exception est de règle : nulle circonstance atténuante n'est recevable, nulle déposition à décharge n'est admise, nulle preuve matérielle n'est nécessaire, l'aveu seul suffit, quitte à l'obtenir sous la torture ; la mort par le feu est l'unique sentence, la calcination des os et la dispersion des cendres devant rendre impossible la résurrection des corps au moment du Jugement dernier.

Le néant éternel, tel est le sort qu'on voue aux créatures du Diable. Ces damnés méritent bien ce châtiment.

Toutefois, à la lecture des interrogatoires, on découvre qu'on a affaire à d'autres coupables, à des gens bien ordinaires : vigneron, gardien de troupeaux communaux, manouvrier*, moitrier*, tisserand, etc. Miséreux pour la plupart d'entre eux, ils ont peine à nourrir leur maisonnée. Quant aux femmes, si la plupart d'entre elles ont fort à faire avec leur progéniture ou secondent leurs maris, prenant même la place de la rosse qui vient de crever et que, faute de pécule, on ne peut remplacer, quelques-unes d'entre elles assument la charge de sage-femme, quelquefois de faiseuse d'ange ; d'autres, initiées par leurs mères, sont guérisseuses et, pour un peu de lait ou un bichet* de blé, concurrencent à leur avantage le barbier-chirurgien*, le médecin ou l'apothicaire ; les jeunes filles, bonnes à tout faire, ont hâte de se marier, et les veuves de se remarier, pour ne pas avoir à mendier dans les rues des villages voisins. Ces hommes et ces femmes appartiennent à une même communauté : celle du village. Au demeurant, ils sont plus ou moins parents. Cette promiscuité, facteur de cohésion sociale et d'entraide, est dans le même temps source de jalousie et de rancœur longtemps contenues et qui gonflent au fil des jours pour exploser en querelles intrafamiliales ou de voisinage.

Voilà, en quelques mots, le portrait des accusés qu'on découvre à la lecture des procès de sorcellerie. Pourtant, ces pauvres diables qui croient tous au paradis vont connaître l'enfer terrestre. Pourquoi ces braves gens ont-ils été persécutés ? Pourquoi cet immense autodafé demeure-t-il encore aujourd'hui ignoré du grand public ? Pourquoi cette page de notre Histoire manque-t-elle bien souvent ? S'agit-il d'un épisode tabou ? Et pour quelles raisons cette chasse aux sorcières fut-elle en Alsace des plus féroces ?

Ce livre est la réponse à ces questions. Tout au moins, son auteur ambitionne de fournir des réponses. Bien sûr, une poignée d'historiens connus et reconnus a tiré de l'oubli cette tragédie, à l'exemple d'un Auguste Stœber ou d'un Louis Schlaefli ; d'autres, férus d'histoire locale, ont apporté un éclairage certes focalisé, mais plus circonstancié. Leurs travaux m'ont instruit ; aussi ne manquerai-je pas de citer leur contribution. Riche de cet apport qui consolide mes propres recherches, cet ouvrage couvre l'ensemble du territoire alsacien, tout en se gardant de l'isoler. Tout événement ou phénomène ne s'explique-t-il pas par son contexte, ses influences externes ou interactives ? Pour la même raison, et si leur compréhension en est facilitée, certains aspects de la répression de la sorcellerie alsacienne seront présentés, ou commentés, à la lumière des aspects analogues des terres voisines, celles de Lorraine en particulier.

En outre, ces travaux d'investigation ne sont pas seulement ceux d'un enquêteur du passé, ils sont également ceux d'un avocat qui s'engage corps et âme afin d'obtenir la réhabilitation de condamnés, victimes d'une erreur judiciaire. Cet essai est, pour ainsi dire, le dossier préparatoire d'un procès en révision. C'est aussi une réaction, celle de tout être sensible, face aux injustices, d'autant plus que ceux qui en pâtissent sont les plus faibles. D'ores et déjà, nous pouvons affirmer que la quasi-totalité des parias de cette éradication sont de simples victimes – des femmes en majorité, d'où la prédominance du genre féminin dans cet ouvrage –, la sorcellerie ayant été, comme nous le verrons, un prétexte pour régler des problèmes qui n'ont rien à voir avec les pratiques « sorcelliques ». Nous verrons également que cette grande chasse n'aurait pas été possible sans l'importance du domaine supraréel de l'activité diabolique, lequel domaine, largement décrit par les démonologues, a permis aux tribunaux d'établir le « crime mixte de sorcellerie ». Voilà essentiellement les raisons pour lequelles de simples rumeurs de sorcellerie ont donné lieu à une vaste et meurtrière traque humaine.

Convaincu de leur innocence, je ne veux pas que les victimes alsaciennes de cette persécution disparaissent à jamais de notre mémoire, aussi ai-je tenté d'en dresser la liste nominative. Cette liste, qui constitue le *Mémorial des « sorcières » d'Alsace*, est en quelque sorte une stèle rappelant leur tragique destin.

PREMIÈRE PARTIE

# La malepeur du Diable

CHAPITRE 1

# L'Europe des bûchers

La perception d'un phénomène et sa compréhension sont grandement facilitées lorsque le contexte dans lequel il évolue nous est exposé. Aussi adopterons-nous cette méthode de mise en lumière pour la chasse aux sorcières dont l'Alsace fut le théâtre durant les deux premiers siècles des Temps modernes.

Avant tout, n'oublions pas que cette tragédie s'inscrit dans un ensemble plus vaste, sur le plan tant spatial que temporel. Les livres d'histoire nous apprennent que les premiers procès de sorcellerie eurent lieu bien avant le XVIe siècle, notamment ceux qui furent instruits contre les Templiers, dont le grand maître, Jacques de Molay, fut brûlé le 18 mars 1314, et contre Jeanne d'Arc, notre mystique et mythique Lorraine, suppliciée par le feu à Rouen le 30 mai 1431. Dans les deux cas, il s'agit de procès politiques relevant de la raison d'État. Les procès qui suivirent furent d'une autre nature.

À partir du XVIe siècle, tous les pays de l'Europe chrétienne s'embrasent, non pas en une flambée soudaine et générale, mais en brûlots épars qui s'allument progressivement. L'origine du foyer se situe principalement dans la partie latine de l'Europe, l'Italie et l'Espagne, où l'Inquisition dirige les procès ; la France, fille aînée de l'Église, de même que la Suisse, est également partie prenante. Le mouvement antisorcier va s'étendre dans le Saint-Empire romain germanique, puis traverser la Manche pour se répandre dans les îles britanniques et, un peu plus tard, reprendre sa progression jusqu'en Scandinavie et achever son efflorescence en Europe orientale. Aucun territoire de l'Europe chrétienne n'est épargné ; cependant, l'intensité de la répression est plus ou moins vive selon l'endroit contaminé par l'épidémie de sorcellerie.

## *L'impossible bilan*

Même à ce jour, il est bien délicat d'établir le bilan général, celui-ci se contractant au fil du temps, plus exactement au fur et à mesure que des études plus ciblées, pays par pays, voire contrée par contrée, sont réalisées.

Dans les années qui suivent la fin de cette traque humaine que les « sorcelogues » d'aujourd'hui désignent sous l'expression de « grande chasse », les historiographes et écrivains n'hésitent pas à parler de millions d'exécutions ; il est vrai qu'au vu des écrits des démonologues et chasseurs de sorciers de l'époque, on est stupéfait par l'ampleur des chiffres annoncés : cinq mille personnes brûlées de 1615 à 1635 sur les terres de l'évêché de Strasbourg ; luthérien convaincu et jurisconsulte éminent de Saxe, Benedict Carzov se glorifie d'avoir signé vingt mille condamnations à mort ; surnommé le Torquemada lorrain, Nicolas Remy se targue d'avoir envoyé au supplice en quinze ans neuf cents genots* et genoches* alors qu'il n'est pas encore nommé procureur général de Lorraine ; Henri Boguet, grand juge de la terre de Saint-Claude dans le Jura, y a fait exécuter six cents personnes, tandis que Pierre de Lancre, commissaire royal chargé de purger le Labourd – l'actuel Pays basque –, se flatte d'avoir « ardé et branché » près de six cents brouches*. Et on pourrait aligner des pages entières de chiffres aussi terrifiants. Nul doute que les démonologues comme les chasseurs de sorciers ont forcé les chiffres, d'une part pour démontrer leur efficacité, et d'autre part pour montrer l'importance du phénomène sorcellaire.

Aujourd'hui, les historiens s'accordent à dire qu'un peu plus de cent mille personnes furent poursuivies en Europe au titre de la sorcellerie durant les deux siècles qui suivirent le Moyen Âge. La moitié d'entre elles périrent dans les flammes. Dans l'un des chapitres à venir, nous verrons qu'en Alsace, pour des raisons spécifiques, les mises à mort furent proportionnellement plus nombreuses. Pour l'instant, contentons-nous d'appréhender au mieux l'impact de la chasse aux sorcières en Europe en quantifiant par grands espaces géographiques son résultat et en évaluant son degré d'inclémence par le taux de condamnations à mort. Nous ne manquerons pas de justifier les écarts, tout en attirant à nouveau l'attention sur le fait qu'il s'agit d'une approche qui demande à être affinée au fur et à mesure que paraîtront des études sectorisées et comparatives.

Dans le royaume de France, si on incorpore les terres de l'Est non françaises à l'époque – la Franche-Comté, l'Alsace et la Lorraine –, environ treize mille personnes ont été poursuivies, dont la moitié ont été brûlées ; sur ce dernier chiffre, près des trois quarts sont des victimes alsaciennes et lorraines. Le pourcentage des condamnations à mort dans l'espace strictement royal est donc faible. La centralisation du pouvoir monarchique explique en grande partie cette modération. Le système judiciaire est sous le contrôle des différents parlements provinciaux ; soucieux du respect de leurs prérogatives, ces parlements, notamment celui de Paris, veillent à ce que les procédures d'appel soient effectives et leur soient systématiquement soumises. En revanche, aux confins du royaume, particulièrement aux frontières montagneuses, les procès sont plus nombreux et les sentences plus rigoureuses.

Plus au sud, en Europe méridionale, pas plus de quinze cents exécutés sont dénombrés pour l'ensemble de la péninsule ibérique et des territoires italiens. Pourtant, près de dix mille accusés comparaissent devant les tribunaux ecclésiastiques de ces pays où, contrairement au reste de l'Europe, les inquisiteurs sont les titulaires à part entière de l'institution judiciaire chargée de réprimer les actes de sorcellerie ; enquêteurs, juges et confesseurs à la fois, ils cumulent davantage de fonctions que les magistrats laïques. Cependant, ils condamnent moins à la peine capitale les sorciers et les sorcières. Mansuétude de leur part ? En partie. Ils demeurent par-dessus tout fidèles à leur engagement sacerdotal : amener à résipiscence les brebis égarées. Seuls les obstinés qui refusent de se repentir sont brûlés vifs. En Espagne, près de vingt mille personnes sont ainsi châtiées, dont seulement cinq cents au titre de la sorcellerie. En fait, les victimes de l'Inquisition sont les *marranos* ou *conversos*, ces convertis juifs ou maures, ces chrétiens de façade qui ne cessent de garder en leur cœur la religion de leurs pères ; renégats plus ou moins contraints, ils sont de surcroît potentiellement relaps, donc passibles à double titre d'être jetés au feu. Jugeant ces brebis vraiment irrécupérables, les inquisiteurs et leur maître Torquemada n'ont aucun scrupule à s'en débarrasser.

## *L'embrasement général*

La fièvre sorceleuse atteint rapidement le Saint-Empire romain germanique, désigné plus simplement comme le « Saint-Empire » ou, quelquefois, sous l'acronyme SERG. Vaste ensemble au centre de l'Europe placé sous la férule des Habsbourg, le Saint-Empire est en réalité un puzzle de plus de trois cents États, principautés, duchés, dont les princes et seigneurs, ecclésiastiques ou laïques, tiennent à préserver leur autorité, notamment dans le domaine de la justice criminelle. Ceci explique que, sur le plan judiciaire, la *Carolina*, code juridique institué par Charles-Quint, censée assurer un traitement égal aux justiciables de toutes les possessions de l'empereur, est souvent ignorée plus ou moins sciemment des justiciers locaux. Nous reviendrons sur la *Carolina* lorsque nous aborderons l'institution judiciaire de l'Alsace.

Le bilan global des victimes de la chasse aux sorcières dans les terres du Saint-Empire, si nous excluons l'Alsace, s'établit autour de quarante-sept mille, dont trente mille sont mortes dans les flammes, soit un taux d'exécution de 64 %. Ce pourcentage élevé a plusieurs causes. La première vient d'être évoquée : une mosaïque de cours de justice entraînant une disparité, non pas dans les procédures, mais dans l'application de la torture, l'échelle des sentences et les modes d'exécutions. Dans bien des cas, la procédure d'appel est négligée ; et lorsqu'elle est engagée et que la peine de mort est commuée, l'appelant a entre-temps été réduit en cendres. Géographiquement, la rage de réprimer est plus forte ici et là, bien souvent par la seule volonté de quelques « ayatollahs » comme à Bamberg et à Würzburg, principautés épiscopales de Franconie, où les princes-évêques, cousins par ailleurs, font brûler plus de quinze cents *Hexen** dans les années 1620-1630. Autre cause qui participe à une plus forte adhésion au phénomène sorcellaire dans les terres germaniques : les superstitions populaires dont les racines plongent profondément dans la mythologie nordique ; un tel terreau ne peut que favoriser la croyance en l'enfer et au Diable.

Avant d'aborder les terres d'outre-Manche, disons un mot sur la Suisse qui fait partie également du foyer principal de la chasse aux sorcières. Au début du XVIe siècle, elle est déjà une confédération formée de treize cantons, chacun jouissant d'une certaine autonomie judiciaire ; ce système a sans aucun doute permis une justice assez

COLL. PART.

*La rage d'éradiquer les « sorcières » et les « déviants » est de tous les siècles et de toutes les cultures. Xylographie, Mayence, 1508.*

expéditive puisque l'on dénombre pour ce pays relativement peu peuplé plus de huit mille condamnations dont cinq mille par le feu. Les guerres de religion et, probablement, les réminiscences de la lutte contre les Vaudois, hérétiques du début du XV^e^ siècle, ne sont pas étrangères à cette extrême rigueur. En outre, dans ce pays montagneux, l'isolement et le paysage fantasmagorique que l'hiver engendre accroissent la croyance au surnaturel, ainsi que l'exprime si justement Johan Huizinga, l'auteur érudit de *L'Automne du Moyen Âge* (1919) quand il affirme que « les pays de magie et de sorcellerie sont surtout les pays de montagne ». Effectivement, il a été constaté que la chasse aux sorcières a été particulièrement soutenue dans les zones montagneuses.

Avec cinq mille procès dont deux mille ont conduit à la mort, les îles britanniques connaissent une répression somme toute modérée ; sur ce dernier chiffre, il faut en imputer la moitié à l'Écosse. Les terres anglo-saxonnes se singularisent sur deux points : l'on a recours à la pendaison au lieu du bûcher, et la torture, autorisée seulement pour les affaires d'État, est pratiquement ignorée. De ce fait, contrairement aux aveux obtenus lors de la question*, le sabbat et autres relations diaboliques sont rarement évoqués ; la partie supraréelle des procès est en conséquence peu importante, d'où le faible nombre des peines capitales en Angleterre. Nous verrons plus en détail les conséquences de la supraréalité dans le domaine de la sorcellerie au chapitre qui lui est consacré. De plus, la procédure implique la prééminence d'un jury dont la conduite n'a rien à voir avec la méthode inquisitoire des juges continentaux. Cette procédure prévaut encore aujourd'hui en Grande-Bretagne comme aux États-Unis.

En Scandinavie, la répression sorcellique est également mesurée, tout comme le recours à la torture, ceci expliquant sûrement cela. Sur près de cinq mille condamnations, on compte quelque mille six cents exécutions. Conséquence inattendue de la guerre de Trente Ans, les Suédois, retournant dans leur pays, importent des idées sur le Diable beaucoup plus radicales, d'où une terrible persécution de 1666 à 1674 touchant notamment un grand nombre d'enfants. Ce contrecoup est surprenant quand on sait que les procès de sorcellerie cessent en Alsace dès l'incursion des troupes suédoises. Hélas ! Celles-ci sévissent autrement, et bien plus sauvagement.

La grande chasse aux sorcières atteint enfin l'Europe de l'Est. Commençant plus tard dans ces contrées, elle se prolonge jusqu'au milieu du XVIIIe siècle. Distinguons la partie septentrionale – la Pologne et la Russie – du reste de cette Europe qui regroupe la Hongrie centrale, la Transylvanie, la Moldavie et la Valachie, toutes provinces de l'empire ottoman.

Pour les deux premiers pays cités, on avance le nombre de douze mille procès et près de cinq mille condamnations à mort ; la Pologne est le gros pourvoyeur de la traque humaine. Voisine des terres germaniques, elle est contaminée par la croyance à la malfaisance diabolique, la réaction de la population profondément attachée à la religion des papes étant à la mesure de cette épidémie. En revanche, en Russie, le pays des popes, le virus démoniaque ne se propage pas et la sorcellerie demeure au stade d'agissements relevant de la magie, certes un peu noire mais pas diabolique.

Quant aux provinces ottomanes de l'Europe orientale, la démonologie y est également peu influente et, de ce fait, les procès peu nombreux ; on compte moins de mille personnes condamnées au bûcher pour quatre mille procès, la Hongrie centrale ayant fourni à elle seule quatre cents bûchers. Il est à remarquer que, dans les autres provinces (Moldavie, Transylvanie et Valachie), subsiste la procédure accusatoire. Ce qui explique sans aucun doute le niveau modeste des condamnations et démontre *a contrario* l'implacabilité du système inquisitoire, comme on le constate dans tous les pays où il est mis en pratique.

L'inventaire des foyers de sorcellerie en Europe ne serait pas complet si on oubliait d'évoquer celui du Massachusetts en Nouvelle-Angleterre, plus connu sous le titre des *Sorcières de Salem*. Certes, Salem n'est pas une bourgade d'Europe, mais ses habitants ne sont-ils pas tous des émigrants de la vieille Angleterre ? Les colons sont des calvinistes radicaux, en butte à l'Église anglicane, préférant fuir et s'installer sur de nouvelles terres où ils pourront librement pratiquer leur foi biblique. Dans leurs bagages spirituels, ces puritains n'oublient pas d'emporter Dieu et le Diable, et la sorcellerie avec. Sous cet angle, le territoire de Salem est bien un bout de terre d'Europe.

En février 1692, commence la célèbre affaire des possédées de Salem. L'épidémie hystérique atteint principalement des jeunes filles qui, répondant aux questions tendancieuses des jurés, accusent bon nombre d'adultes. De cette date jusqu'au printemps 1693, plus de cent cinquante d'entre eux sont inculpés ; vingt et une condamnations à mort dont vingt par pendaison sont prononcées ; la dernière concerne un homme de quatre-vingts ans qu'on écrasera sous l'empilement graduel de larges pierres sur son corps ; Giles Corey, tel est son nom, succombe au bout de trois jours de souffrance atroce ; son crime : avoir tenu tête à ses juges. Sur les vingt pendus, quinze sont des femmes ; parmi celles-ci, deux sont enceintes : on attendra qu'elles accouchent pour les accrocher au gibet. Quatre autres accusés mourront en prison ainsi que le nourrisson d'une des pendues. Les jeunes possédées assistent avec la plus totale indifférence à l'exécution des braves gens qu'elles ont dénoncés.

Clôturons ce chapitre sur une note plutôt réconfortante. Après ces événements tragiques, la communauté de Salem eut la sagesse de reconnaître son égarement et fit œuvre de repentance. Le premier acte de contrition eut lieu le 15 janvier 1697 avec l'institution d'un jour de jeûne ; un peu plus tard, les possédées firent pénitence, l'une après l'autre ; par la suite, toutes les victimes condamnées à mort furent réhabilitées ; enfin, en 1957, tous les jugements furent déclarés nuls et non avenus.

Il est dommage qu'un tel exemple de rédemption, à de rares exceptions, n'ait pas été suivi dans la vieille Europe.

CHAPITRE 2

# Une courte histoire de la sorcellerie

En l'espace de deux siècles, la grande chasse en Europe contre les suppôts du Diable s'est soldée par la poursuite d'un peu plus de cent mille sorciers et sorcières, la majorité des procès ayant eu lieu entre 1580 et 1650. Il est évident qu'il ne s'agit pas d'un phénomène spontané ni d'un épiphénomène. Avant que l'épidémie des procès de sorcellerie ne se déclare et ne se propage, une longue et lente incubation a été nécessaire, encore fallut-il qu'un ensemble de facteurs favorise son développement et déclenche sa manifestation. Avant d'en analyser les éléments catalyseurs, découvrons les grandes phases de l'évolution temporelle de la sorcellerie. Dans l'immédiat, pour définir ce dernier terme, nous nous contenterons de son étymologie, à savoir : art de jeter des sorts, des sortilèges ; cette définition primaire s'enrichira au fur et à mesure que nos connaissances en la matière s'étofferont.

À quel moment peut-on dater l'apparition de la sorcellerie ? Sans aucun doute à l'instant où l'Homme a pensé que le monde où il vit est le grand œuvre d'un Dieu unique. Corrélativement, cet axiome implique que le Créateur universel ne puisse souffrir un *alter ego* ; par conséquent, les exploits de Satan, son rival, ne sont point des miracles, mais des actes de sorcellerie. Si le miracle divin est une production réelle, nous verrons par la suite que le prodige diabolique est une opération illusoire.

La sorcellerie serait donc née avec l'ère monothéiste. À l'ère précédente, celle du paganisme ou du polythéisme, la magie avait déjà cours : d'abord en celle de l'animisme des temps primitifs et son *mana*, principe de force surnaturelle ; ensuite, dans la mythologie de l'Antiquité gréco-romaine, où les dieux entretenaient avec les créatures de la Terre des rapports supranaturels et humains à la fois.

La répression sorcellique, depuis les temps bibliques jusqu'à son apogée, connaît une évolution en trois temps. D'abord, le temps des magiciens, durant lequel le christianisme s'étend et se substitue peu à peu aux pratiques païennes. Le concile d'Auxerre, en défendant de recourir aux sorciers et devins, met fin en l'an 506 à la coexistence de ces croyances. De cette date à 1484, c'est le temps des sorciers; l'Église est installée, la sorcellerie est punie, mais point sévèrement, c'est encore le temps des diableries, celles du Moyen Âge. Au-delà, et jusqu'à la première moitié du XVIIe siècle, advient le temps des sorcières; l'Église, contestée, se sent menacée: la sorcellerie est réprimée sans pitié. La démonologie est née.

## *Le temps des magiciens*

Au temps des magiciens, la magie – qui est l'art de produire par des procédés occultes des phénomènes surnaturels ou qui semblent tels – est tolérée par l'Église, dont la position n'est pas encore dominante; la magie est même en partie détournée par ses propagateurs et adaptée aux besoins de la christianisation. Nous donnons des exemples de cette appropriation un peu plus loin.

Puisqu'on parle de pratiques, il n'est pas inutile de rappeler que l'on distingue d'ordinaire deux sortes de magie: blanche lorsqu'elle est exercée à des fins salutaires, noire lorsqu'elle fait appel à des esprits malfaisants. La première opère au nom de Dieu et recourt aux bons offices de ses saints, aussi est-elle désignée par le terme de théurgie; la seconde, parfois appelée goétie, ne peut s'accomplir sans l'aide des esprits malfaisants. Parmi les thaumaturges les plus connus de ce temps des magiciens, qui suivit celui de Circé la charmeresse, citons Simon le magicien qui, au milieu des Apôtres, ravissait par ses prodiges le peuple de Samarie, Dianceht le Celte, le dieu-médecin qui ressuscitait les morts et, couronnant cet âge du merveilleux, Merlin l'enchanteur qui, entre autres prouesses, métamorphosa des rochers en géants dansants.

## *Le temps des sorciers*

Après celui des magiciens, vient le temps des sorciers. L'Église, dont l'influence est à présent prépondérante, entend exercer pleinement son autorité. Aussi accepte-t-elle de moins en moins que le pouvoir des sorciers interfère dans le destin individuel des hommes. N'est-ce pas à elle, et à elle seule, de s'en occuper ? Dieu a créé le monde, il est donc légitime que Ses ministres aient la charge de ceux qui y vivent. Or, le sorcier, en jetant des sorts, agit sur autrui, contrevenant en cela le divin démiurge. Ce contrepouvoir, de surcroît malfaisant, est en conséquence jugé inacceptable par l'Église. Celle-ci n'est-elle pas par ailleurs une grande praticienne de la magie, sinon la meilleure ?

Le Nouveau Testament, avec son héros humble et si humain, atteste force miracles : des pains et des poissons se multipliant à foison, l'eau de Cana se transformant en nectar rosé, l'aveugle de Jéricho découvrant en un clin d'œil un monde jusqu'alors inconnu, le paralytique de Capharnaüm se mettant à bondir tel un jeune cabri. Plus tard, les saints seront les champions des exploits thérapeutiques. Plus près de nous, en Alsace, rencontrant dans la forêt un vieillard mourant de soif et loin de tout point d'eau, sainte Odile ne fit-elle pas jaillir une source pour abreuver le malheureux ? Elle-même fut l'heureuse élue d'un miracle. Aveugle de naissance, elle recouvra la vue à l'instant où, sur un ordre divin, son oncle, l'évêque de Ratisbonne en Bavière, la baptisa. Sainte Odile ne fut pas seulement une sourcière : un jour, le vin de messe vint à manquer à l'abbaye de Hohenbourg ; la mère supérieure consulta la sainte ; quelques instants plus tard, le tonneau était à nouveau plein de bon vin. Attala, sa cousine, d'une égale sainteté, fut enterrée en l'église de Saint-Étienne à Strasbourg. Un jour, sur son tombeau, on déposa le corps d'un enfant noyé : le garçonnet aussitôt reprit vie ; une autre fois, un paralytique parvint à ramper jusqu'à la dalle funéraire ; s'aidant de celle-ci, il réussit à se mettre debout et à marcher ! Bien d'autres miséreux profitèrent de cette thaumaturgie de l'au-delà.

DR

*Sainte Odile, guérisseuse.*

Même les objets sacrés ont une telle puissance magique, à l'exemple du retable d'Issenheim qui, au Moyen Âge, possédait un pouvoir thérapeutique, notamment contre le mal des ardents ou feu de

*Nombre de pèlerins atteints du « mal des ardents » visitaient le retable d'Issenheim et se recueillaient devant le tableau de Grünewald, peint entre 1512 et 1516. Panneau de l'Agression de saint Antoine par les démons.*

MUSÉE D'UNTERLINDEN, COLMAR

Saint-Antoine, ce mal étant dû à l'ingestion de seigle ergoté ; il suffisait de placer le malade devant le retable pour que disparaissent ses vertiges et hallucinations ; il est vrai que l'un des tableaux de cet ouvrage d'art représente la Tentation de saint Antoine, et plus particulièrement le « diable du feu de Saint-Antoine ». Materne, un autre saint alsacien, mérite d'être remarqué : il ressuscitait les morts. Lui-même ressuscita : quelques mois plus tard après son décès du côté de Benfeld, il se releva de sa tombe et pendant encore trente ans s'employa à évangéliser les populations de part et d'autre du Rhin.

Charles Letourneau, auteur de l'ouvrage *Science et matérialisme* paru en 1879, a écrit que « du sorcier au prêtre, il y a peu de distance, l'un est un franc-tireur, tandis que l'autre tire dans l'armée régulière » ; cependant, il aurait pu ajouter que la magie du soldat de Dieu n'est en aucun cas malfaisante. Comme on vient de le voir, les actions merveilleuses de l'Église ont toutes des effets bénéfiques ou salutaires, au rebours des pratiques des sorcières. La magie du sorcier, étant maléfique par nature, ne peut être que l'œuvre des valets du Diable, l'ennemi juré des serviteurs de Dieu.

Au début, le sorcier est légèrement condamné : le concile de Narbonne ordonne en l'an 589 de fustiger* les sorciers et punit d'une amende ceux qui s'adressent à eux. Trois cents ans plus tard, l'incarcération des contrevenants est de mise ; la magie est un péché de superstition, pas encore un crime. Dans les siècles qui suivent, la répression s'accentue. En 1233, convaincu de la réalité des sabbats, le pape Grégoire IX fulmine contre les adorateurs de Satan la bulle *Vox in Roma*, laquelle renforce le pouvoir coercitif de l'Inquisition et confie aux dominicains la direction de ce tribunal dont l'autorité était jusqu'alors dévolue à l'épiscopat.

À partir du XIVe siècle, l'emprise du Diable devient si menaçante qu'en 1326 le pape Jean XXII ordonne, avec sa bulle *Super illius specula*, que les auteurs de maléfices soient punis à l'exemple des hérésiarques, la sorcellerie étant assimilée à l'hérésie, le pire des crimes de lèse-majesté divine.

Mais le temps des sorciers fait bientôt place à celui des sorcières. Le combustible vaudois ne suffit plus à alimenter les flammes des bûchers ; il faut en chercher ailleurs. La spirale infernale est enclenchée.

## *Le temps des sorcières*

En 1484, le pape Innocent VIII décide par la bulle *Summis desiderantes affectibus* l'éradication de la sorcellerie : c'est le signal de la grande chasse aux adeptes du Diable. Dans un premier temps, il charge deux dominicains, Heinrich Krämer, dit Institor, et Jacob Sprenger, de nettoyer la zone rhénane. En zélateurs qui en rappelleront d'autres, ces deux inquisiteurs publient en 1486 *Malleus maleficarum*, premier ouvrage codifiant la traque sorcellique. Ce bréviaire de l'exécration satanique, qui porte en exergue une sentence comminatoire – « La pire des hérésies est de ne pas croire à la sorcellerie » – stigmatise davantage la femme que l'homme. Le titre français de ce manifeste est au demeurant *Le Marteau des sorcières*. Dans la version germanique, la traduction *Hexenhammer* est de même nature.

Un siècle plus tard, en 1584, le concile de Bourges décrète que doivent être punis de mort non seulement les magiciens, mais aussi « toute personne qui ira consulter les devins ». Les juges civils, cette fois-ci, emboîtent le pas aux évêques, et forcent même l'allure ; la *Carolina*, le code criminel de l'empereur Charles-Quint commun aux terres du Saint-Empire romain germanique, prescrit en 1532 en son article 109, sous le titre « De la punition du sortilège », que « celui qui aura dommagé à quelqu'un par sortilège, sera puni de mort, et la punition sera celle du feu ». Dès lors, sous la pression harcelante du monde ecclésiastique, prélats lettrés des villes et curés de campagne incultes, les poursuites enclenchées par les croisés laïques contre les pratiquants de la magie démoniaque se multiplient à l'excès.

Du XVIe siècle jusqu'au milieu du XVIIe, l'Europe chrétienne brûle de toutes parts ; pour l'Histoire, elle restera à jamais l'Europe des bûchers. Près des trois quarts des victimes sont alors des femmes : c'est bien le temps des sorcières.

COLL. PART.

*En 1484, le pape Innocent VIII a donné le signal de la grande chasse aux sorcières dans sa bulle « Summis desiderantes affectibus ».*

CHAPITRE 3

# L'Église, entre dogme et pouvoir temporel

Nous venons de tracer à grands traits l'évolution de la répression à l'encontre des pratiquants de la magie et de la sorcellerie ; mais, avant de présenter l'organisation de la mise à mort des pourchassés, il est nécessaire de donner un aperçu du contexte historique et social au travers des principaux acteurs qui ont participé à l'hallali. Ils sont au nombre de trois : l'Église, l'État et la communauté villageoise.

Sur le plan chronologique, l'Église, comme nous venons de le voir, a été la première à réagir. Déjà prépondérante au Moyen Âge, elle est fort présente, pour ne pas dire omniprésente, à l'aube de l'ère moderne. « Partout et au-dessus de tout », telle aurait pu être sa devise aux XVIe et XVIIe siècles.

## *Omniprésence et toute-puissance*

À l'extérieur du logis, on ne peut manquer d'apercevoir l'un des multiples édifices religieux : l'église paroissiale et son clocher, mais aussi le cimetière qui l'entoure ; dès que l'on quitte le village, à l'orée des bois, un carré de grandes bâtisses signale la présence d'un couvent ; plus loin, au milieu d'une clairière, s'offre une chapelle ; et, encore plus loin, au plus profond de la forêt, surgit un ermitage creusé dans la roche. Mais l'Église n'est pas seulement visible par ses lieux de prière et de recueillement, sa Maison-Dieu offre un toit aux malades ainsi qu'aux vagabonds et pèlerins. Sur les routes qui relient entre eux les villages, croix et calvaires, humbles témoignages d'actions de grâce ou de malheurs, invitent le chemineau – colporteur, pèlerin ou roulier – à se signer et à marmotter quelques mots de prière. Cette présence statique ne suffit pas : lors des processions du Saint-Sacrement ou des Rogations par les rues de village et chemins de campagne, le clergé se montre à ses ouailles.

À l'intérieur de la maison – et même dès le seuil, le dessus de la porte d'entrée s'ornant d'une niche à la Sainte Vierge –, l'Église est visible avec ses crucifix, rameaux de buis, statuettes, livre d'heures, chapelet, rosaire, images pieuses. Dans les demeures bourgeoises et cossues, un « eau-bénitier » meuble le corridor ou la chambre des maîtres.

L'Église en impose surtout par ses serviteurs. On peut parler d'armée tant ses troupes sont nombreuses : des clercs, réguliers ou séculiers, des laïcs, des hommes, des femmes. Pour ne s'en tenir qu'aux ordres réguliers, lesquels regroupent les membres d'une communauté soumise à la règle, leur liste est impressionnante : on dénombre plus d'une vingtaine d'ordres, antonistes, augustins, bénédictins, clarisses, capucins, cordeliers, dominicains, franciscains, jésuites, lazaristes, minimes, ursulines, trinitaires, etc. ! Et les membres de cette armée, pour être plus visibles, sont pourvus d'un uniforme : chamarré pour les chefs (prélats, évêques et abbés), noir ou gris pour les sans-grades (moines et curés).

Évidemment, entretenir tout ce monde et ces bâtiments nécessite beaucoup d'argent ; avec le prélèvement de la dîme – grande lorsqu'elle porte sur les récoltes et les animaux vivants, ou petite lorsqu'elle concerne des biens de moindre importance –, l'Église est l'un des plus gros collecteurs d'impôts. Ces apports en nature convertis en espèces sonnantes et trébuchantes ajoutés aux dons et legs ainsi qu'aux diverses prestations rétribuées, ces dernières constituant avec les mariages, les baptêmes, les décès, les fondations de messe le casuel, la conduisent à se comporter trop souvent en un occulte organisme bancaire. Dans cette société autarcique, il est difficile de se procurer des liquidités. Aussi le paysan, désirant offrir une dot à sa fille ou acquérir du bétail, s'adresse-t-il en catimini à l'un des fondés de pouvoir ecclésiastiques. La déontologie de l'Église interdisant toute perception d'intérêts, on recourt à un montage financier subtil moyennant une constitution de rente, laquelle donne au prêt l'apparence d'une vente. Le schéma de l'opération est le suivant : celui qui dispose de liquidités achète une rente en remettant un capital au « vendeur » ; l'acheteur de la rente est donc en réalité le prêteur, et l'emprunteur le vendeur de la rente, celle-ci étant constituée du capital augmenté, bien entendu, des intérêts dont le montant, à cette époque, est de l'ordre de cinq pour cent. Tout le monde y trouve son compte, la morale aussi. Les chartreux achetèrent de cette manière en 1617 une rente à David Engel, chapelier à Molsheim et mari d'Eva qui fut brûlée quelques années plus tard[1]. Par ailleurs, l'Église, déjà détentrice d'un vaste domaine rural, particulièrement des terres viticoles, profite de ces revenus financiers pour accroître son patrimoine immobilier, à l'image du diocèse de Strasbourg.

Directement ou indirectement, l'Église intervient dans tous les domaines : l'état civil, la santé physique et morale, l'organisation du travail et des loisirs, l'instruction et l'éducation, celles-ci visant essentiellement à assurer le salut de l'âme.

En tant que témoin officiel des grands moments de la vie humaine, et pour montrer qu'elle a bien la charge de ceux qui vivent ici-bas, elle tient à jour les registres d'état civil où la consignation des baptêmes, mariages et décès résume les existences. Au XVIe siècle, et même après, seul le registre baptistaire est tenu à jour, les autres extraits le sont à la seule diligence du ministre du culte. En Alsace comme ailleurs, les recommandations aux desservants des paroisses de compléter correctement ces documents ne sont pas rares. En 1667, le vicaire général les exhorte à transcrire plus exactement les actes paroissiaux ; près de vingt ans plus tard, en janvier 1685, c'est l'intendant civil de la province d'Alsace qui fait savoir que les « prestres et curez seront tenus d'avoir trois registres pour y escrire les baptêmes, mariages et enterrements ».

L'unique préoccupation qui hante nuit et jour le chef de famille est de nourrir la maisonnée. Aussi, ce dernier craint-il par-dessus tout la maladie ou l'accident, tant pour lui-même que pour son bétail, le malheur qui touche les enfants ou leur mère ayant des conséquences jugées bien moins dramatiques : un gamin qui meurt, c'est une bouche de moins à nourrir, et ça peut se remplacer sans dépenser le moindre denier. À cela s'ajoute l'angoisse née des possibles cataclysmes, naturels ou pas, comme les déchaînements de la nature, les excès climatiques, les guerres avec le spectre de la disette et, en perspective, la faim, la peste, la mort. De même, l'homme de la campagne a grandement peur des sorciers qui, pour se venger ou à la demande de voisins envieux, préparent en secret des maléfices pour les affamer en détruisant les récoltes ou en tuant le bétail.

L'Église, qui connaît ces peurs, ces menaces, et va même jusqu'à les exploiter, ne manque pas de venir en aide à ses paroissiens. À titre préventif ou curatif, elle met à leur disposition ses saints ainsi qu'une panoplie de pratiques et de moyens, tout en sachant que ces recours ne sont pas toujours très catholiques. En contrepartie, elle exige soumission au dogme ainsi qu'à ses dépositaires.

## *Saints protecteurs, saints guérisseurs*

Grâce à ses saints, l'Église préserve ses fidèles des dangers les plus divers, maladies et accidents compris. Dès la naissance de leurs rejetons, les parents assurent leur existence en choisissant comme nom de baptême celui d'un saint tutélaire.

Parmi les saints protecteurs, ceux qui agissent en faveur du bétail sont fort nombreux. Cette constatation n'est pas étonnante, puisque nous avons vu que la santé du cheptel compte davantage que celle de la famille du maître de maison. Dans ce domaine, saint Antoine est le gardien attentif du bétail avec, néanmoins, un faible pour les cochons. Dans les sanctuaires alsaciens qui lui sont consacrés, le saint ermite est parfois représenté brandissant une croix en forme de T à laquelle sont accrochées des clochettes qui, tintinnabulant au cou des porcs, chassent les démons. Sainte Geneviève défend les troupeaux, chiens et bergers des attaques du loup alors que saint Sébastien s'occupe plus particulièrement des bêtes rouges*. Avec saint Pierre, les mouchottes* butinent en toute quiétude. De plus, en Alsace, saint Wendelin et sainte Brigide veillent à la bonne santé des animaux domestiques, les moutons ayant la faveur du premier nommé, tandis que saint Blaise et saint Wolfgang surveillent les troupeaux et protègent leurs gardiens.

Les dangers et menaces contre lesquels l'homme cherche à se prémunir étant forts divers, les saints protecteurs le sont tout autant. Les maréchaux invoquent saint Éloi quand ils ont à ferrer des chevaux vicieux ou agités. Contre l'orage, l'appel à saint Barnabé constitue le meilleur paratonnerre. Pour chasser des champs les rats et les souris, l'intercession de sainte Gertrude est une bonne solution, de surcroît très écologique ; saint Lambert, lui, a le pouvoir d'empêcher la gelée. Enfin, pour contenir les maléfices, saint Fabien contrecarre les agissements secrets des sorciers. Mais, de tous les protecteurs du ciel, sainte Marie, mère de Jésus, est la championne incontestée : une prière le jour de l'Immaculée Conception, et nous voilà préservés toute l'année de la peste, du feu, du tonnerre et des menées sorcelliques.

Pour recouvrer la santé, l'Église a une ribambelle de saints guérisseurs. Au Moyen Âge, et bien après, bon nombre de manants étaient convaincus que la maladie était une sanction divine – la peste n'est-elle pas nommée le « fléau de Dieu » ? En conséquence, la guérison ne peut s'opérer sans le ministère de l'Église ; à preuve, Innocent III, pape au début du XIIIe siècle, défend aux médecins de traiter un malade sans l'intervention d'un ecclésiastique ; trois siècles plus tard, par sa bulle du 8 mars 1566, le pape Pie V interdit aux médecins de faire plus de trois visites à un malade qui ne se serait pas confessé depuis le début de son mal.

Singulièrement, il y a très peu de saints généralistes alors que le nombre de spécialistes est élevé, voire pléthorique. Seuls saint Florent et sainte Sabine sont des omnipraticiens, encore que le premier soit plus souvent sollicité pour les coliques rebelles et que le saint du même nom honoré en Alsace, à Oberhaslach plus spécialement, soit invoqué pour la protection et la guérison des animaux domestiques. Remarquons au passage l'ambivalence des pouvoirs de ce saint Florent : préventif et curatif. La demande de la préservation ne suffirait-elle pas, ou oublie-t-on de la solliciter, pour qu'en dernier lieu on prie ce saint de traiter l'animal malade ?

Quant aux spécialistes, il serait fastidieux de les citer tous tant la liste est longue ; limitons-nous à relever quelques particularités. C'est ainsi que, dans le secteur de la psychiatrie, les praticiens sont nombreux : saint Del, saint Eustase, saint Florentin, saint Idoux, saint Paul, sainte Ursule, saint Valentin, saint Vit ; à croire qu'à l'époque la santé mentale de nos ancêtres était bien fragile. Selon les endroits, nos saints spécialistes peuvent avoir des emplois différents. D'autre part, il est anecdotique de remarquer que le domaine d'intercession s'explique, pour une grande partie d'entre eux, soit par l'analogie existant entre le nom du saint et du mal à guérir – saint Aignan est ainsi le soigneur de la teigne, saint Cloud celui des clous (furoncles), saint Eutrope le thérapeute de l'hydropisie et, bien évidemment, saint Clair et sainte Claire les experts de l'ophtalmologie –, soit par la nature des miracles accomplis – saint Blaise, par exemple, est invoqué pour les maux de gorge parce qu'il avait retiré à temps une arête de poisson bloquée dans la gorge d'un enfant – ou la nature du martyre subi par le vénérable personnage – saint Élophe, qui fut décapité, agit efficacement contre les maux de tête, saint Laurent, mort sur le gril, soigne efficacement les brûlures, sainte Appoline, affreusement édentée sous la torture, est tout naturellement promue dentiste ; sainte Agathe, à qui le bourreau arracha les seins, est reconnue comme la spécialiste des maux de poitrine. En Alsace, le 5 février, jour de la Sainte-Agathe, il était d'usage au Moyen Âge de faire bénir le pain : le « pain de Sainte-Agathe » était censé protéger les animaux contre toute maladie et empêcher les vaches de perdre leur lait, perte que les sorcières se plaisaient à provoquer.

Enfin, le mal d'amour a aussi, en sainte Sabine, sa thérapeute ; les Alsaciennes en mal d'enfant ont en plus en saint Amand leur exauceur.

Également, sur le plan médical, l'Église offre une palette de pèlerinages curatifs. L'Alsace est assez riche dans ce genre de prestations. Pour les eaux miraculeuses, qui représentent un grand nombre de sites thérapeutiques, le pèlerinage des plus anciens se situe à Avenheim où saint Ulrich, à l'aide de son bâton, aurait fait jaillir une eau qui guérit la « maladie de consomption » – connue aussi sous le nom de « maladie de langueur » –, laquelle fossilisait peu à peu le corps d'un maléficié de quelque sorcière jusqu'à le rendre « sec comme du bois ». De même, saint Arbogast, traversant le village de Rohr, un jour de grande chaleur, frappe de sa crosse le sol et une source jaillit ; les boiteux et autres handicapés apprécient cette eau réparatrice. Mieux connue, la source de sainte Odile est bénéfique pour tous les problèmes oculaires. Il est admis que l'eau des sources est d'autant plus active qu'elle est limpide. Cristal de l'eau, cristallin de l'œil : ô prodige du symbole ! Cela explique sans doute qu'on dénombre davantage de sources miraculeuses dans la partie granitique des Vosges.

D'autres pèlerinages curatifs offrent des thérapies non aqueuses, tel celui de Notre-Dame des Trois-Épis, près de Colmar ; des centaines de miracles ont lieu, autant d'ex-voto fleurissent les murs du sanctuaire ; qui plus est, une salle entière est peuplée de poupées de cire offertes en vue d'obtenir la guérison de jeunes enfants. Le pèlerinage de Notre-Dame de Marienthal, à la même époque, est propice aux paralytiques, bien que le résultat des guérisons soit loin d'égaler celui des Trois-Épis. À la chapelle de Holtzheim, l'huile de la lampe perpétuelle soigne toute affection des yeux. Par ailleurs, si l'état de santé ne permet pas de se déplacer ou pour toute autre raison, il est possible de se payer les services d'un commissionnaire ; naturellement, ce dernier doit ramener une preuve matérielle de l'exécution de sa mission, la guérison n'étant pas assurée pour autant.

Il y a également des saints qui facilitent la vie ou l'améliorent. Saint Privat, par exemple, est efficace pour rechercher les animaux égarés, alors que saint Antoine est prié de retrouver les objets perdus ; quant à saint Pierre-ès-Liens, il est supplié pour récupérer en particulier les objets volés. En Haute Alsace, pour remettre la main sur les objets perdus ou volés, on s'adresse directement aux moines, notamment aux capucins du couvent de Landser. Saint Colombe agit contre l'abandon ou la trahison d'un conjoint ou d'un ami. Saint Expédit assure le succès des affaires. Saint Joseph aide à trouver du travail, tandis que saint Marcel évite la perte de situation. Ces intercesseurs seraient bien utiles aujourd'hui...

Il ne faut pas croire cependant que les saints soient vénérés au même titre que la Sainte Vierge ou le Christ. Pour les villageois, le saint, avant qu'il ne soit reconnu comme tel, est un être à leur image, un être de chair et de sang, un être humain. Aussi, lorsque le personnage ne répond pas à leur attente, les villageois n'hésitent pas à le rudoyer ou à le moquer, à l'exemple de saint Urbain, patron des vignerons alsaciens, fêté le 25 mai ; si, ce jour-là, il pleut à verse, les vignerons, profondément contrariés à l'idée d'une récolte compromise, n'hésitent pas à rouspéter contre le saint homme au point de jeter sa statue dans la boue. À l'inverse, si le soleil rit de tous ses rayons, la statue est ballottée de cave en cave sur les épaules de porteurs de plus en plus ivres, tant et si bien qu'elle finit par choir, non pas dans la boue, mais sur la table de la taverne. Ces débordements finiront par déplaire aux autorités civiles et religieuses.

## *Talismans, objets bénits et symboles*

Si le recours aux saints ne suffit pas, l'Église a d'autres ressources. Contre les malheurs ou tout autre mauvais sort, elle propose un arsenal de moyens à faire pâlir tout sorcier. Les talismans et les objets bénits en constituent l'essentiel. Contre l'incendie, il est recommandé de faire bénir, le jour de Pâques, le cierge de la Chandeleur et les rameaux de buis ; ces derniers sont également cloués à la porte de l'étable pour empêcher tout ensorcellement des animaux ; pour la même raison, le paysan place sur les portes d'entrée des *Agathzettel*, ou billets d'Agathe, préalablement bénis au nom de la sainte. De plus, les fragments du cierge pascal, à l'instar de la naphtaline au pouvoir répulsif, éloignent les sorciers. L'eau bénite est aussi un excellent remède ; sanctifiée sous l'invocation de saint Ignace, elle délivre les animaux de toute souffrance ; le père Ubalde Thyring, capucin de Soultz, ne manquait d'en expédier « par chariot » aux paysans de Belchenthal.

Afin de prévenir les maléfices, il est conseillé de porter au cou une croisette de plomb ou un Agnus Dei en cire ; pour preuve, le cas de Catherine Müller, une sorcière de Rorschwihr : horripilé à la vue d'un tel objet qu'elle portait au cou, le Diable le lui arracha et le jeta rageusement à terre privant ainsi la malheureuse Catherine de toute défense contre ses séides. De toutes les médailles religieuses, celle de saint Benoît assure à son détenteur quasiment le bonheur : elle guérit du mal de côté, préserve de toutes sortes de maladies, principalement de la peste et de la rage, déjoue les maléfices du Malin, dénoue l'aiguillette, dresse une véritable barrière contre les sorciers, fortifie les faibles, donne de l'assurance aux timides, console les affligés ; si elle est déposée dans le jardin, tout pesticide est superflu. La médaille universelle, en somme !

DR

*Les médailles de saint Benoît préservaient de toutes sortes de maladies, mais aussi du Diable et de ses sortilèges. C.S.P.B. signifie « Crux Sancti Patris Benedicti » (« Croix du saint Père Benoît »). Sur la croix, initiales de « Crux Sacra Sit Mihi Lux » (« Que la sainte croix soit ma lumière ») ; de « Non Draco Sit Mihi Dux » (« Que le dragon ne soit pas mon guide ») ; de « Vade Retro Satana, Nunquam Suade Mihi Vana Sunt Mala Quae Libas, Ipse Venena Bibas » (« Retire-toi, Satan, ne me conseille jamais tes vanités, les breuvages que tu offres, c'est le mal, bois toi-même tes poisons »).*

Les signes symboliques, particulièrement le signe de croix, sont également efficaces : tracer, avec du bois charbonneux de la Saint-Jean ou de la bûche de Noël, trois croix sur le manteau de la cheminée en prononçant *« In te speravi, non confundar »* (« J'ai espéré en toi, me voilà rassuré ») préserve de l'incendie ; si le feu éclate quand même, toujours en faisant un signe de croix, on psalmodie l'injonction suivante : « Qu'il s'arrête ! Qu'il s'arrête ! Qu'il s'arrête ! J'ai espéré en vous, Seigneur, qui confondez votre gloire dans l'éternité. » Faut-il rappeler que l'incendie était pour nos anciens le plus terrifiant des sinistres ; cette peur ancestrale demeure encore en nous : le « pimpon » des pompiers d'aujourd'hui n'est-il pas la forme moderne du tintouin des cloches d'autrefois ? On ne sera pas étonné d'apprendre que les prières offrent d'excellentes garanties, notamment contre les sautes d'humeur de la nature. Réciter l'Évangile de saint Jean ou faire sonner la cloche protège de la grêle et de la tempête ; une prière à saint Nicolas est un vrai barrage contre l'inondation. Enfin, contre le Démon, il suffit de se laver les mains tous les matins et de se recommander à Dieu avant de sortir de la maison. Si, par malheur, le Démon venait quand même à posséder un corps, le prêtre exorciste, par ses objurgations incantatoires, fera vomir l'intrus.

Bien mieux, les Alsaciens disposent depuis le XVIe siècle d'un opuscule aux pouvoirs extraordinaires. Ainsi que l'indique son titre, *Der Geistliche Schild* (« le bouclier spirituel »), il a pour but de protéger les croyants. Tout comme l'égide est le bouclier de Zeus, cet opuscule est celui de Dieu. Ne lit-on pas, dans la page de garde : « Le vrai bouclier spirituel, comme l'a confirmé le pape Léon X, permet de faire obstacle à l'action des mauvais individus, mais aussi à toute sorcellerie ou œuvre diabolique » ? Pourtant, très tôt, l'Église catholique le met à l'index. La croyance populaire lui attribue des pouvoirs si magiques qu'il est devenu un vrai grimoire de sorcellerie. Encore faut-il pour le rendre efficient qu'il soit béni ; aussi le célébrant de la messe ne manque pas, avant le début de chaque office, de passer la main sous la nappe de l'autel pour s'assurer que nul n'a dissimulé un tel talisman. À l'intérieur, on trouve une kyrielle de formules et de prières destinées à se protéger, bien entendu, du Diable et des sorcières, mais également des voleurs, de la maladie, de l'incendie, etc. À l'inverse, utilisé à des fins nuisibles, il ne peut plus servir qu'à perpétrer des maléfices. Le possesseur du livre doit le transmettre à l'ultime moment de sa vie s'il ne veut pas connaître une terrible agonie.

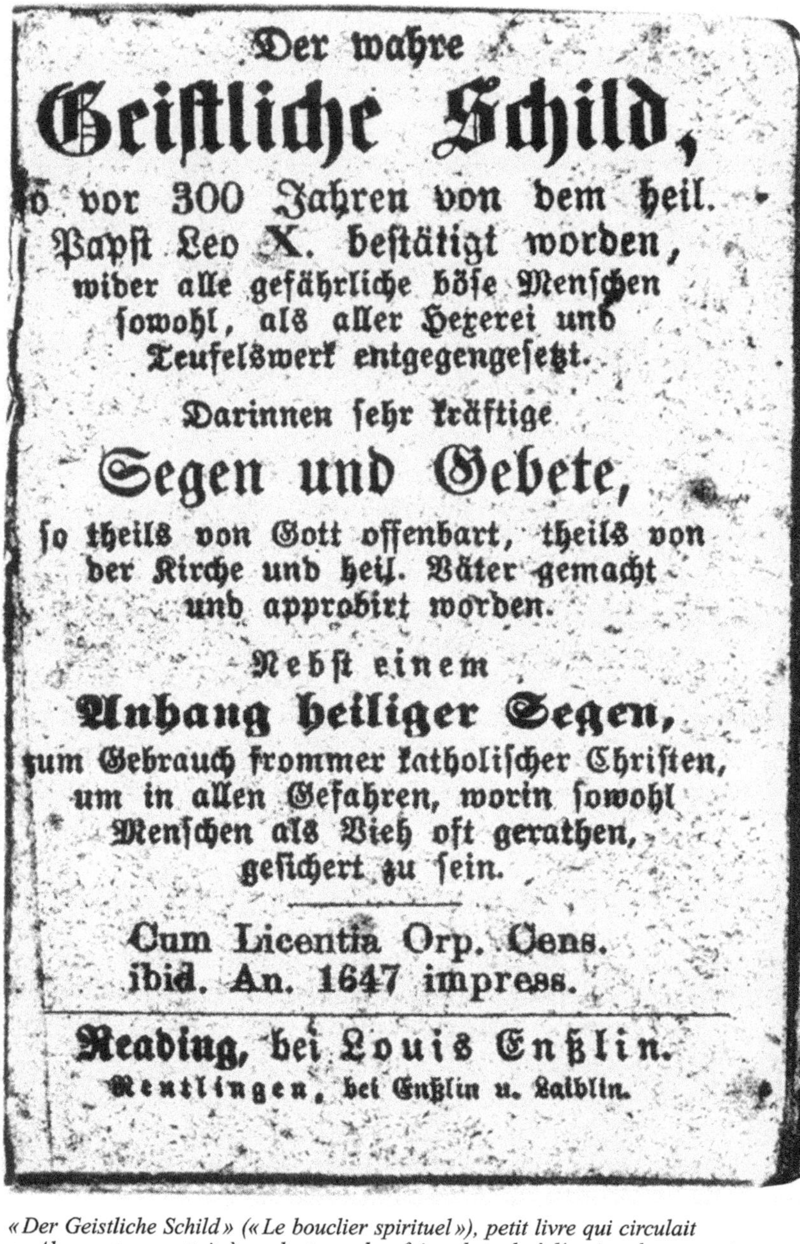

Der wahre

Geistliche Schild,

so vor 300 Jahren von dem heil.
Papst Leo X. bestätigt worden,
wider alle gefährliche böse Menschen
sowohl, als aller Hexerei und
Teufelswerk entgegengesetzt.

Darinnen sehr kräftige

Segen und Gebete,

so theils von Gott offenbart, theils von
der Kirche und heil. Väter gemacht
und approbirt worden.

Nebst einem

Anhang heiliger Segen,

zum Gebrauch frommer katholischer Christen,
um in allen Gefahren, worin sowohl
Menschen als Vieh oft gerathen,
gesichert zu sein.

Cum Licentia Orp. Cens.
ibid. An. 1647 impress.

Reading, bei Louis Enßlin.
Reutlingen, bei Enßlin u. Laiblin.



*« Der Geistliche Schild » (« Le bouclier spirituel »), petit livre qui circulait en Alsace et permettait à ses lecteurs de « faire obstacle à l'action des mauvais individus, mais aussi à toute sorcellerie ou œuvre diabolique ».*

En tolérant ces pratiques superstitieuses, d'origine païenne pour la plupart d'entre elles, l'Église catholique répond aux craintes et aux préoccupations quotidiennes des paysans ; les prédicateurs de la nouvelle confession dénoncent au contraire un véritable abus de confiance de la part des papistes qui profitent de la crédulité de leurs ouailles pour mieux les assujettir au lieu de les instruire sur les vérités des Saintes Écritures.

## *Protections, obligations, juridictions*

L'Église organise la vie pratique des paroissiens. Égrenant l'heure des offices, les cloches, première horloge sonore, rythment le cours de la journée. Le calendrier des saints et des fêtes religieuses ordonne l'écoulement des jours, en fixant le temps du travail et celui du repos. Son respect garantit la famille contre tout événement néfaste ; *a contrario*, tout manquement entraîne le malheur à coup sûr. Aussi, tout paroissien suit à la lettre un almanach où, à chaque date religieuse, correspond un dicton – d'inspiration souvent païenne – dont l'observance est censée assurer subsistance et santé tout au long de l'année. Pour s'en convaincre, il suffit de feuilleter, par exemple, *Le Folklore des Hautes-Vosges* de Léopold-François Sauvé dans lequel, mois par mois, jour par jour ou presque, l'auteur rappelle les croyances et les pratiques superstitieuses des montagnards vosgiens.

Toute action dans ce monde ayant sa contrepartie, le bénéfice des protections divines est lié à la pratique religieuse. Celle-ci est fortement recommandée, pour ne pas dire obligatoire. Ainsi, les défaillants qui ne peuvent justifier leur absence aux offices encourent une amende. Le règlement de la paroisse de Jetterswiller prescrit en 1629 l'obligation d'assister à l'office, seule la personne chargée de surveiller le feu domestique en est exemptée ; qui plus est, si l'on entre à l'église après l'élévation ou si l'on en sort avant la fin de l'office, on paie huit pfennigs d'amende. Dans le registre des statuts et ordonnances de Thann, pour l'année 1548, on y lit qu'une personne au moins par famille doit assister à la messe du vendredi (*Freytagsmess*), sous peine d'une amende d'une livre de cire. Néanmoins, l'autorité paternaliste de l'Église n'est pas si facilement acceptée ; comme le relève Guy Cabourdin dans son étude *Paysans d'autrefois*, les hommes préfèrent malgré tout jouer aux quilles, fréquenter les tavernes à l'heure de la messe ou des vêpres.

Afin d'améliorer la disponibilité nécessaire à la pratique religieuse, l'Église préconise une série de dispositions tendant à limiter l'exercice de certaines tâches ménagères. Il est interdit, entre autres, de faire la lessive pendant la Semaine sainte, sous peine de voir mourir un parent, le linceul* décrassé durant cette semaine devenant celui de la tombe. Il est défendu de cuire du pain entre Noël et le Nouvel An. De même, le vendredi, de nombreuses activités sont vivement déconseillées : faire la lessive, changer les draps, nettoyer les écuries, préparer la pâte, commencer un gros travail, conclure un marché. Les baptêmes, mariages et décès sont également proscrits ce jour-là. En somme, le vendredi est le shabbat des catholiques. Sans doute s'agit-il là de croyances, mais le christianisme ne les a jamais réfutées sérieusement car elles présentaient l'avantage d'oblitérer celles du paganisme ; tout logiquement, les églises furent construites sur d'anciens temples, les saints succédèrent aux dieux et héros de l'Antiquité, les fêtes religieuses remplacèrent celles des adorateurs de la nature et du cosmos, les oraisons supplantèrent les incantations païennes. En définitive, l'Église fabriqua une espèce de palimpseste sur lequel elle réécrivit, en lieu et place des anciennes croyances, les siennes.

L'Église sait tout. Ou presque. Sur le plan du savoir livresque, c'est elle qui possède les plus riches bibliothèques, comme celles des abbayes. Ses copistes captent la connaissance, ses écolâtres la diffusent. La plupart des imprimeries sont sous son contrôle. Elle seule est habilitée à dispenser la pédagogie, évidemment plus religieuse que profane. L'humaniste et pieux Pierre Fourier ne rêve-t-il pas d'écrire un catéchisme pour chaque catégorie sociale car, à ses yeux, l'Évangile est fait pour s'insérer dans la vie quotidienne de chacun ? En ce qui concerne la transmission des informations officielles de la seigneurie ou des autorités impériales, les curés et les pasteurs, au moment du prône dominical, en ont la charge. Sur le plan individuel, avec les confessions, l'Église est renseignée sur tout ce qui se passe dans le village.

Dans cette propension à vouloir tout régenter, l'Église a ses propres juridictions : l'Inquisition instaurée pour juger, entre autres crimes, l'hérésie, puis, à l'échelon épiscopal, l'officialité dont les compétences débordent bien au-delà du domaine religieux. Ce tribunal est même saisi pour juger les animaux « insaisissables », tels les insectes ; lorsque ceux-ci sont tenus pour responsables de mauvaise récolte, le tribunal ecclésiastique, sur requête des villageois, fulmine l'anathème, voire l'excommunication, contre ces envoyés ailés du Diable. En 1516, l'officialité de Troyes prononce une sentence à l'encontre des chenilles de ce diocèse ; sévèrement admonestées, les processionnaires se voient sommées de quitter la contrée dans les six jours, faute de quoi l'anathème sera jeté sur elles.

## *Les deux Réformes*

Présente dans tous les domaines de la vie sociale, l'Église est forcément influente, pour ne pas dire toute-puissante. Jusqu'à la fin du Moyen Âge, la prépotence de l'Église, aussi bien spirituelle que morale, est réelle et rarement contestée. Nul souverain, roi ou empereur, n'aurait osé être sacré sans l'aval du pape. Avec l'avènement de la Renaissance, cette tutelle est de plus en plus mal acceptée et l'on voit les chefs d'État, monarques pour la plupart d'entre eux, revendiquer la primauté politique tout en réclamant un droit de regard dans les affaires religieuses. Quant au petit peuple, il supporte difficilement l'attitude condescendante des dignitaires et les privilèges dont ils jouissent sans aucune retenue, indigné dans le même temps du comportement peu exemplaire du petit clergé. Même le dogme est ouvertement contesté.

Afin d'illustrer ce début de divorce entre l'Église et ses « fidèles », donnons quelques exemples se rapportant à l'Alsace ou à ses provinces voisines. Pour ce qui est du domaine temporel, le grand chapitre de Strasbourg n'admet en son sein que des gens bien nés, une façon de caser les fils cadets des familles nobles tout en leur procurant une généreuse sinécure. De même, le droit de patronage, c'est-à-dire de nommer les curés, relève davantage des nobles que des évêques. L'exercice du culte et de l'instruction pastorale est dévolu au petit clergé mal formé et peu rémunéré, alors que les curés titulaires des grosses paroisses se satisfont de percevoir les revenus liés à leur charge et se font remplacer par des « filleuls » ou des « secondaires » qui, eux, doivent se contenter de la portion congrue. L'Église, comme on l'a vu, collecte la dîme, alors que ses membres sont exempts de tout impôt ; d'ailleurs, ils ne figurent sur aucun des rôles fiscaux.

Quant aux mœurs, elles sont déplorables. Aussi bien à l'ouest qu'à l'est des Vosges. Une ordonnance mulhousienne de 1523 somme les prêtres de renvoyer les concubines ou de les épouser tandis qu'en 183 le duc de Lorraine interdit aux gens d'Église de fréquenter les libertines ou de les loger. Le renvoi de la servante est exigé dans certains cas. Dans les ordres réguliers, la situation est pire, dom Calmet, l'érudit bénédictin de Senones, n'hésitant pas à écrire : « L'oisiveté et l'ignorance, parmi les religieux, étaient telles que les monastères étaient devenus des repaires de voleurs et des lieux de dissolution. » Du côté alsacien, le 12 octobre 1591, la Régence d'Ensisheim défend aux curés d'entretenir leurs concubines. L'historien humaniste Rodolphe Reuss note dans *L'Alsace au XVII^e^ siècle* que « la plupart des cas d'infanticide, de tentatives d'avortement, de séductions de mineures, où sont impliqués des prêtres, appartiennent à la première moitié du siècle » ; avant lui, en 1682, l'intendant La Grange avait toutefois observé que les membres du clergé catholique d'Alsace « sont moins sujets à la débauche des femmes que les Français, on voit moins de désordres qu'auparavant ».

En ce qui concerne le dogme – la parole de Dieu traduite avec des mots de mortels –, les controverses, voire les réfutations de telle ou telle vérité fondamentale, sont anciennes ; aussi n'aborderons-nous ici que celles qui s'inscrivent dans le contexte de la chasse aux sorcières, période particulièrement affectée par les troubles confessionnels. Le début du XVI^e^ siècle est marqué par l'antagonisme entre les tenants du papisme et ceux qui prônent une Église originelle moins hiérarchique et plus humaine. Le plus connu des protestataires est évidemment Martin Luther. En placardant le 31 octobre 1517 à Wittenberg ses *Quatre-Vingt-Quinze Thèses*, il dénonce violemment le caractère simoniaque des indulgences et des sacrements ainsi que les pratiques monarchiques du Saint-Siège. En revanche, pour ce qui a trait au Diable et aux sorcières, il partage les préjugés de son temps ; parlant de ces dernières dans l'un de ses sermons du 25 août 1538, il n'hésite pas à clamer : « Vous ne devez pas avoir de pitié pour les sorcières, quant à moi je les brûlerai. » Dans ce domaine, catholiques et réformés rivalisent d'inclémence. Assez rapidement, la Réforme gagne une grande partie du Saint-Empire ; cette propagation s'explique, non seulement du point de vue spirituel, mais aussi en raison de motivations moins nobles : les petits seigneurs, tout comme les villes libres, s'emparent des biens du clergé et s'émancipent de sa tutelle. Ainsi, les seigneurs de la Basse Alsace embrassent en grande majorité la nouvelle religion tandis qu'à Munster et à Wissembourg, où siège une abbaye, les habitants se hâtent d'en faire autant à seule fin de se débarrasser des prérogatives de l'abbé. Cependant, la Réforme ne s'implante pas sans résistance, se heurtant même à des oppositions parfois virulentes : les Habsbourg, qui possèdent une grande partie de la Haute Alsace et tout aussi champions du catholicisme que les ducs de Lorraine, usent de leur autorité pour assurer le maintien de cette religion. Finalement, en 1555, le traité d'Augsbourg qui met fin aux guerres de religion stipule que les sujets doivent accepter la religion de leur seigneur. Ce qui n'atténue pas pour autant la rivalité entre les deux doctrines.

Face à la Réforme, l'Église catholique élabore, avec le concile de Trente, sa propre réforme, connue aujourd'hui sous le nom de Réforme catholique ou Contre-Réforme, dénomination impropre car le concile s'attache bien plus à rénover le catholicisme qu'à discréditer le mouvement protestant ; ce qui n'empêche pas les propagandistes des deux bords de s'opposer farouchement, les uns étant accusés d'hérésie, les autres d'idolâtrie. Se déroulant sur plusieurs sessions de 1545 à 1563 à Trente dans le Haut-Adige, terre appartenant à cette date au Saint-Empire, le concile aborde des thèmes aussi bien doctrinaires que disciplinaires. Ainsi, afin de remédier à l'ignorance du bas clergé, la création de séminaires est vivement encouragée ; en Haute Alsace, à Ensisheim, l'archiduc Maximilien de Habsbourg en fonde un en 1551 tandis qu'en Basse Alsace, trente ans plus tard, les jésuites ouvrent à Molsheim un collège, complété en 1613 d'un séminaire. Ces créations participent à la restauration catholique que suspendra la guerre de Trente Ans.

CHAPITRE 4

# L'Alsace au temps des « Hexen »

Jusqu'au XVIe siècle, deux grandes classes sociales composent l'espace européen : ceux qui vivent du travail d'autrui et ceux qui produisent les richesses. Dans la première catégorie, on trouve les nobles et les gens du haut clergé, encore que ces derniers soient des nobles aussi ; les premiers sont censés protéger physiquement les producteurs de richesses, les seconds ont en charge le salut de leurs âmes. L'épée et le goupillon, en somme.

Procédant des droits féodaux, les impôts, droits et redevances représentent la rémunération de ces protections. Il y en a une multitude. Nous nous limiterons à quelques spécificités alsaciennes. En premier lieu, il faut savoir que les contributions au Trésor de l'Empire sont fort modestes, Rodolphe Reuss laissant même entendre que le chef du Saint-Empire quémande plus qu'il n'impose ; en contrepartie, les impôts territoriaux et locaux constituent le gras du Trésor seigneurial. Le principal impôt direct est la *Beth* ou *Hornungsbeth*, *Martinsbeth*, *Erntebeth* selon qu'on l'acquitte respectivement en février, à la Saint-Martin ou à l'automne ; il s'agit d'une contribution foncière calculée proportionnellement sur les biens des sujets ; est aussi perçue directement la *Leibbeth*, taxe individuelle d'un sou par foyer, à laquelle s'ajoute la taille ou droit de gîte (*Herberg*). Naturellement, le dispositif fiscal s'enrichit d'une flopée de charges indirectes, les plus lucratives étant le droit de douane et le droit d'octroi ; les exploitants titulaires d'un *Erblehen* afférent à des moulins ou à des scieries appartenant au seigneur règlent des droits usagers héréditaires. Plus nombreux encore sont les droits secondaires ; d'une manière générale, toute activité ou situation est source de prélèvement fiscal : droit de bourgeoisie*, taxe de protection (*Schirmgeld*), droit de domicile concédé aux Juifs (*Judenszins*), taxe d'un pfennig payable pour chaque panier de légumes ou de victuailles apporté au marché (*Korbgeld*), etc. Tout commerce de produits à consommer comme le vin, la bière, le sel, est soumis à contribution ; à ce titre, les tenanciers des débits de boisson doivent régler l'*Umgeld* et les clients le *Maaspfennig* – ce dernier impôt, qui renchérit le prix du vin, est tant décrié qu'il suscite au début du XVII^e^ siècle de sérieux troubles dans la Haute Alsace. En plus de ces charges permanentes, des impôts sont momentanément levés pour répondre à des dépenses militaires, à l'entretien des fortifications ou à toute autre cause conjoncturelle. Sur cette liste sans fin figurent également les corvées (travaux gratuits), les droits en nature comme la remise de chapons (*Kappenzins*) et de gélines (*Fassnachthüner*).

Bien évidemment, les bénéficiaires de ces contributions en sont eux-mêmes exempts.

Quant aux producteurs de richesse, ils constituent également deux catégories : les bourgeois, habitants des bourgs, et les ruraux.

Les contributeurs urbains sont en majorité les boutiquiers, artisans, fabricants, négociants et leur personnel, employés ou manouvriers. Énumérons quelques-uns des métiers de cette époque, aujourd'hui disparus : bangard (garde champêtre), cendrier (vendeur de cendres), chalmandrier (marchand de grosse toile rayée), chanevacier (marchand de toile de chanvre), chaplotier (marchand de chapelets), chevrier (gardien de chèvres), décimateur (agent chargé de lever la dîme), épinglier (fabricant d'épingles), gabenier (responsable des greniers à sel), fienseur (marchand de fumier), joutier (fabricant de jougs), laceresse (faiseuse de lacets), magnin ou magnier (chaudronnier), messier ou messelier (agent chargé de surveiller les récoltes), natelier ou natenier (faiseur de ponts), paillolier (ouvrier maçon travaillant le torchis), porteur d'eau, portier de ville, resseur (scieur de long), rodier (fabricant de roues), roitier (rouisseur de chanvre), rouyer (charron), sacquier (mesureur de sel), vaulthier (crieur de nuit), waretier (couvreur de chaume). Cette liste n'est qu'un faible aperçu des métiers exercés par nos aïeux ; aussi serait-il hasardeux d'en tirer des conclusions, à cette exception près : hormis celle de la laceresse, l'activité professionnelle est l'apanage des hommes.

Ces citadins « francs bourgeois et libres » sont quittes de toute servitude ; ils échappent ainsi au droit de poursuite, et même leur prison est spéciale ; à l'inverse des serfs, ils ne sont pas soumis à la mainmorte*, ni à la forfuiance* ni au formariage*. Ils bénéficient d'une charte qui leur permet de gérer leur communauté, quasiment en totale indépendance comme à Strasbourg sous le gouvernement du Magistrat* ; considérant la gestion de cette dernière, Érasme y voyait «une monarchie sans tyrannie, une aristocratie sans factions, une démocratie sans désordres». À côté des corporations, apparaît une catégorie de gens de plus en plus lettrés qui seront les futurs fonctionnaires : greffiers, régents d'école, sergents de ville, tabellions*.

Les ruraux, qui représentent quatre-vingt-dix pour cent de la population, constituent la grande masse des contributeurs ; la plupart d'entre eux, journaliers ou manouvriers, sont à la merci des seigneurs dont ils sont les serfs. À la fin du Moyen Âge, cette situation de dépendance s'assouplit grâce à l'affranchissement accordé par le seigneur ou acheté en espèces ou en nature à son maître par l'asservi. Quelques-uns des ces affranchis accèderont au statut de petits propriétaires terriens. Comme nous parlons des paysans, il se disait que l'aîné de la famille avait du sang bleu ; sans doute est-ce là une séquelle du droit de cuissage.

À partir du XVIe siècle, une nouvelle classe sociale joue des coudes : les producteurs anoblis, autrement dit la grande bourgeoisie des premiers précapitalistes.

La plupart des pays de l'Europe occidentale sont confrontés à des situations économiques et sociales difficiles, voire critiques. En matière de gouvernance, la monarchie devient le régime politique de l'ensemble des pays chrétiens avec, pour corollaire, un centralisme de plus en plus prononcé. Tout suzerain n'hésite plus à manifester sa volonté de contrôler tous les rouages de l'État. Se déclarant investi par Dieu et ne se satisfaisant plus du simple droit de regard dans les affaires de l'Église, il dispute au pape le pouvoir de désigner les évêques. De même, pour s'assurer la fidélité des vassaux et contenir leur autorité, il les éloignera de leurs châteaux et favorisera la mise en place d'une administration centrale. Le royaume de France du XVIe siècle illustre assez bien ce désir de domination. François Ier, grâce au concordat de Bologne signé en 1516 avec le pape, choisit les évêques et les abbés des grands monastères, s'assurant de la sorte l'obéissance du clergé ; Henri II, qui lui succède, renforce l'administration en multipliant les charges d'officiers, nouveaux fonctionnaires de la monarchie ; ces deux souverains et leurs successeurs n'auront de cesse d'avoir autour d'eux une cour, une façon douce de neutraliser la haute noblesse.

Sur le plan économique, l'Europe d'entre le Moyen Âge et le siècle des philosophes est celle des marchands qui ont suivi les traces des conquérants de terres inconnues pour en ramener l'or et les épices. Cette expansion économique marque la naissance du capitalisme : les gens de ville investissent dans le négoce ou achètent des terres, non plus pour se nourrir, mais pour s'enrichir davantage. En une ou deux générations, cette bourgeoisie marchande à laquelle s'ajoutent les chefs de guerre, les fournisseurs de matériel militaire, les politiques, les banquiers, les négociants de grains, se transformera en une aristocratie foncière ou mercantile. Entre cette minorité favorisée et le peuple, le contraste devient de plus en plus voyant, indécent.

Les conditions d'existence des besogneux de la terre et de la ville se dégradent sérieusement. Leur pouvoir d'achat, déjà modeste, s'affaiblit davantage. À cause de quoi ? De l'or d'outremer ! En effet, l'afflux des métaux précieux provoque une montée des prix. Du moins, c'est l'explication donnée par Jean Bodin, écrivain, juriste et économiste éminent du XVIe siècle dont nous reparlerons, car il est également un démonologue des plus connus. Amorcée vers le premier quart du XVIe siècle, la hausse générale des prix s'accentue dans la seconde moitié du siècle. Ajoutons toutefois que l'inflation résulte aussi du désordre des monnaies ; il suffisait d'un édit royal pour fixer un nouveau taux de change. Les souverains n'hésitent pas à recourir à cet expédient pour alléger leurs dettes. En outre, la quasi-totalité des pays d'Europe connaît une évolution démographique galopante, occasionnant ainsi un excédent de main-d'œuvre qui, inévitablement, se traduit par la diminution des salaires.

D'autres facteurs aggravent la situation du petit peuple. En plus des luttes religieuses et civiles, de nombreuses guerres, le plus souvent internationales, gonflent considérablement les dépenses militaires, notamment celles qui affectent les flottes de guerre et, en conséquence, augmentent les impôts. Lourdement endettées, les communes ne peuvent plus faire face au retour chronique des disettes. Et même le climat interfère dans la crise. De 1560 jusqu'au milieu du XVIIe siècle, un refroidissement général, qu'on appellera justement le « petit âge glaciaire », occasionne des pluies diluviennes qui empêchent tout ensemencement, des gelées si longues ou si fortes qu'un grand nombre d'arbres fruitiers et de vignes crèvent. Dans ces conditions, il n'est pas surprenant que les XVIe et XVIIe siècles connaissent des émeutes, des révoltes populaires : celles des paysans contre leurs seigneurs, mais également celles des manants des villes contre les tenants du pouvoir économique, à l'exemple des croquants du Limousin se révoltant en 1594 et 1595 contre la noblesse ou, à l'Est, des damnés de la guerre des Paysans dont la partie alsacienne est évoquée un peu plus loin.

Certes, la situation économique et sociale de l'Europe de la Renaissance à l'aube des Temps modernes, qui vient d'être décrite, n'est pas la cause fondamentale de la réaction d'éliminer une fois pour toutes l'engeance sorceleuse, mais le contexte anxiogène qu'elle a constitué a sans doute facilité sa mise en œuvre.

## *La vie quotidienne, entre solidarités et méfiances*

Avant de présenter plus en détail l'Alsace au temps des *Hexen*, sans doute est-il utile d'évoquer succinctement la vie quotidienne de nos aïeux à cette époque. À part quelques marchands, rouliers et pèlerins, nos aïeux se déplacent peu, leur horizon se limitant au «pays», zone géographique d'une dizaine de lieues, soit quelque cinquante kilomètres qui peuvent être faits à cheval en une journée. Parmi les causes qui empêchent d'aller au-delà de sa terre natale, le droit de forfuiance est une chaîne bien difficile à rompre; de même, pour les gens de ville, le droit de bourgeoisie constitue en fait un droit de cooptation. Pour définir cet espace de vie locale, Robert Muchembled, dans *La Sorcière au village (XV^e^-XVII^e^ siècle)*, parle plutôt d'une «aire d'endogamie au-delà de laquelle s'étale un monde dangereux, aussi lointain qu'inconnu». Dès lors, il n'est pas inconséquent que le paysan s'entoure de magies protectrices. Il y a très peu de routes carrossables et pas de panneaux de signalisation: les croix au carrefour, les arbres vénérables ou toute autre curiosité topographique constituent les quelques repères pour s'orienter. L'une des premières cartes routières est le *Camino francès*, à l'usage des pèlerins qui se rendent à Saint-Jacques de Compostelle, au nord de l'Espagne; au nombre des grands itinéraires, y est tracé celui qui relie Trêves à Lyon en traversant les Vosges lorraines. L'Alsace possède également un itinéraire d'approche partant de Strasbourg pour rejoindre Angeot, près de Belfort, en passant par Molsheim, Rosheim, le mont Sainte-Odile, Barr, Châtenois, Ribeauvillé, Kaysersberg, Turckheim, Guebwiller et Thann. Tout au long de cet itinéraire, le nom de saint Jacques et le symbole de la coquille guident le pèlerin; ainsi celui-ci, le bourdon à la main, pourra prier dans les chapelles, les églises ou devant les autels dédiés au premier martyr de la Chrétienté, se reposer dans les hostelleries ou se

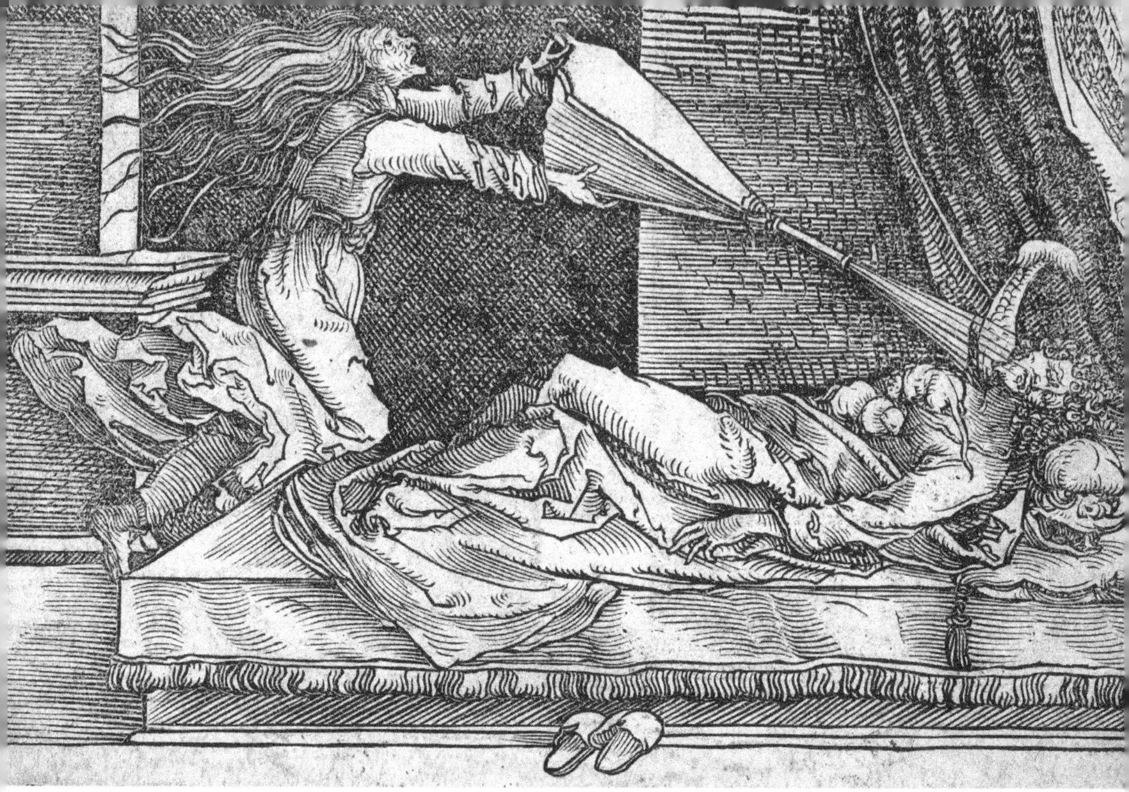

*La dureté de la situation en Europe au XVI<sup>e</sup> et XVII<sup>e</sup> siècles explique en partie la chasse aux sorcières, jugées responsables des malheurs quotidiens : le décès d'un bourgeois dans son sommeil (ci-dessus), ou la colère subite de la monture du paysan (à droite). Gravures sur bois de Hans Weiditz, début XVI<sup>e</sup>.*



faire soigner dans les hospices et hôpitaux de Saint-Jacques, se désaltérer aux fontaines de même nom, tout en découvrant un chemin serpentant à travers des paysages sauvages, changeants, mystérieux.

L'espace rétréci de la communauté villageoise, sans même parler de la promiscuité familiale, favorise naturellement l'endogamie et, par conséquent, multiplie les risques consanguins : chaque village a son idiot, pauvre exutoire dans bien des cas, et nombre d'entre eux seront jetés dans les flammes des bûchers. Dans son ouvrage *Fragments du passé*, Ernest Gégout, un tantinet provocateur, reprend une explication avancée par les inquisiteurs, lesquels osaient déclarer que « ces malheureux dingos sont le produit du commerce des sorcières avec les incubes*, ce qui perpétue le mal dans les familles comme un virus héréditaire ». Le feu purificateur, en éradiquant cette tare congénitale, résout donc la problématique à laquelle les inquisiteurs sont confrontés.

Hormis la solidarité de clan, aucune protection sociale n'existe. Aussi le moindre accident, mortel ou invalidant, plonge-t-il la famille dans la pire détresse. La veuve, surtout lorsque son conjoint disparaît tôt, est confrontée à d'extrêmes difficultés et se trouve du jour au lendemain totalement démunie. C'est pourquoi elle s'empresse de se remarier pour ne pas être réduite à mendier, à l'image d'Ursula Semeler qui, pour fuir le regard réprobateur de ses concitoyens, quémande l'aumône loin de Bergheim, son village ; d'autres plus jeunes, comme Catherine Heidler, choisissent de monnayer leur corps. Il n'est pas non plus surprenant de voir l'aîné de la famille se substituer au défunt père et même, à cause de l'exiguïté du logis, le remplacer... dans le lit conjugal ; au Moyen Âge, la famille s'entasse souvent dans un seul lit, une manière d'avoir chaud l'hiver. Est-ce cette promiscuité qui conduit Martin Heid dans le lit de sa mère, laquelle l'initie aux arcanes de la sorcellerie, et plus encore aux plaisirs de la chair ? Funeste destinée : quelques jours après que sa mère et Margaretha, l'une de ses sœurs, sont brûlées, lui-même et Ottilia, une autre sœur, montent sur le bûcher. Âgé d'à peine dix-huit ans, il est le benjamin de cette satanée famille.

La médecine est perçue comme une pratique de diplômés intimidants et distants, de surcroît très coûteuse; aussi n'est-il pas étonnant que le manouvrier et le paysan répugnent à recourir à ces Diafoirus et préfèrent s'en remettre au guérisseur, un homme de leur entourage. Le barbier-chirurgien, en revanche, a une meilleure cote auprès des ruraux; ceux-ci, plus exposés aux blessures corporelles, lui font confiance et ne doutent pas qu'il saura, s'il advient un accident, les remettre en bon état afin qu'ils puissent reprendre au plus vite leur gagne-pain. Quant aux sages-femmes, ce ne sont pas les expertes de l'accouchement d'aujourd'hui: les femmes sont réunies à l'église et, sous la houlette du curé, l'une d'elles est optée pour être la dame-matrone, cette élection constituant davantage un brevet de bonne conduite religieuse que la reconnaissance d'une compétence obstétrique. À Saverne, par exemple, le curé a la charge de rédiger le règlement des sages-femmes de la résidence épiscopale. Ces femmes, veuves ou mariées, sont en réalité les auxiliaires officielles du patron paroissial à qui elles doivent rapporter tout accident ou incident survenant à leurs parturientes et toute transgression conjugale, notamment les relations adultérines, ainsi que les naissances d'enfants illégitimes.

La malnutrition et l'ignorance de l'hygiène entraînent une forte mortalité, particulièrement infantile et juvénile. Près d'un enfant sur trois meurt avant d'avoir atteint l'âge d'un an; leur décès est si banal que, bien souvent, il n'est pas mentionné sur les registres paroissiaux. Paradoxalement, en vertu des lois naturelles sur l'équilibre des espèces, la fauchaison de la mort, laquelle est acceptée comme une fatalité, porte à la procréation; le seul maintien du niveau de la population nécessite d'avoir en moyenne quatre enfants par foyer. La famille, à cette époque, n'a jamais été aussi nombreuse. Quant aux conditions d'hygiène, elles sont à nos yeux passablement rudimentaires: au-dessus de l'auge de la cuisine, on se limite à laver les mains et le visage, c'est-à-dire ce qui est vu par les autres; le reste, comme le dit si joliment Jean-Michel Boehler dans *Se soigner dans les campagnes alsaciennes d'autrefois*, n'est que manières «bourgeoises». Il est vrai qu'en ce temps on est convaincu que se laver à grande eau est malsain et amollit le corps; on est même persuadé que la crasse constitue, au contraire, une couche protectrice. La grande lessive, celle du linge et des linceuls, s'effectue tout au plus trois à quatre fois dans l'année. Quant à l'élimination des matières fécales et urinaires, on va tout simplement dehors dans le jardin ou sur le fumier; sinon, dans les autres cas, notamment en hiver, on utilise un pot de chambre qu'on place sous le lit après usage, quitte à le garder plusieurs jours.

Peu de monde sait lire et écrire: jusqu'à la seconde moitié du XVIe siècle, la plupart des procédures sont orales; quand elles sont écrites, nombre de documents comportent une simple croix en guise de signature; c'est le cas des procès-verbaux consignant l'interrogatoire des prévenus de sorcellerie: maints accusés et témoins s'escriment à dessiner, en dehors de l'ordinaire croix ou de l'initiale du nom, qui un fer de bêche, qui une serpette, qui une hache, insignes de leur profession, tandis que le greffier, en revanche, tire fierté d'apposer un paraphe superbement calligraphié.

Les différends et les conflits de voisinage sont nombreux. Nous verrons quelques pages plus loin qu'ils alimentent les dénonciations de sorcellerie.

Les moyens de communication sont rares; hormis les nouvelles dominicales du curé en chaire, les autres informations proviennent de la taverne où elles arrivent tardivement et souvent déformées.

Le soir, à la lumière jaunâtre et tremblotante des heurchats*, on organise des veillées. Voisins et amis se retrouvent dans le poêle* à se rappeler le bon vieux temps et à raconter contes et légendes. Profitant de la semi-obscurité, où les lampes font dansoter des ombres sur les murs, le conteur se réjouit à l'idée d'apeurer son auditoire avec ses histoires de loups-garous et autres créatures surnaturelles. Bien souvent, ces récits sont pour nos aïeux une façon de s'évader hors de leur horizon étriqué; leur imagination, la seule chose qui leur soit vraiment libre, les emporte alors en de mystérieuses clairières où volettent de blanches fées, capricieux phalènes, sous le halo laiteux de la lune; et soudain cette clarté diaphane et papillonnante s'évanouit pour laisser place à une obscurité enveloppante, propice aux ébats érotiques. Ô rêves de sabbat!

Ainsi, en se réunissant aux veillées, nos anciens cherchent à se rassurer tout en s'effrayant; une façon, pour eux, d'exorciser des peurs ancestrales, comme celle du loup. Mais il en est d'autres qui les assaillent et les terrorisent.

La première de ces peurs est d'ordre alimentaire. Les productions agricoles dépendent totalement des aléas climatiques, d'où, chez les ruraux, une lancinante inquiétude à longueur d'année. Ces catastrophes menacent non seulement la récolte présente, mais compromettent les semences futures et le règlement des redevances seigneuriales. Afin de prévenir ces risques, des processions religieuses sont organisées, comme en 1503 lorsqu'une sécheresse persistante en Alsace épuisa les réserves de l'année précédente et faillit anéantir la récolte à venir. Si ces parades divines ne donnent pas les résultats attendus, il ne reste plus qu'à sacrifier quelques *Hexen*, tenues alors pour responsables de ces calamités, comme agents d'exécution du Diable; tel est le cas dans les années 1610, années terribles où la peste, autre peur récurrente, fait fuir les riches – le docteur Jean Gonthier d'Andernach, une bourgade allemande, n'écrit-il pas déjà en 1564 que « la meilleure médication consiste à déguerpir au plus vite » ? – et met en quarantaine les autres. Les pauvres...

La hantise de manquer de nourriture est si réelle que le vol d'un fruit conduit au bannissement; pis! le voleur d'un cheval de labour est promptement pendu. Cette obsession du ventre affamé s'exprime même à l'égard du proscrit: en Lorraine, le condamné à l'exil reçoit toujours un pain de la valeur de deux blancs*.

Une autre peur est celle de l'inconnu, de l'étranger, de celui qui chemine Dieu sait où. Pourquoi passe-t-il par le village? Est-il en repérage pour un mauvais coup? Cette crainte, loin de s'apaiser, se renforce lorsque le mystérieux arrivant décide de s'installer. Pourquoi ici? D'autres vont-ils le rejoindre?

Mais ce que redoutent encore plus nos paysans et bourgeois, c'est la venue des soldats, qui s'invitent chez l'habitant, buvant et bâfrant. En fait, des mercenaires embauchés le temps d'une guerre et vivant davantage de rapines que de leur solde aléatoire; renvoyés dès l'opération terminée ou déserteurs, ils errent en bande le long des chemins et se comportent en vrais brigands, n'hésitant pas à voler, violer, trucider et, au paroxysme de leur fureur dévastatrice, à mettre le feu pour tout détruire. On les signale dans les livres d'histoire sous le nom d'« écorcheurs » (*Schinder*), ce qui donne une idée de leur cruauté. À leurs trousses, des troupes régulières sont envoyées; malheureusement, ces « retondeurs », comme on les appelle, excités du plaisir d'extirper du village pillé leurs faux frères d'armes, achèvent de ruiner ce qui reste encore debout; effarés, terrés dans les bois, les quelques survivants regardent de loin les volutes de fumée noire s'élever du village fantôme pour un long temps.

Au milieu du XV^e^ siècle, la Haute Alsace connaît l'une des plus barbares dragonnades; plus ou moins à la solde de seigneurs qui, semble-t-il, les manipulent, des bandes d'*Armen Gecken* (« pauvres diables») se livrent aux pires exactions, s'attribuant ainsi le titre de «fléau des écorcheurs», mais aujourd'hui le nom d'Armagnacs nous est plus familier. Selon certains étymologistes, ce nom serait une corruption d'*Armen Gecken*, mais on peut penser que, parmi ces mercenaires, outre les Bretons, les Espagnols ou les Écossais, les Gascons ne furent pas les derniers à rôtir la plante des pieds des pauvres bougres alsaciens.

## *Une histoire tourmentée*

### LE TEMPS DES GUERRES

Il est temps à présent de restituer sommairement le visage de l'Alsace au temps de la grande chasse aux sorcières. Comme beaucoup d'autres provinces, l'Alsace aux XVIe et XVIIe siècles est le théâtre de troubles armés. Le premier d'entre eux, qui a lieu durant le premier quart du XVIe siècle, est l'expression d'une révolte populaire.

Toujours présente en notre mémoire sous le nom de «guerre des Paysans», cette révolte dont l'origine se situe au sein même du Saint-Empire, mêle tragiquement les revendications sociales et l'effervescence religieuse de la Réforme. En effet, ceux qui travaillent la terre ne supportent plus d'être asservis et réclament des possédants plus de justice sociale; ils exigent en particulier l'abolition du servage, la limitation des corvées, l'allègement des impôts et des redevances, la liberté de chasser et de pêcher, le droit de disposer librement des biens communaux; ils s'engagent également à protéger les plus faibles de la société, particulièrement la veuve et l'orphelin. Ces aspirations démocratiques reprises dans une charte en douze articles sont soutenues par les promoteurs de la Réforme; du reste, nombre d'entre eux n'hésitent pas à prendre le commandement des compagnies des paysans-soldats. Ce qui leur sera chèrement reproché. Paradoxalement, l'adversaire implacable de ces gueux sera Luther lui-même. Pourtant, au début, il comprend leurs doléances, mais lorsque la révolte se mue en fièvre révolutionnaire, sa bienveillance se transforme en haine, car il voit dans les débordements – notamment lorsqu'ils ont trait aux symboles du pouvoir temporel de l'Église avec la destruction des titres de propriété et des livres de rente, voire des objets de culte – l'œuvre du Diable. Dans le style impétueux qu'on lui connaît, l'ancien moine augustinien pourfend alors les malheureux de ces mots rageurs: «Frappe qui peut frapper ! On court sus à un chien, et on le tue faute de quoi c'est lui qui vous extermine, vous et votre pays. »

Le 17 avril 1525, environ quarante mille hommes, organisés en bandes, se lancent du nord au sud de l'Alsace à l'assaut de leurs oppresseurs, incendiant au passage couvents et monastères. De leur côté, le clergé et la noblesse se mobilisent également. La répression sera violente et sanglante. Avec l'assentiment d'une partie des seigneurs alsaciens, le duc Antoine de Lorraine, fervent protecteur de la foi catholique et craignant également l'extension de la révolte dans ses terres, rassemble une armée et pénètre en Alsace ; à la fin du mois de mai, il encercle et attaque Saverne. Les lansquenets du duc sont sans pitié : près de vingt mille paysans sont massacrés. Ce carnage sera célébré par les Lorrains sous le nom de « guerre des Rustauds ». D'autres insurgés décident de marcher vers Ensisheim, capitale alsacienne des Habsbourg, mais la défaite de Scherwiller, près de Sélestat, sonne le glas de leurs aspirations.

Cette guerre des Paysans, qui secoue l'Empire germanique et dont l'emblème est, par opposition à la *Stiefel* (botte des nobles), le *Bundschuh* (soulier à lacet), se termine dans le sang. Comme la plupart des jacqueries. Sans doute le prix à payer pour vaincre l'injustice et conquérir la liberté. Le souvenir de cette révolte populaire ranimera et attisera quelque deux cent cinquante ans plus tard l'enthousiasme des Alsaciens lors de l'avènement de la Révolution française, tout au moins jusqu'au délire meurtrier de la Terreur.

De 1562 à 1598, se succèdent les guerres de religion. Les troupes protestantes allemandes, se portant au secours des huguenots français, traversent l'Alsace, pillant, violant, tuant. À l'aller comme au retour. Malgré le traité de paix d'Augsbourg, l'antagonisme entre catholiques et protestants subsiste et, quelquefois, se manifeste avec virulence.

Le XVIIe siècle n'échappe pas au cycle de la violence. Sa première moitié est marquée par un conflit dévastateur : la guerre de Trente Ans. Cette guerre, qui prend naissance en 1618 en Bohême à la suite d'un conflit entre catholiques et protestants, s'étend dans tout le Saint-Empire pour déferler sur le reste de l'Europe. Religieuse au départ, la cause est bien vite supplantée par des appétits politiques : les monarques d'Europe se servent de ces rivalités confessionnelles pour tenter d'imposer leurs prétentions. La guerre de Trente Ans peut être considérée comme la première guerre européenne.

*Sélestat, cité du Saint-Empire romain germanique et de la Décapole d'Alsace, mais aussi ville natale de Heinrich Krämer, dit Institor, auteur principal du « Malleus maleficarum » et théoricien de la chasse aux sorcières.*

En 1621, l'Alsace en devient l'un des principaux champs de bataille. Au mois de novembre, les troupes du général Ernest de Mansfeld, au service des protestants, dévastent tout ce qui représente l'autre confession, en particulier les églises et les abbayes ; le général et ses mercenaires quittent l'Alsace en juillet 1622, non sans avoir mis à sac les villages et terrorisé leurs habitants. Dix ans plus tard, en 1632, les Suédois, venus prêter main-forte aux protestants allemands, en profitent pour faire une incursion en Alsace ; celle-ci durera deux ans ; toute velléité de résistance sera durement réprimée. Sitôt les Suédois partis, les Français, leurs alliés, prennent la relève. Richelieu souhaite faire de l'Alsace une place forte face à l'Allemagne ; aussi les troupes françaises ont-elles pour mission d'assurer la protection des seigneurs et des villes, mais les chefs ont du mal à contenir l'humeur pillarde et paillarde de leurs hommes.

Entre 1635 et 1639, l'Alsace est traversée en tout sens par les armées françaises, impériales, espagnoles qui, bien entendu, détruisent tout sur leur passage. Après 1640, la guerre est pratiquement terminée en Alsace. Le bilan de cette guerre trentenaire – en fait, elle dure une vingtaine d'années en Alsace – est catastrophique : des milliers de fermes abandonnées, entre trente et soixante pour cent de bâtiments détruits selon les contrées, les pertes humaines s'échelonnant dans l'intervalle de soixante à quatre-vingts pour cent. Le dépeuplement n'est pas seulement dû aux massacres, mais aussi à la famine et aux maladies, notamment la peste colportée par la soldatesque : les troupes de Mansfeld en 1622, les cohortes polonaises et hongroises en 1629 et les mercenaires suédois en 1632. Nous avons déjà signalé qu'une vingtaine de villages a totalement disparu à la suite de ces razzias, d'autres restent bien longtemps inhabités : seuls les loups hantent les murs délabrés. En 1648, les traités de Westphalie officialisent la présence française en Alsace.

## LES INSTITUTIONS TERRITORIALES

L'Alsace constituant une mosaïque de territoires plus ou moins autonomes, son administration, à l'image des territoires, est en conséquence aussi hétérogène. Dans un souci de simplification, nous nous en tiendrons aux grandes divisions territoriales qui composent l'Alsace au début du XVIIe siècle, donc avant l'implantation française.

Sous l'autorité du Saint-Empire, deux landgraviats partagent l'Alsace : celui de Basse Alsace et celui de Haute Alsace ; ce qui correspond grosso modo à nos départements actuels du Bas-Rhin et du Haut-Rhin. Le landgraviat de Haute Alsace appartient en grande partie aux Habsbourg ; les pouvoirs civil et judiciaire sont confiés à la Régence, siégeant à Ensisheim. Quant au landgraviat de Basse Alsace, il est placé sous l'administration d'un prévôt résidant à Haguenau ; cette fonction est exercée depuis 1384 par l'évêque de Strasbourg à titre honorifique. Dans ce landgraviat, l'autorité des Habsbourg est géographiquement restreinte car une bonne partie des territoires appartient à d'autres autorités qui ont réussi à maintenir leur immédiateté* impériale, comme la noblesse ou la Décapole.

La Décapole, ainsi que l'indique son nom, est une ligue de dix villes : Colmar, Haguenau, Kaysersberg, Landau (laquelle remplace Mulhouse après que celle-ci a adhéré en 1515 à la Confédération suisse), Munster, Obernai, Rosheim, Sélestat, Turckheim et Wissembourg. Depuis 1354 jusqu'au traité de Munster (1648), ces villes jouissent de l'immédiateté impériale, mais dès 1604 les Habsbourg, voulant les englober dans un vaste domaine héréditaire, en deviennent quasiment les suzerains.

La ville de Strasbourg, complétée des bailliages de Barr, Dorlisheim et Wasselonne, a opté pour un régime s'apparentant à celui d'une république. Bénéficiant depuis 1358 du statut de ville libre impériale, elle défend bec et ongles sa souveraineté, conservant son droit coutumier qui procède de la *Carolina*, jusqu'à la fin de l'Ancien Régime.

Autres représentants de l'autorité : les seigneurs laïcs. La noblesse, dite des chevaliers d'Empire, réussit à faire valoir son immédiateté. En Basse Alsace, elle se donne un statut et un directoire en 1651. Parmi ses grands dynastes, citons les comtes de Hanau-Lichtenberg, la baronnie de Fleckenstein et les comtes de Linange. Des princes étrangers possèdent de grands territoires, à l'exemple des ducs de Deux-Ponts, lesquels administrent le comté de La Petite-Pierre et les quatre bailliages de Bischwiller, Gutenberg, Hangebach et Seltz ; ces seigneurs acquerront également le comté de Ribeaupierre.

L'Église n'est pas en reste et contrôle un vaste ensemble de territoires. Le prince-évêque de Strasbourg, s'étant replié à Molsheim depuis que les réformés se sont imposés à Strasbourg, gouverne les bailliages de Benfeld, Dachstein, Marckolsheim, Schirmeck, Saverne et la Wantzenau ainsi que le Mundat supérieur en Haute Alsace avec les bailliages de Rouffach, Soultz et Eguisheim. Après Molsheim, la Régence épiscopale s'installe à Saverne. Les ordres religieux, qui dépendent directement de l'autorité de l'empereur, régissent aussi des terres ; les abbés de Murbach, par exemple, détiennent Guebwiller, Wattwiller et Saint-Amarin. L'abbé de Munster, comme l'abbesse d'Andlau, bénéficie des mêmes privilèges. Certaines terres alsaciennes appartiennent à des évêchés étrangers, tel l'évêché de Spire qui possède le comté de Lauterbourg et le Mundat inférieur.

La Basse Alsace et la Haute Alsace se réunissent en 1528 en une seule entité, auquel adhèrent les princes et seigneurs laïcs ou ecclésiastiques et les villes. Cette institution, qui prend le nom d'«États provinciaux», assure, malgré les dissensions religieuses, la stabilité politique et favorise le développement économique. Malheureusement, la guerre de Trente Ans détruira cette organisation. De son côté, en se rattachant à la Confédération suisse à la moitié du XVI^e^ siècle, Mulhouse déserte la province d'Alsace.

## L'ACTIVITÉ ÉCONOMIQUE

Contrairement à la plupart des pays européens, l'Alsace connaît dans cette période charnière entre le Moyen Âge et les Temps modernes un essor économique aussi bien dans l'agriculture que dans la petite industrie, les transports, l'artisanat ou le commerce.

Son agriculture est l'une des plus florissantes d'Europe. L'autosuffisance est largement atteinte, et une partie des céréales est exportée. À cette époque, si on excepte les périodiques incursions de cohortes militaires, l'Alsace est considérée comme la cave et le grenier de ses voisins. Aux abords des grandes villes comme Strasbourg, Colmar et Sélestat, les cultures maraîchères approvisionnent abondamment les citadins. Les plantes industrielles (chanvre, colza et lin) sont commercialisées dans les contrées voisines. Les vergers et la vigne, qui font encore aujourd'hui la fierté des Alsaciens, assurent des revenus appréciables. Quant à l'élevage, le Sundgau et les Hautes-Vosges où les marcaires fabriquent le déjà réputé munster sont les zones privilégiées du gros bétail, les chevaux et les ovins se répartissant dans toute la province.

Au début du XVI^e^ siècle, on dénombre soixante-sept mines et dix fonderies dans lesquelles travaillent plus de deux mille mineurs. La plupart des ces mines se situent dans la vallée de Sainte-Marie et appartiennent aux Habsbourg pour la partie sud, tandis que les Ribeaupierre et les ducs de Lorraine détiennent la partie nord. Les mineurs forment la solide corporation des *Knappschaft* avec ses coutumes et son juge, le *Bergrichter*. Ces « minous », tel est leur surnom, qui travaillent dans les entrailles de la terre, à quelques lieues de l'enfer, peuplent tout naturellement l'imaginaire populaire. Les nains des contes ne ressemblent-ils pas à des mineurs au tablier de cuir ? Il est vrai que, pour se glisser dans les tortueux boyaux, il ne faut être ni trop gros ni trop grand. Par ailleurs, les mineurs venus de Saxe ne manquent pas de colporter les diableries et les récits mythiques de l'Europe centrale. Dans cette corporation sensible aux histoires de sorcellerie, rares sont les mineurs poursuivis à ce titre. Tout simplement parce que les patrons des mines, en l'occurrence les ducs et grands seigneurs, ne supporteraient pas que la production régresse, faute d'effectif suffisant ; nul doute que le *Bergrichter* reçoit des instructions en ce sens.

Le commerce et les échanges accélèrent le développement de l'économie alsacienne. La position privilégiée de Strasbourg au bord du Rhin est un atout prépondérant. Les bateliers et armateurs, formant la puissante corporation « À l'ancre », monopolisent le fleuve de Bâle à Mayence. Devenue un centre de transit important, Strasbourg engrange des profits considérables ; ses commerçants négocient avec tous les pays d'Europe ; les capitaux amassés sont utilisés pour acheter des terres ou consentir des prêts fructueux ; à travers ces opérations financières se perfectionne un système où l'argent et le crédit deviennent des outils d'enrichissement: le capitalisme vient de naître.

À l'énoncé de ces données économiques, on devine que les conditions d'existence des uns et des autres sont fort contrastées. Le quotidien des paysans demeure précaire; les serfs dans leur majorité sont à présent libres, mais ne sont pas pour autant propriétaires des terres qu'ils travaillent; quelques-uns louent comme censiers, beaucoup d'autres se louent comme journaliers. La grande partie des terres reste entre les mains des nobles et celles qui se libèrent sont achetées par les bourgeois, rarement par les paysans. En ville, les bourgeois, notamment les commerçants et les artisans, ainsi que les lettrés qui se voient attribuer des charges ou les achètent, s'enrichissent. Les signes extérieurs d'opulence s'étalent, comme en témoignent de belles et grandes maisons en pierre avec larges portails et oriels dominant la rue: à l'intérieur des ces somptueuses demeures, les salons sont garnis de meubles finement marquetés renfermant une élégante garde-robe, des draps blancs et fins, des pièces de soie brodées, une abondante vaisselle en terre cuite ou en étain, des gobelets d'argent, etc. La nouvelle confession, puritaine et austère, prône toutefois une certaine retenue. Les employés et manouvriers des artisans et commerçants sont contraints à rester de simples compagnons, la maîtrise étant réservée aux enfants... des maîtres, lesquels, membres de corporations de plus en plus conservatrices, constituent une nouvelle aristocratie: celle des chefs d'entreprise.

## LA VIE CULTURELLE

Des deux siècles pendant lesquels la chasse aux sorcières est organisée, celui du XVI$^{e}$ siècle peut être considéré comme celui du renouveau alsacien des lettres et des arts.

Participant de la Renaissance italienne, un nouvel enseignement se propage dans les écoles: la méthode scolastique est abandonnée au profit de l'étude approfondie des langues anciennes en se référant aux écrivains grecs et latins de l'Antiquité; cet enseignement qui ambitionne de développer un nouvel idéal de culture prend le nom d'humanisme. L'École latine de Sélestat est une pépinière d'hommes qui promeuvent cette nouvelle pédagogie, les plus célèbres d'entre eux étant les Alsaciens Beatus Rhenanus et Jacques Wimpfeling; ce dernier se démène en vain pour fonder à Strasbourg une école supérieure; finalement, c'est Jean Sturm qui, en 1537, réalise ce projet en créant le Gymnase, qui devient

Académie par la suite, l'empereur Ferdinand II lui conférant en 1621 le titre et les droits d'une université. En 1580, les catholiques réagissent en installant à Molsheim, bastion de la Contre-Réforme, un collège dirigé par les jésuites, lequel se voit attribuer en 1617 des privilèges universitaires.

Sur le plan des écrits, les auteurs alsaciens publient en allemand, langue écrite dominante, le dialecte alsacien demeurant la langue parlée. Parmi les écrivains les plus connus, retenons Sébastien Brant, l'auteur de la célèbre *Nef des fous*; Thomas Murner, reconnu pour la violence de son langage et l'usage de la satire, qui dans son *Tractatus de Phytonico contractu* avoue avoir subi dans son enfance les méfaits d'une sorcière; Jean Fischart, le «Rabelais allemand», qui dénonce avec talent les torts et les travers de ses contemporains; sur le sujet de la sorcellerie, cet écrivain strasbourgeois publie en 1581 une traduction du *De magorum daemononia* de Jean Bodin et fait paraître l'année suivante une édition du *Malleus maleficarum*. Pasteur à Hunawihr, Conrad Lautenbach traduit plusieurs ouvrages en allemand dont *Von Hexen und Holden: Ein Christlicher, nutzlicher und zu diesen unsern gefährlichen Zeiten notwendiger Bericht aus Gottes Wort...* d'Ulrich Molitor, publié à Strasbourg en 1575. Quant aux arts, la peinture et la sculpture ne se cantonnent plus aux œuvres d'inspiration religieuse, mais s'intéressent également aux productions profanes. D'où, d'un côté, l'extraordinaire retable d'Issenheim de Mathias Grünewald et, de l'autre, le nouvel hôtel de ville de Strasbourg décoré par Wendel Dietterlin.

La «Renaissance» alsacienne est favorisée par deux facteurs. Le premier est sans conteste l'imprimerie. À ce sujet, Mayence et Strasbourg se disputent encore aujourd'hui l'honneur d'être le berceau de cet «art sublime et presque divin», selon l'expression d'alors; dans un cas comme dans l'autre, Gutenberg serait bien l'artisan du premier livre imprimé. D'après François Ritter, auteur de l'*Histoire de l'imprimerie alsacienne aux XV^e^ et XVI^e^ siècles*, ce livre, ayant pour titre *Missale Speciale Constantiense*, daterait d'avant 1450. À cette époque, Gutenberg travaille aussi bien à Strasbourg qu'à Mayence, sa ville natale. De 1452 à 1455, la première Bible est imprimée en cent-quatre-vingts exemplaires, dont l'un se trouve actuellement à la Bibliothèque municipale de Colmar. Même si Gutenberg a regagné Mayence entre-temps, Strasbourg est bien la ville où l'imprimeur conçoit et perfectionne son art; orfèvre de formation, il sait façonner les caractères mobiles grâce auxquels naîtra l'imprimerie. De toute évidence, l'Alsace bénéficie de cette innovation au pouvoir de communication extraordinaire. Sans cette découverte technique qui permet de multiplier les exemplaires à l'identique, les humanistes, les prédicateurs, les écrivains alsaciens n'auraient pu être connus au-delà des limites régionales. Le deuxième facteur de l'épanouissement intellectuel et artistique est né, paradoxalement, de l'antagonisme interconfessionnel. Si protestants et catholiques se livrent parfois à des querelles violentes, voire haineuses, ils font preuve également d'émulation, chaque camp voulant être le meilleur dans tous les domaines, aussi bien social que culturel.

## L'IMPLANTATION FRANÇAISE

Le XVII$^{e}$ siècle se termine avec la consolidation de la présence française en Alsace. Complétant les traités de Westphalie qui concluent la guerre de Trente Ans, le traité de Münster[2], signé le 8 septembre 1648 entre l'empereur du Saint-Empire romain germanique et la France, attribue à celle-ci tous les biens territoriaux et les droits que la Maison de Habsbourg possède en Alsace. Désirant préserver la coexistence des parties en présence et connaissant le sentiment de sympathie des Alsaciens à l'égard de la France, le roi Louis XIV se garde bien d'appliquer la devise monarchique «une foi, un roi, une loi», et opte pour la mise en place d'un protectorat avec l'installation en 1656 d'un Conseil supérieur d'Alsace qui prendra le nom définitif de Conseil souverain d'Alsace. Les Alsaciens conservent leur liberté de conscience et leurs institutions. Ainsi, le roi, nonobstant ses fortes convictions catholiques, se résout à ne pas étendre la révocation de l'Édit de Nantes. Les fonctionnaires français, tous catholiques, s'attachent seulement à unifier l'administration de la justice, des finances, ainsi qu'à assurer l'ordre et la sécurité. Dans ces conditions, il n'est pas surprenant que plusieurs villes et seigneuries sollicitent la protection de la France. Strasbourg, dernière ville à vouloir garder son indépendance, est finalement annexée au royaume de France en 1681.

Par son attitude tolérante – ou plutôt avisée – au plan politique, la France assoit sans heurt sa tutelle. Refusant d'intervenir directement dans la vie intellectuelle ou de bousculer les us et coutumes, elle s'applique cependant à améliorer ce que nous appelons aujourd'hui le service public en créant des voies de communication et en réorganisant la poste, en assurant une meilleure protection de la santé, en mettant en place une hiérarchie judiciaire plus indépendante et mieux formée, en renforçant la sécurité de l'ensemble du territoire et en plaçant l'autorité militaire entre les mains d'un chef unique, tout en favorisant l'industrie.

CHAPITRE 5

# À chacun sa grand-peur

Dans les pages précédentes, nous avons vu que l'Église fait l'objet de vives critiques, tant sur le plan moral en raison du comportement peu exemplaire de ses serviteurs que sur le plan dogmatique, une partie de ses fidèles prônant le retour à une religion plus originelle. À la longue, ces griefs risquent de porter atteinte aux privilèges des prélats ainsi qu'à leur autorité. Voilà la vraie peur de ces dignitaires. Aussi vont-ils s'employer à détourner l'attention de leurs détracteurs en désignant un bouc émissaire : le Diable, cette ignoble créature qu'il faut charger de tous les maux. Comme on ne peut s'en prendre directement à lui, on fera payer tous ses méfaits à ses suppôts : les sorciers et les sorcières.

De plus, la crainte étant un des plus efficaces inhibiteurs, les hommes de Dieu songent tout logiquement à l'enfer ; sans plus attendre, ils vont aviver ses flammes. Les démonologues sont investis de cette mission. Le feu purificateur des bûchers sera l'enfer terrestre des complices de Satan. Bras armé de l'Église, le pouvoir séculier ne se fait pas prier pour être le pourvoyeur de cet enfer ; en certaines contrées, son ardeur est telle qu'elle égale celle du Diable.

## *Les excitateurs de Satan*

À la lecture des ouvrages de démonologie diffusés au temps des sorcières, on est stupéfait par l'extrême violence des propos : de véritables appels au meurtre y sont proférés à longueur de pages. Et principalement contre le sexe féminin ! C'est une croisade paroxystique contre Satan et ses prêtresses que prêchent nos fondamentalistes de la foi chrétienne, toutes tendances confondues, catholiques et protestants, auxquels se joignent les juristes laïcs.

Publié en 1475, et traduit sous le titre *La Fourmilière des sorcières*, l'ouvrage *Formicarius* de Johannes Nider, prieur dominicain à Bâle, est le premier à présenter la femme, à l'image d'Ève coupable du péché originel, comme l'instrument du Diable pour tenter le peuple de Dieu. Ce livre, quelques décennies plus tard, servira de référence à bon nombre de démonologues. Dans le *Malleus maleficarum* déjà cité, les auteurs Sprenger et Institor écrivent :

> Toute la sorcellerie vient du désir qui, chez elles, est insatiable [...] Pour se satisfaire, elles n'hésitent pas à épouser des démons [...] On sait désormais qu'il y a beaucoup plus de femmes infectées par l'hérésie de la sorcellerie ; aussi, quels que soient leur pénitence et leur retour à la foi, elles ne doivent pas, comme les autres hérétiques, être soumises à la seule prison perpétuelle mais plutôt être punies du dernier supplice.

Pour la majorité des démonologues, c'est justice de mettre à mort ces lubriques créatures du Grand Bouc. On pourrait croire qu'en diabolisant la femme et en la brûlant, les inquisiteurs, magistrats et juristes – qui sont tous des hommes – cherchent à étouffer le feu de leurs propres pulsions sexuelles. Il est évident que cette analyse, bien que partagée par une poignée d'historiens sensibles aux théories freudiennes, est discutable, voire un peu trop phallocrate. Mettre à nu et raser jusqu'aux endroits intimes une vieillarde de quatre-vingts ans, est-ce bien excitant ?

En 1578, parlant des sorciers, Pierre Nodé, l'auteur de la *Déclamation contre l'erreur exécrable des maléficiers, sorciers* , exhorte les seigneurs et les magistrats à « trancher le fil de l'abominable vie à telles gens ». Luther est tout aussi catégorique ; dans son langage très imagé et peu châtié, ainsi que le rapporte Brian P. Levack dans *La grande chasse aux sorcières*, il n'hésite pas à déclarer que les sorcières sont comme les « putains » du Diable et que « toutes doivent être brûlées ». Reinhard Lutz, curé à Sélestat, n'est pas moins virulent que le prédicateur d'outre-Rhin lorsque, parlant des sorciers et des sorcières, il s'écrie dans son opuscule *Wahrhaftige Zeitung* imprimé en 1571 :

> Comme ces êtres malfaisants ne cherchent qu'à procurer des dommages et la perdition aux autres créatures avec l'aide de leurs démons ; comme ils renient la foi au Christ, tous les sacrements et toute la religion chrétienne ; comme ils se vouent corps et âme au démon, ils doivent être condamnés à mort, comme l'exigent d'ailleurs le droit divin et le droit séculier.

# MALLEVS MALEFICARVM,

## MALEFICAS ET EARVM

hæresim frameâ conterens,

EX VARIIS AVCTORIBVS COMPILATVS,

& in quatuor Tomos iustè distributus,

*QVORVM DVO PRIORES VANAS DÆMONVM versutias, præstigiosas eorum delusiones, superstitiosas Strigimagarum caremonias, horrendos etiam cum illis congressus; exactam denique tam pestifera secta disquisitionem, & punitionem complectuntur. Tertius praxim Exorcistarum ad Damonum, & Strigimagarum maleficia de Christi fidelibus pellenda; Quartus verò Artem Doctrinalem, Benedictionalem, & Exorcismalem continent.*

TOMVS PRIMVS.

*Indices Auctorum, capitum, rerúmque non desunt.*

Editio nouissima, infinitis penè mendis expurgata; cuique accessit Fuga Dæmonum & Complementum artis exorcisticæ.

*Vir siue mulier, in quibus Pythonicus, vel diuinationis fuerit spiritus, morte moriatur* Leuitici cap. 10.

LVGDVNI,

Sumptibus CLAVDII BOVRGEAT, sub signo Mercurij Galli.

COLL. PART.

*Publié en 1486, le « Malleus maleficarum » est le premier ouvrage codifiant la traque des sorcières.*

Mais la théorie de l'extermination n'est pas le propre des pourfendeurs en soutane. On ne peut s'interdire de transcrire les derniers mots par lesquels Nicolas Remy conclut le livre troisième de *La Démonolâtrie*:

> Pour ma part, moi qui ai formé et conforté ma conviction par une pratique si largement et si durablement développée des interrogatoires de sorciers, je ne craindrai pas d'affirmer publiquement et franchement ce que je pense à ce sujet et d'apporter ainsi, autant que je le pourrai, au développement de la lumière qui éclaire la vérité. À l'évidence, la vie de ces individus est souillée et infectée de tant d'impiétés, d'empoisonnements, de désirs monstrueux, de forfaits infamants, que c'est justice, je n'hésite pas à le dire, que de mettre à mort par le feu, après avoir fait subir toutes les tortures, afin, d'une part, qu'ils expient leurs crimes par les peines qu'ils méritent et que, d'autre part, les autres hommes, ayant un exemple à méditer, soient effrayés par la violence du supplice et détournés de Satan.

Dans *La Démonomanie des sorciers*, véritable code pénal de la sorcellerie, Jean Bodin énumère les quinze crimes qui caractérisent l'activité malfaisante des sorciers et des sorcières:

COLL. PART.

*Écrivain, juriste et économiste français éminent du XVI^e siècle, Jean Bodin fut également un démonologue réputé.*

> Premièrement, la profession première des Sorciers est de renier Dieu et toute religion [...] Le second crime des Sorciers est, après avoir renoncé à Dieu, de le maudire, blasphémer et dépiter [...] Le troisième crime est encore plus abominable, c'est qu'ils font hommage au Diable, l'adorent, lui sacrifient [...] Le quatrième crime est encore plus grand, c'est que plusieurs Sorciers ont été convaincus, et ont confessé d'avoir voué leurs enfants à Satan... Le cinquième passe encore plus outre, c'est que les Sorcières sont ordinairement convaincues, par leur confession, d'avoir sacrifié au Diable leurs petits enfants auparavant qu'ils soient baptisés, les élevant en l'air, et puis leur mettant une grosse épingle en la tête, qui les fait mourir [...] Le sixième crime passe encore plus outre: car les Sorciers ne se contentent pas de sacrifier au Diable leurs propres enfants, et les faire brûler par forme de sacrifice, ils les consacrent à Satan dès le ventre de la mère [...] Le septième et le plus ordinaire est que les Sorciers font serment et promettent au Diable d'attirer à son service tous ceux qu'ils pourront [...] L'huitième crime est d'appeler et jurer par le nom du Diable en signe d'honneur [...] Et le neuvième est, que les Sorciers sont incestueux, qui est le crime de toute ancienneté, duquel

> les Sorciers sont blamés et convaincus. Car Satan fait entendre au sorcier qu'il n'eût onques Sorcier et enchanteur qui ne fut engendré du père et de la fille, ou de la mère et du fils [...] Le dixième est, que les Sorciers font métier de tuer les personnes, qui pis est d'homicider les enfants, puis après les faire bouillir et consommer jusques à rendre l'humeur, et chair d'iceux potable [...] L'onzième crime est, que les Sorcières mangent la chair humaine, et mêmement des petits enfants, et boivent leur sang avidement [...] Le douzième est particulier, de faire mourir par poison ou sortilèges. [...] Le treizième crime des Sorciers est faire mourir le bétail [...] Le quatorzième est ordinaire, et porté par la loi, c'est à savoir, de faire mourir les fruits, et causer la famine et stérilité en tout un pays [...] Le quinzième est que les Sorcières ont copulation charnelle avec le Diable [...] Voilà quinze crimes détestables, le moindre desquels mérite la mort exquise.

On n'est guère surpris de constater que les crimes qui touchent à la religion sont placés en tête et constituent la majorité (huit sur quinze); viennent ensuite ceux qui ont trait aux déviances sexuelles, morales et sociales. Sur le plan de la sexualité, Bodin relève deux crimes: l'un, l'inceste, est de nature humaine, l'autre d'ordre supranaturel puisqu'il concerne la relation «charnelle» avec le Diable. Avec les dixième et onzième crimes, le démonologue dénonce l'extrême immoralité et bestialité de l'engeance sorceleuse, qui n'hésite pas à se bâfrer de chair humaine et à s'enivrer de sang d'enfantelets. Ce crime de cannibalisme nous horrifie; toutefois, n'oublions pas qu'en ce temps-là surviennent des disettes alimentaires si graves qu'elles se soldent en extrême famine. Dans l'une de ses suppliques adressées à la Régence de Bouxwiller, le pasteur Philippe Kirchner, de Morsbronn, raconte que des enfants de Preuschdorf, affamés, avaient ouvert le cadavre d'une femme et en avaient fait rôtir le cœur, les poumons et le foie; cet acte de barbarie, qui heurte notre morale de bien-nourris, s'est produit lors de l'effroyable famine de 1636. Hormis le dernier crime, que l'on a classé dans les déviances sexuelles, la liste des crimes diaboliques se termine par ceux qui affectent l'ordre social: les suppôts du Diable n'ont de cesse de nuire au prochain, soit en le faisant mourir, soit en l'affamant.

Dans le *Malleus maleficarum*, on trouve en plus la pratique des avortements comme crime de sorcellerie.

Parmi les démonologues qui mènent campagne contre le Diable et ses adeptes d'une façon si véhémente que leur renom, certes peu élogieux, est encore vivace aujourd'hui, trois d'entre eux sont originaires des terres de l'Est. Leurs noms nous sont déjà connus puisqu'il s'agit du Lorrain Nicolas Remy, du Comtois Henri Boguet et de l'Alsacien Heinrich Krämer, dit Institor, les deux premiers se targuant, comme nous l'avons vu précédemment, d'avoir éliminé des centaines de sorciers et de sorcières. Le troisième, auteur principal du *Malleus maleficarum* – l'autre cosignataire, Jacob Sprenger, apportant semble-t-il sa caution morale – est né à Sélestat dans les années 1430. Moine dominicain et professeur de théologie, Institor voue son existence à pourfendre les hérétiques. Inquisiteur pontifical dans les terres germaniques dont la province d'Alsace, il déploie toute son énergie à dénoncer l'engeance des sorcières ; sa hargne d'en découdre est telle que les évêques, sous la pression des populations, se dépensent sans compter pour s'en débarrasser au plus vite. Heinrich Krämer disparaît vers 1505 au cours d'une de ses visites en Bohême, dans des circonstances mal connues. Paradoxalement, aux siècles de la grande chasse, l'Alsace ne connaîtra pas d'autres « bouffeurs de sorcières » aussi virulents.

COLL. PART.

*Le magistrat Nicolas Remy fut le Torquemada de la Lorraine.*

## *La malepeur du Diable*

Si l'imprimerie, en plein essor, amplifie l'influence des démonologues, il y a lieu toutefois de relativiser la portée de leurs écrits, lesquels ne sont alors connus que par ceux... qui savent lire. Et, au XVIe siècle, rares sont les paysans et les manants – la grosse majorité de la population – qui soient capables de déchiffrer un texte. Nos théoriciens de l'anathème ont donc besoin de relais : les curés de paroisse, et leurs prônes dominicaux, sont leurs meilleurs porte-voix. Dans certains cas, *missi dominici* de l'épiscopat, des dominicains de l'Inquisition se déplacent d'église en église pour terroriser les ouailles à coups de monitoires, et susciter la délation. Ainsi s'installe peu à peu un climat de peur dans toutes les couches de la société d'alors.

Les princes de l'Église voient leur ascendant contesté et, par suite, craignent la remise en cause de leurs privilèges ; les monarques et seigneurs redoutent que l'équation infernale (guerres, calamités naturelles, qui engendrent disette et épidémies) ne se résolve en une explosion sociale ; le peuple, duquel émergent les nouveaux riches des villes, est sur le qui-vive : les bourgeois tremblent à l'idée d'exciter l'envie des croquants, lesquels, n'ayant pas grand-chose à croquer, ont peur de crever de faim. Sans oublier que les rejetons des nouveaux nantis, l'instruction aidant, tolèrent de moins en moins l'ignorance crasse des manouvriers et des culs-terreux.

Ces angoisses latentes s'autoalimentent pour se conjuguer en une peur extrême. Et pour tenter de la vaincre, il faut se liguer et s'imaginer un ennemi commun : le Diable. Sus au Diable ! L'Église promet l'enfer à ceux qui s'écartent du chemin doctrinal ou récusent l'autorité des dignitaires : mort aux suppôts du Diable ! Le pouvoir civil détourne l'attention et s'exonère de ses responsabilités devant l'aggravation de la situation socioéconomique : mort aux complices du Diable ! Le peuple trouve une explication à ses malheurs : la sorcière. Présumée responsable de tous les maux, elle transforme en vieillard cacochyme le plus vigoureux des hommes du village, provoque la mort du nouveau-né, fait périr les bêtes, fabrique la grêle et la tempête : mort à la sorcière ! La psychose atteint un tel degré d'intensité que les villageois réclament le droit de détruire cette satanée créature.

Force est de reconnaître que l'Église est la première à lancer le cri de guerre contre Satan et ses adorateurs. Cependant, le pouvoir civil s'empresse de joindre sa voix à l'hallali ; d'autant qu'il est prouvé que chacun cherche à manipuler l'autre et à profiter de toute opportunité : l'Église, pour se débarrasser de ses hérétiques, n'a de cesse d'attiser l'ardeur des juges laïques ; le pouvoir civil ne se prive pas, quant à lui, de diaboliser les calamités. Du côté des exécutants, les gens de justice, investis d'une charge laïque, ont à cœur de l'accomplir en bons chrétiens ; cette confusion des genres les conduit à être les supplétifs zélés du pouvoir clérical. L'Église « satanise » la sorcellerie pour en faire une hérésie, l'État la criminalise.

Les successeurs de saint Pierre, par leur hantise quasi paranoïaque de toute atteinte au dogme et à leur dignité, n'ont-ils pas préparé les fagots de l'enfer terrestre, le pouvoir laïque se chargeant d'y mettre le feu et d'alimenter les flammes ? Et les malheureuses victimes de cet holocauste d'expier, du côté divin, la non-allégeance aux grands prêtres et, du côté terrestre, le refus d'une miséreuse existence...

En un mot, la sorcellerie, produit de la diabolisation par les élites de la magie populaire, est le moyen de conjurer des peurs collectives par une plus grande peur : la malepeur du Diable ! Cette « mauvaise peur », qui terrifie les esprits de la Renaissance à la guerre de Trente Ans, atteint l'ensemble de la population jusqu'à lui faire perdre la raison. Et les instigateurs de ce délire général, emportés eux aussi dans ce maelström, laissent accroire que, pour sauver le gros du troupeau, il suffit de se défaire des éclopés, des roux, des moricauds, des faibles, des indociles, des simples d'esprit et des marginaux : tous ces êtres apparemment inoffensifs, mais que le Diable a le pouvoir de rendre dangereux. Mort à ces sorciers potentiels ! Et bien d'autres seront mis à mort...

CHAPITRE 6

# Le monde supraréel de la sorcellerie

La grande chasse aux sorcières qui affola l'Europe entière au mitan du deuxième millénaire n'aurait pu avoir lieu si l'esprit des hommes de ce temps n'avait été contaminé par ce que nous définissons aujourd'hui sous le terme générique de croyance. On impute au Diable et aux sorcières, ses « femmes de main », les malheurs et les souffrances toutes les fois que les causes paraissent suspectes ou inexpliquées. La croyance au Diable et à son pouvoir de malfaisance est bien ancienne mais, à partir du XIII^e^ siècle, sa nature évolue, et de plus en plus vite : purement mythique à l'origine, elle se cristallise pour devenir une vérité quasi tangible. Ce changement résulte en partie d'un phénomène d'autosuggestion collective ; cette phase atteinte, il est ensuite loisible de propager cette nouvelle vérité. Dans le cas présent, il n'est pas même nécessaire d'agir, la nouvelle vérité se propageant d'elle-même : de l'ilote à l'élite, tout le monde est convaincu que le Diable séduit ses victimes, fait l'amour avec elles, leur distribue de la poudre à tuer, les rassemble au clair de lune, etc. Martin Luther en ce domaine est emblématique de l'état d'esprit général : maintes fois, le Diable lui est apparu, il croit mordicus aux incubes et aux succubes*, soutient même avoir vu des « enfants du Démon » nés de femmes que le Diable a charmées et, à ce sujet, ose déclarer : « Si j'étais le maître, j'irais avec cet enfant au bord de la Mülde et je ne craindrais nullement l'*homicidium.* » Dans sa thèse *Les croyances dans les « Propos de table » du Docteur Martin Luther*, Martine Clauss arrive à la constatation suivante : « Luther ne s'interroge à aucun moment sur la réalité des faits car ils ne font aucun doute pour lui. » Du côté des intellectuels alsaciens, Jean Geiler de Kaysersberg, Sébastien Brant et Jean Fischart partagent la même croyance, plutôt la même foi, le cœur l'emportant largement sur la raison. Cependant, ce vaste conditionnement est grandement facilité par le climat d'insécurité d'alors. Aujourd'hui, pour désigner ces faits perçus comme vrais, où réel et fiction se confondent, nous parlons plutôt de « réalité virtuelle » ou, mieux, de supraréalité. La sorcellerie appartient à ce monde. Les aspects ayant trait aux relations entre le Diable et ses diablesses en constituent le fond.

## *Première rencontre avec le Malin*

Dans la plupart des cas, c'est le Diable qui provoque le premier contact avec sa future affidée, contrairement aux satanistes qui, à partir du XVIII$^{e}$ siècle, tenteront en de longues et lancinantes invocations de faire apparaître leur idole infernale. Le Diable, lui, choisit ses victimes parmi celles qui sont en proie au désarroi moral ou qui pataugent dans la misère. Il leur offre spontanément aide et protection. C'est une constante que l'on relève dans tous les procès. L'existence des femmes mariées, déjà peu enviable, est un enfer pour certaines d'entre elles : Mathias Armbruster, non content de battre sa femme Anna et de la délaisser, n'hésite pas à la dénoncer comme sorcière pour s'en débarrasser définitivement ; le nouvel enfer qu'elle va connaître sur le bûcher sera-t-il plus inhumain ? Catherine Bassler, jeune épouse, subit aussi la violence de son charpentier de mari, d'autant que celui-ci est un ivrogne ; le conjoint d'Anne Thürner est, lui, si fainéant qu'Anne est seule à nourrir la maisonnée, à tenter d'apaiser la fringale des marmots. Quant

COLL. PART.

*Le Diable choisit ses victimes parmi celles qui sont en proie au désarroi moral ou à la misère. Il se présente à elles sous un aspect attrayant, mais ses pieds, pareils à des pattes d'animaux, trahissent sa véritable nature.*

aux veuves, elles sont dans la misère la plus noire : Christine Schwenck a si faim que le Diable, lorsqu'il la quitte, lui laisse un morceau de pain blanc ; Margaretha Stoetzel n'a plus de quoi acheter un quignon de pain, pas plus qu'Anna Glowel qui n'a pas mangé depuis plusieurs jours. Il n'y a pas seulement des femmes dans cette situation d'extrême pauvreté. Jacques Helgenstein, chef d'une famille de quatre enfants, accablé de dettes, désespère de ne plus pouvoir assurer le moindre besoin.

Bien sûr, afin de ne pas les effrayer, le Diable se présente devant celles qu'il a repérées sous un aspect attrayant ou qui inspire confiance. Ainsi apparaît-il à Anna Röszer sous l'uniforme coquet d'un caporal. Lorsqu'il s'habille de noir, le Tentateur n'hésite pas à se parer d'un chapeau à gros plumet pour avoir fière allure auprès d'Anna Pferzler ou de Catherine Bassler ; sinon, il choisit volontiers des vêtements de couleur : vert pomme pour séduire Barbara Bohn ou jaune d'or pour éblouir Anna Lang. Il évite donc de se présenter sous l'aspect d'un vieillard, préférant montrer l'image désirable d'un éphèbe ; sous cette apparence, on ne compte plus ses conquêtes : Marie Boeckler, Anne Kessler, Ketsch Vérène, etc. Deux exceptions cependant : le Diable paraît à Appolonie Spener sous la silhouette d'un vieux bonhomme et à Anna Führer sous les dehors d'un prêtre borgne ; dans le dernier cas, peut-être s'agit-il tout simplement du confesseur.

De telles apparitions ne sont-elles pas pour ces malheureuses femmes celles du prince charmant ? En tout cas, ce n'est pas le Diable qu'elles voient en premier lieu, mais un homme attentionné, qui connaît bien leur détresse. Au fait, pourquoi aucune d'entre elles ne s'étonne qu'il soit au courant de ce qui se passe dans le ménage ? Ce n'est pas cet homme noir et pervers que décrie à tout bout de champ messire le curé du haut de sa chaire. Intimidées et charmées à la fois par son aspect de grand seigneur, nos pauvres femmes n'ont d'yeux que pour cet homme mystérieux jusqu'au moment où, baissant le regard, elles découvrent les pieds du visiteur. Barbara Dederlin dit aux juges qu'il avait les pieds pareils aux pattes d'une oie ; pour Catherine Emmerich, ce sont plutôt des pattes de buse avec d'énormes serres, alors que pour Barbara Thalhammer ses pieds ressemblent davantage à ceux d'un bœuf. À cet instant, elles sont réellement troublées. Une inquiétude se mêle à la perplexité : et si c'est bien Lui ?

Le premier contact est d'abord celui d'un consolateur. L'inconnu qui se présente à Anna Röszer sous l'uniforme d'un caporal est vraisemblablement un soldat. Plongée dans le désarroi le plus total, elle est de ce fait sensible à la moindre attention qu'on lui porte et ne découvre le vrai visage de son séducteur qu'à travers l'interrogatoire des juges ; à ce moment-là, elle se souvient des drôles de pieds du visiteur nocturne. L'image du Diable ainsi suggérée a supplanté celle du charmeur. Ce qui n'exclut pas que des coureurs de jupons aient profité de la croyance générale pour contrefaire le ténébreux Tentateur.

En outre, lors de cette première rencontre, le Diable ne manque pas d'offrir à celles dont il connaît l'extrême dénuement une aumônière dans laquelle il a glissé quelques pièces de monnaie. Son geste est plutôt celui d'un vieux grigou que d'un jeune prince : deux thalers à Anne Dürr, un seul à Anna Glass, deux schillings à Marie Schimperlin. La déception se fond en cruelle désillusion lorsque, revenue près des siens, la mère de famille s'apprête à recompter les pièces : tirant le cordon de la bourse, que voit-elle ? Rien ou pas grand-chose, comme si les pièces n'avaient jamais existé. La magie diabolique transmue l'argent donné, qui en feuilles de chêne (ce que Catherine Emmerich, Anne Stattenhardt ou Marguerite Tscheibler avouent avec regret), qui en tessons de verre ou de poterie (Hans Nistchem et Anna-Maria Burckhardt en sont victimes), qui en charbons ardents (lesquels brûlent les doigts avides de Catherine Huger), qui en crottin de cheval (Jacques Helgenstein, Barbe Pfoerzlin et Anna Weckenzipfel en blêmissent de colère) ; vacherie démoniaque ou facétie, Sibilla Zimermann a de son côté droit à des tartelettes de bouse de vache. Observons ici que seules les sorcières des terres germaniques bénéficient de ces déchets excrémentiels ; les genoches de la Lorraine romane, elles, ne connaissent pas ce désagrément : ce sont des feuilles de chêne qu'elles découvrent bien souvent. Hé oui ! Le satané faux-monnayeur abuse effrontément ses victimes. Serait-il autrement le Prince du mensonge ? Pourtant, Veronika Lutz certifie aux juges que Peterlin, son Diable, lui a donné « une petite pièce de bon argent », Madeleine Thon, elle aussi, reçoit une vraie pièce de six gros. La candide Anna-Maria Burckhardt aurait pu changer ses tessons de poterie en pièces d'or en les plaçant dans le creux de la main d'un enfant, cette transmutation n'étant possible toutefois que si cette main est pure, ainsi que le rapporte Auguste Stœber dans l'une des *Légendes et traditions orales d'Alsace* dont l'édition française a été popularisée en 1920 par Jean Variot.

Cette générosité en trompe-l'œil relève-t-elle d'un phénomène hallucinatoire ? L'estomac tenaillé par la faim, l'esprit tiraillé jusqu'à l'obsession par les contingences essentiellement alimentaires, nombre de malheureuses sorcières ou prétendues n'ont-elles pas rêvé d'argent, juste d'un peu d'argent pour acheter de quoi manger ? Là aussi, le rêve est si fort, si intense qu'il en devient une image supraréelle.

En général, la possession charnelle de l'apprentie sorcière conclut la première rencontre. S'il a le sentiment que celle-ci n'est pas prête à se livrer entièrement, le Diable préfère, à la bestiale force, user de charme, quitte à attendre une meilleure occasion. Encore qu'il ne montre pas toujours pareille patience : bien qu'elle eût opposé son grand âge – quatre-vingt-dix-huit ans –, Anna Goetzin, gardienne de chèvres, finit par céder aux assauts du Grand Bouc.

Le Diable est d'autant mieux accueilli que sa physionomie d'emprunt rappelle à sa victime un être aimé ou familier. Ainsi apparaît-il à Salomé Fix sous les traits de son premier mari ; auprès d'Anne Habene, il passe pour l'ami de son père ; dans le cas d'Anne Baltasar, le Diable prend l'image de Hans Kempf, son défunt amant ; il possède Marguerite Pluemer en contrefaisant la silhouette de son apprenti qu'elle désire en secret. Le Diable ne se contente pas d'abuser les femmes, les hommes sont également ses victimes. Sous l'affriolant minois de la jeune fille que Rodolphe Stiritz rêve d'épouser, il subjugue ce dernier ; Valentin Mœnch, revoyant la Baderin, l'une de ses conquêtes, cède bien vite au charme de la diablesse... qui est un incube, en réalité. Les derniers exemples montrent que le Diable s'ingénie à paraître sous le visage de l'être avec lequel la femme, ou l'homme, a péché ; nous reconnaissons là une des stratégies de séduction du Tentateur, à l'image du serpent qui ensorcela Ève, notre mère à tous.

Ces futures sorcières ont-elles été vraiment abordées par le Diable ? Combien d'entre elles ont été victimes d'un rôdeur ou d'un satyre, comme le suggère Edmond Bapst, l'auteur des *Sorcières de Bergheim* ? À plusieurs reprises, l'on voit le Diable affublé d'un costume militaire ; il peut donc s'agir en réalité d'un de ces déserteurs, bandits de grand chemin pour la plupart. Un autre exemple incite à penser qu'on a affaire à un trousseur de jupons bien en chair et en os : un matin, alors que Barbara Pfoerzlin est dans sa vigne, le Diable veut prendre plaisir avec elle, mais la survenue de gens du village l'empêche de poursuivre.

À l'inverse, lors de l'interrogatoire, les malheureuses femmes affirment toutes qu'elles ont trouvé leur séducteur froid, froid comme du marbre selon les dires de Christina Gaucklerin ; Martinel, un adolescent de quatorze ans brûlé à Haguenau pour n'avoir pas su résister aux avances de son amant diabolique, le trouve aussi glaçant que la neige. Jacques Helgenstein, tout comme Peter Roller, fornique avec une femme gelée de la tête aux pieds, un succube certainement. En définitive, pour les victimes de ses assauts, le Grand Bouc, loin d'être un chaud lapin, n'est qu'un bouc de glace. Cette impression de froidure n'est-elle pas en réalité l'expression du remords d'avoir péché ?

De toute façon, qu'elles soient victimes d'un soudard ou d'une hallucination, les juges savent convaincre les imprudentes femmes que leur suborneur est le Diable, lequel n'hésite pas à recourir à la métamorphose pour mieux les abuser. Voilà un exemple où le fait supraréel – relations charnelles avec le Diable – participe à la substance du crime de sorcellerie. Notons ici que le bouquinage satanique n'entraîne aucune progéniture ; cette infécondité, qui rassure les sorciers et les sorcières, explique d'autre part que la sodomie, accouplement également stérile, soit considérée comme une pratique d'inspiration démoniaque, d'autant que, pour l'Église, l'acte sexuel n'est qu'un moyen naturel de procréer ; tout comportement sexuel s'écartant de cette finalité constitue donc un crime contre nature, passible du bûcher. La ville biblique de Sodome n'a-t-elle pas été anéantie par le feu ?

Quant aux apparitions du Diable sous le visage d'un être connu, particulièrement celui d'un être cher récemment disparu, il peut s'agir de visions hallucinatoires. Seule certitude : nous avons affaire à des âmes en peine, en mal d'affection, dont Satan profite sans vergogne tout en sachant que l'Autre, le maître absolu, selon le principe ancien de la *Permissio Dei*, le laisse œuvrer de la sorte. En effet, selon la religion chrétienne, Dieu aurait accordé au Diable le pouvoir de nuire aux hommes. Une façon, pour le Tout-Puissant, d'éprouver les humains et de les punir s'ils succombent, à l'exemple de leurs primogéniteurs, Adam et Ève.

Dès la possession charnelle de sa victime, le Diable n'hésite pas à révéler son nom, assuré sans doute de la confiance née de cet accouplement, à moins que ce soit plutôt une prise de corps scellant son emprise. Ce viol est d'autant mieux accepté par la malheureuse partenaire que celle-ci est persuadée qu'une partie de la puissance diabolique s'est déversée en elle ; ces forces surnaturelles ainsi inséminées l'aideront à rendre meilleur son avenir ou à satisfaire quelque désir de vengeance. Du moins le croit-elle.

Les noms sous lesquels le Diable s'annonce sont nombreux et variés, tout en étant localisés, c'est-à-dire qu'ils sont bien souvent propres à un village ou à une contrée. Ainsi, parmi les noms relevés dans les procès, et en commençant par la Basse Alsace, le Diable s'appelle Stein à Haguenau et Veder Viesch à Riedseltz ; à Molsheim et à l'entour, il se nomme Federlin ou Federlé, Federwischel, Federwusch ou Fetrich ; à l'exception du dernier cité, l'enjôleur a une certaine prédilection pour la plume (Feder), sans doute veut-il qu'on remarque le plumet de sa coiffure. À Huttenheim, il a pour nom Kochlöffel (cuiller à pot) : s'agit-il du démon chargé de touiller le chaudron infernal ? À Obernai, comme à Sélestat, c'est Hammerlin, appellatif que l'on retrouve également en Haute Alsace.

Voyons justement les noms que se donne le Diable dans cette province. Du côté de Rodern, il déclare se nommer Läfferlin (petit coureur), malicieux euphémisme, grand coureur de jupons aurait été plus approprié. Bergheim mérite une mention spéciale ; d'une part, parce que le Diable y porte plusieurs noms : Hemmerlé, Kochlöffel, Mangelt, Peterlin, Peterlé, Strobhunz ou Zigelscherb (tesson de tuile !). Par ailleurs, d'après l'auteur des *Sorcières de Bergheim*, Peterlin est un drôle de diable ; en effet, Edmond Pabst est persuadé que ce Peterlin ou Peterlé (petit Pierre) est en réalité un mercenaire aux mœurs assez douteuses qui a su capter la confiance des gardiens de la prison et peut en conséquence s'approcher des malheureuses qu'il a séduites et poursuivre jusqu'au fond du cachot ses vils agissements. Les noms de Hemmerlin ou Hemmerlé, Kochlöffel et Peterlin sont également en usage dans les villages voisins. Poursuivons notre énumération. À Ensisheim, c'est sous le nom de Hammerlé qu'il apparaît. À Guebwiller, nous retrouvons notre Peterlin ; à Hagenbach, le Diable se présente sous le patronyme Bliemle ou Blüemle, alors qu'à Fulleren, on trouve en plus Peterlé et Federspiel. Terminons cette liste par un cas particulier : celui du Ban-de-la-Roche, petit pays du sud-ouest de la Basse Alsace. Là, le chef des diables s'appelle Persin ou Piercin, le même que celui du duché de Lorraine ; la position géographique – contiguë au versant lorrain – et, surtout, le patois vosgien d'origine romane qui se parle des deux côtés, expliquent ce particularisme.

Ces noms et sobriquets ne sont qu'un échantillon de la centaine dénombrés à l'occasion de cette étude. On est loin des deux cents recensés dans les terres de Lorraine ; de plus, une grande partie d'entre eux sont plutôt flatteurs, voire affectueux comme Joly, Jolicœur, Pensée-de-femme, Petit-Chouchou, Xouaillé («chéri» en patois lorrain), etc. Aussi peut-on se demander si c'est le Diable lorrain qui s'attribue de tels qualificatifs ou si ce n'est pas plutôt les genoches qui, en leurs rêves de femmes en manque d'amour, lui susurrent d'aussi tendres petits noms. Dans ce cas, pour quelles raisons les *Teufel** de nos *Hexen* n'en ont-ils pas d'aussi affectueux?

Il n'est pas douteux que les multiples noms et sobriquets portés par le Diable et ses diablotins aient été un moyen pour nombre d'aventuriers de préserver leur anonymat. La localisation de ces noms correspond géographiquement à l'espace de la *terra cognita* du villageois, l'étendue d'un canton d'aujourd'hui. Ce qui laisse entendre que ces noms désignent, comme le suppose Edmond Pabst, des individus du coin; Federlin, le Diable de Barbara Thalammer, n'est-il pas roué de coups par un jeune valet d'écurie? Tout Prince des ténèbres qu'il est, force est de constater que ce Federlin ne s'est pas battu comme un beau diable.

## *Les noces diaboliques*

Dans les terres germaniques, dont l'Alsace, l'initiation au culte démoniaque s'enrichit d'une cérémonie qui leur est propre: le mariage de l'aspirant à la sorcellerie, homme ou femme, avec le Diable ou son mandataire. Ce sacrement officialise l'appartenance au monde des ténèbres et, par suite, la servitude à son prince. D'une manière générale, cette cérémonie commence par le reniement de la foi chrétienne; en contrepartie, le récipiendaire, au moyen d'un pacte, s'engage au service exclusif de Satan; s'ensuit le mariage proprement dit, lequel se termine, comme toutes noces, par des festivités.

Le chef des démons n'est pas forcément le marié; dans ce cas, il choisit un de ses diablotins pour amant attitré de l'être qu'il a suborné; ce conjoint est désigné sous le terme alsacien *Buhl*, avec des variantes orthographiques telles que *Buol* ou *Boul*; dans les textes allemands, on lit plutôt *Liebhaber*. En règle générale, le *Buhl* d'un sorcier est un succube et celui d'une sorcière un incube; en outre, tout fiancé se voit baptiser par son mentor d'un nom singulier, cocasse parfois. Par exemple, Barbara Bohn est appelée Zwilbel et son amoureux Durch; Anna Caspar a pour nouveau nom Zueschlipfferlin et son galant Hetzlin;

la femme d'un certain Wildin, de Turckheim, se prénomme Marie, prénom ô combien exécré par le Maître des enfers, qui le remplace illico par Hündle. Parmi les autres noms féminins conférés par le Diable, on trouve Hafftian, Hunde, Blemele, Brendtle, etc. Du côté masculin, Christian Faber s'appelle à présent Sauvadel ; Wolff Kügel devient Cäsperle et sa démone Elselé ; Valentin Mœnch, dénommé Balzenbock par le Diable, est apparié à un incube répondant au nom de Ferderlein. En revanche, Valentine Jandon a tout lieu d'être fière des noms retenus par Percin : Joliatte pour elle-même et Joli pour son jeune diable amoureux ; de la même façon, Georg-Clauss Georg a été baptisé Joli et sa diablesse Joliatte ; il est vrai que l'un et l'autre appartiennent au Ban-de-la-Roche, contrée plus sensible, comme nous l'avons vu, à l'influence lorraine. Ce n'est pas sans raison que le Diable rebaptise les novices : le nouveau nom préserve leur véritable identité et donc les protège contre d'éventuels dénonciateurs ; en outre, ce contre-baptême est censé annuler le sacrement que l'Église se hâte d'administrer aux nouveau-nés pour les soustraire à l'influence de Satan, séquelle du « péché originel ».

La possession du corps de sa victime ne suffit pas au satanique séducteur, il lui faut à présent celle de son âme ; aussi exige-t-il le renoncement à la foi chrétienne. L'apostat doit « envoyer au Diable » Dieu, la Vierge Marie et les saints ! S'il montre quelque réticence, le doucereux Prince n'hésite pas à être brutal ; c'est sous la menace de lui tordre le cou qu'il incite Anna Löffler à ne plus croire en Dieu. Afin d'officialiser cette abjuration, Schiffmann, l'amant diabolique de Catherine Heidler, oblige celle-ci à l'écrire avec le sang qu'elle fait couler en se tailladant l'orteil médian de son pied gauche. Philippe Schramm, un enfant de neuf ans, ainsi que Jacob Brucker, autre enfant de onze ans, pactisent de la même manière, avec leur sang, alors que le jeune Sébastien Geiss signe le document, cette fois-ci, avec de l'encre. Par cette exigence formelle, le Diable craint-il, en raison de leur jeune âge, qu'ils ne puissent tenir leur engagement ? Ces jeunes sont, il est vrai, élèves des jésuites de Molsheim et savent écrire. Le Grand Fourbe, non content d'exploiter leur crédulité, profite de leur savoir-écrire. Les juges, eux, considérant qu'ils ont devant eux des damnés irrécupérables, les font brûler au plus vite.

Si le Diable exige un engagement aussi solennel, c'est qu'il n'accepte plus d'être berné comme il le fut au Moyen Âge. Combien de ponts ou d'églises furent construits grâce à lui, à peu de frais ! Faute de temps ou de moyens, on n'hésitait pas à faire appel à sa force de constructeur ; généralement, celui-ci demandait en échange du coup de main l'âme du premier passant. Sitôt l'ouvrage accompli – une nuit suffisait –, le nocturne bâtisseur attendait avec impatience l'âme promise, et que voyait-il arriver ? Une pauvre bête tout apeurée. À Pont-à-Mousson, sur le pont enjambant la Moselle, les riverains avaient lâché au petit matin un affreux bâtard de chien ; du côté du Rhin, à Aix-la-Chapelle, le Diable avait accepté de terminer l'érection de la cathédrale ; la dernière pierre posée aux lueurs rousses du jour naissant, il se préparait à accueillir l'âme de la première personne qui entrerait dans l'église lorsqu'il vit s'engouffrer un loup éperdu que les malicieux édiles avaient libéré d'une cage placée à l'entrée. On imagine sans peine le dépit que le rival de Dieu put ressentir, et l'on comprend à présent son esprit précautionneux.

Le support du pacte doit être d'une qualité très médiocre, à moins qu'il soit... magique, car, à l'exception de celui d'Urbain Grandier, le prétendu suborneur des ursulines de Loudun, aucun contrat de ce genre ne subsiste à ce jour. Cet engagement ne fait pas toujours l'objet d'un contrat écrit ; bien des fois, le Diable délaisse le parchemin pour inscrire directement sa griffe sur le corps de la nouvelle initiée. L'apposition du sceau satanique s'accompagne d'une vive brûlure ; paradoxalement, son empreinte est rarement visible, ce qui pose problème lorsque les juges cherchent son existence lors des interrogatoires ; nous verrons également dans les pages qui suivent l'importance que revêt cette marque. Dans bien des cas, en dehors du front, le *stigma diabolicum* – terme repris par les démonologues pour désigner cette signature – se situe dans le dos, sur l'épaule ou le bras, gauche de préférence, le sinistre individu appréciant particulièrement ce qui est à senestre*. Le procès de Margareth Wagner révèle que celle-ci a été marquée au bas du ventre. Parfois, la marque est située dans la pupille, tel est le cas de Catherine Siemon ; a-t-elle pour cela le mauvais œil ? Plus curieux, Hänsel Emich a une marque sur les fesses ; sa mère l'a initié à la sorcellerie dès l'âge de sept ans ; n'aurait-on pas botté trop rudement le derrière de ce garnement ? Pour tatouer Anne Durr et Catherine Stamm, ses nouvelles esclaves, le Seigneur des ténèbres a choisi, entre autres moyens, une épine noire. Avec Barbara Reiss, il use de son pied de vache. Cette pauvre femme aurait-elle reçu dans l'étable un coup de sabot si violent que son esprit, un moment dérangé, a confondu Diable et vache ? Le pacte conclu, la sorcière appartient désormais corps et âme à son nouveau maître, lequel, en contrepartie, s'oblige à lui concéder un peu de son pouvoir malfaisant.

Voici venu le moment de la cérémonie nuptiale. Le Diable en personne officie, même dans le cas où il entend être le conjoint de la nouvelle sorcière, comme avec Magdeleine Bonis ; sinon, le *Buhl* désigné par le maître de cérémonies est ordinairement l'heureux élu. Pour le satanique officiant, l'âge des épousés importe peu : il marie Peterlin à Appolonie Maurer, une nonagénaire, tout comme il marie Lorentz Keck à Christina Lichtenauer, le premier ayant huit ans et l'autre dix ans, âges bien en-dessous de la nubilité. Remarquons que, dans ce dernier cas, le Diable unit deux êtres de chair et de sang. Satan se moque éperdument des prescriptions chrétiennes ; plus il les bafoue, plus il ricane.

L'endroit où se tient cette célébration n'obéit pas non plus à des critères précis. Tout peut convenir : Anna Lang est mariée sur le Heckelberg, près de Scherwiller, alors que l'union d'Anna Röszer se déroule à la Zimmerplatz de Châtenois ; Rosine Bilex se marie dans son auberge, Agnès Mövel dans sa maison ; plus inattendu, les noces d'Eva Engel ont lieu dans son jardin. Sous la clarté bleuâtre des chandeliers – cet éclairage est assuré par de vraies sorcières, les plus âgées, à l'image de la vieille Meyh, d'Anna Vogt et de la grand-mère de Martinel –, les témoins entourent les mariés ; tous les sorciers et sorcières de l'endroit sont là, y compris ceux qui ont été exécutés les jours précédents. Catherine Volmar, Walpurga Beckh ou Maria, la veuve de Théobald Meyer, reconnaissent de tels invités lors de leurs noces. Mieux, à celles de Marie Kintz, est présent Alexandre Blanckel, brûlé douze ans avant ! Nous avons déjà évoqué l'avarice du Diable, laquelle ne se dément pas même au moment solennel où le marié, comme à l'accoutumée, offre à sa dulcinée la bague en or ; les interrogatoires des sorcières indiquent rarement la remise de ce précieux témoignage de fidélité ; on relève toutefois dans l'un d'eux que le Diable a glissé au doigt d'Anne Kessler un anneau... en os noirci, valant tout au plus deux deniers.

Avant que les danses ne clôturent la cérémonie, les participants sont invités à partager le repas de noces. Et là, il faut bien le reconnaître, les plats servis sont plus appétissants qu'au sabbat. George Groeber certifie qu'on y sert des viandes rôties tandis qu'Agathe a droit à du poisson.

La viande provient, selon Marguerite Tscheibler, du bétail qu'elle et ses complices tuent avec la poudre du Diable. Certes, le sel et le pain sont proscrits, mais c'est quand même plus ragoûtant que la bouillie noirâtre de crapauds ou la chair putrescente d'angelots déterrés du repas sabbatique. Bientôt, les chansons et la musique vont prolonger le banquet tout en annonçant les danses. Naturellement, le maître de céans, la nouvelle épouse au bras, ouvre le bal, bientôt suivi par l'assemblée qui virevolte en une ronde infernale pour ensuite se disperser dans les fourrés à l'entour et forniquer sans vergogne au clair de lune.

Pareilles à celles du jour, les noces sont plus ou moins fastueuses, certaines étant cependant bien minables, à l'exemple de celles de Catherine Pfändt, une pauvre servante, où il n'y a pas de vin à boire et où l'on mange quelques rats et souris en guise de lapereaux.

## *Le sabbat*

Le sabbat des sorciers et des sorcières a été décrit ou peint maintes fois ; nous gardons en tête l'image d'un rassemblement nocturne en un endroit isolé où nous voyons trôner un grand bouc au milieu de ses adorateurs. Par ailleurs, dans *La Sorcellerie au seizième et au dix-septième siècle, particulièrement en Alsace*, Rodolphe Reuss en a fait une description minutieuse, n'omettant aucun aspect de cette cérémonie emblématique, si bien que notre contribution s'attachera plutôt à mettre en avant les éléments qui caractérisent le sabbat alsacien par rapport à d'autres.

Pour commencer, le mot « sabbat » n'apparaît pas dans les textes en allemand, ni dans les procès ni dans les autres documents de l'époque ; à la place, on lit *Hexengesellschaft*, *Hexenversammlung* (réunion de sorcières) ; *Zusammentreffen* ou *Zusammenkunftt*, précédé souvent de l'adjectif *nächtlich* (nocturne). Il faut attendre 1683 pour lire en toutes lettres « sabbat » ; le mot apparaît en français, comme le reste du texte, lors du procès à Bergheim d'Ursule Semler et de Madeleine Baumeyer, ce procès ayant été instruit dans le cadre de la juridiction française depuis que l'Alsace a été placée sous l'autorité du royaume de France à la suite des traités de Westphalie. Les auteurs allemands contemporains utilisent fréquemment le terme de *Sabbath*.

Arrêtons-nous un instant sur l'étymologie de ce mot. Il pourrait dériver de « sabasies », par lequel on désignait les fêtes nocturnes

*En Alsace, les « noces diaboliques » ont, assure-t-on, beaucoup plus de succès que les « réunions sabbatiques » où l'ambiance y est réputée beaucoup moins festive. Détail d'une gravure illustrant le « Compendium Maleficarum » de Francesco-Maria Guazzo, Milan, 1608.*

célébrées en l'honneur de Sabasius, surnom donné à Bacchus. Il est donc possible que le sabbat ait pu désigner au Moyen Âge les réunions de serfs qui se livraient dans le secret de la nuit à des libations rappelant les bacchanales des anciens Romains. Pour les historiens d'aujourd'hui, ce terme viendrait du « sabat » des Vaudois, les membres de cette secte hérétique étant chaussés de sabats, autrement dit sabots.

L'origine du concept du sabbat semble mieux connue ; l'une de ses premières évocations figure dans le canon *Episcopi* reproduit en partie dans les capitulaires de Charles le Chauve en l'an 872 ; le sabbat et ses chevauchées nocturnes y sont suggérés comme une réminiscence des mystères de Diane. Enfin, il est fort probable que l'Église, profitant du voisinage euphonique avec le shabbat hébraïque, ait délibérément

*En baisant son postérieur, chaque participant au sabbat affirme sa soumission au Grand Bouc. Détail d'une gravure illustrant le « Compendium Maleficarum » de Guazzo.*

popularisé le vocable, une façon pour elle de diaboliser les Juifs et d'oblitérer dans le même temps l'origine païenne des orgies du petit peuple. Au demeurant, on relève dans les procès de sorcellerie ayant eu lieu dans d'autres régions du royaume de France le terme de « synagogue » au lieu de « sabbat ». L'Alsace a totalement ignoré ces relents antisémites.

Avec les noces diaboliques, le sabbat est l'un des rares moments qui réunit la gent sorceleuse en un seul endroit. En moyenne, on ne compte pas plus d'une cinquantaine de participants ; seule la *Walpurgisnacht* rassemble dans la nuit du 30 avril au 1er mai au Blocksberg, de l'autre côté du Rhin, une nuée de sorcières, rivalisant avec les populeux sabbats du Pays basque, dont certains ont compté jusqu'à douze mille participants ! Hors de ces réunions nocturnes, seule, isolée, rejetée par la communauté villageoise, la sorcière ne peut espérer le moindre soutien, pas même celui de sa propre famille. Pourtant, les démonologues, ainsi que les juges, sont persuadés que toute sorcière appartient à une secte et que le sabbat est l'occasion pour ses membres de se rencontrer et de se livrer à la préparation de maléfices sous les harangues de leur gourou satanique.

Avant d'inciter les participants à ces pratiques malfaisantes, le maître des lieux veut s'assurer de leur soumission ; aussi a-t-il institué la cérémonie du baiser : l'un après l'autre, chacun doit baiser le cul du Grand Bouc. Susanna Ferber, arrondissant ses lèvres vers le rond sale et puant, faillit suffoquer, le sadique monstre ayant profité de la posture pour lâcher des vents infernaux. Pour certains historiens, ce baiser *in ano* serait la version sacrilège du baiser de la patène par le prêtre lors de l'offertoire ; pour d'autres, ce serait l'hommage inversé du baiser sur la bouche donné par le féal à son seigneur. Ne serait-ce pas plutôt l'impie caricature du baiser posé par le futur prêtre sur l'anneau de l'évêque en signe de dévotion ?

Dans les terres lorraines, le sabbat est le lieu où le Diable, à seule fin de supplanter son rival, officie une contremesse qui, en fin de compte, n'est qu'une piètre parodie de la messe des catholiques. En Alsace, les aveux des sorcières évoquent rarement la tenue d'une telle célébration ; pour quelles raisons le sabbat n'est-il pas, comme dans les régions de langue romane, une église en plein air ? Le sentiment religieux est-il si invétéré que participer à une telle messe constitue un sacrilège sans pareil, ou bien l'émulation des deux confessions, catholique et luthérienne, a-elle bridé la volonté profanatrice des *Hexen* ?

Ce qui n'empêche pas le Diable alsacien, à la manière du prêtre qui, du haut de sa chaire, prêche la bonne parole, de prôner l'art de faire du mal et d'inviter fermement ses ouailles à accomplir les pires méfaits sous peine d'être « grandement battus ». Il profite de cette exhortation pour approvisionner les nouveaux affidés et réapprovisionner les anciens en poudre. Auparavant, il est demandé à chacun d'énumérer les méfaits accomplis depuis le sabbat précédent et d'énoncer ceux qui sont projetés. Contrairement à la confession catholique, on assiste là à une

COLL. PART.

sorte d'autocritique publique, dont l'acte de contrition sanctionne toute faiblesse ou pitié à l'égard d'autrui. Tout manquement ou désobéissance entraînent de la part du seigneur de ce lieu, outre son courroux, une punition exemplaire : Christina Gaucklerin est battue jusqu'au sang parce qu'elle a refusé de tuer son enfant et son mari ; la rétive Véronique Ketsch a droit au même châtiment ; Anne Christen est rossée par son *Buhl* pour lui avoir désobéi.

La poudre du Diable n'est pas en elle-même un poison, son pouvoir maléfique ne s'exerçant que selon la volonté du sorcier et la bienveillance de son maître. Elle se présente en général sous trois couleurs : noire lorsque cette poudre est réputée faire mourir, grise pour rendre malade, blanche pour guérir ; en réalité, cette dernière neutralise l'effet de la précédente. La couleur, comme son affectation, n'est pas toujours respectée : Anne Christen reçoit de la poudre blanche pour stériliser des champs alors qu'Anna Loeffler, avec une poudre de même couleur, empoisonne un soldat étranger ; Brigitte Kuhn utilise de la jaune pour déclencher une tempête. La poudre peut être utilisée seule ou mélangée à des breuvages ; elle peut être également combinée à toutes sortes de matières, végétales ou animales, pour fabriquer des onguents magiques ou maléfiques ; Barbara Bohn tue ainsi une vache et un cochon en les touchant simplement avec le bâton reçu du Diable qu'elle a enduit d'un onguent préparé par ses soins.

Comme pour se détendre de la tension née de la fabrication des maléfices, le banquet rassemble ensuite les convives du sabbat. Mais, à l'inverse du repas nuptial, les plats servis sont peu ragoûtants. Petronell Lang affirme que la cuisine sent le fumier de cheval, Catherine Heydler va même jusqu'à déclarer que les viandes destinées aux moins riches ne sont que des charognes. De même, Agnès Bechtold se plaint qu'à table les riches sont placés à l'avant tandis que les pauvres sont relégués derrière, certains d'entre eux, tout au fond, devant se contenter, selon Georg-Clauss Georg, d'être assis à même la terre ; les *Hexen* qui sont femmes de notables ou de conditions aisées, comme Agnès Möwel ou Barbara Flöss, ont le droit d'amener leur vaisselle d'argent ; en outre, aux dires de Margaretha Weiss, les vieilles sorcières ne bénéficient d'aucune considération, elles sont bousculées sans égard et employées aux tâches les plus dégradantes. Hé oui ! Au sabbat comme ailleurs, existe la lutte des castes ! Mais ces discriminations disparaissent avec le bal et le défoulement final.

*Pour se rendre au sabbat, les amazones du Diable chevauchent chat, chèvre, truie, bouc, tous ces animaux maléfiques volant dans les airs. Xylographie du XV^e^ siècle.*

Sous l'impulsion d'un orchestre composé de deux ou trois musiciens, s'élance au milieu de la clairière une ronde où ceux qui portent un masque se tiennent la main tandis que les autres dansent dos à dos ; manifestement, obéissant au Maître des ténèbres, les participants prennent soin de ne pas être reconnus. Outre cette mesure de prudence commune aux bals sabbatiques de tous pays, deux autres aspects distinguent ceux des terres d'Alsace : à l'exception de quelques cas, comme celui des noces d'Agathe Meyer où l'on se sert d'une broche à rôtir pour la musique, les instruments utilisés sont de facture on ne peut plus classique ; on ne trouve pas comme en Lorraine des ménestrels soufflant dans un tibia percé de trous, faisant crisser l'archet sur un crâne de cheval, tambourinant un tronc de chêne creux ; ici, en Alsace, les fifres, flûtes, violons, tambours sont de véritables instruments de musique ; de plus, ce bal est loin de ressembler au bastringue cacophonique des sabbats d'à côté : les airs et refrains sont si mélodieux « qu'on ne saurait rien entendre de si délicieux au monde » si l'on en croit l'appréciation des sorcières que Rodolphe Reuss a recueillie dans le *Geheimnusse.* Ce goût de la fête où musique et danse forment un couple harmonique est toujours actuel.

Peu à peu, les danseurs quittent la ronde pour se livrer à des ébats sexuels que la décence nous incite à ne pas ébruiter. Au point du jour, avant que ne retentisse et se répercute le chant du coq, les sorciers et les sorcières vont retrouver, sous le charme encore enivrant de leur nuit fantastique, la piètre existence du jour.

Comment nos *Hexen* se déplacent-elles pour se rendre aux noces et au sabbat ? Bien sûr, on pense au balai qu'elles enfourchent après l'avoir enduit d'un onguent magique ; contrairement aux genoches, elles ne rechignent pas à l'utiliser, ce balai ayant toutefois une particularité : l'un des bouts est fourchu, rappelant ainsi les cornes du Diable. Nombre de sorcières, dont Marguerite Schäffer et Catherine Flöss, ont signalé cette singularité. Nos diablesses disposent de bien d'autres moyens de transport, mais là encore l'argent distingue les torchons des serviettes : Élisabeth Mathias, l'épouse du prévôt de Matzenheim, arrive en calèche tirée par quatre chats noirs. Quant à Madeleine Baumeyer, ce n'est pas quatre chats noirs, mais huit qui tirent son carrosse ; elle n'est pourtant pas fille de riche ; jeune aveugle et mendiant sa pitance, Madeleine rêve seulement d'une vie meilleure. Chevaucher un animal qui vole dans les airs est également apprécié par nos amazones du Diable : une truie rouge sert de monture à Barbara Pfoerzlin, Catherine Müller voyage sur un bouc tandis qu'Anna Haben se contente d'une petite chèvre ; Catherine Huger, elle, a choisi un grand taureau noir. Le chat, évidemment noir – encore que celui d'Anna Glowel soit rouge –, est également l'animal chéri des sorcières d'Alsace. Le Diable n'hésite pas non plus à proposer ses services : il emporte dans le ciel le jeune Johann Fehsmann sous son bras ; Anna Götzin, trop vieille pour voler, se déplace dans le carrosse attelé de deux chevaux noirs qu'il a mis à sa disposition. Pour se rendre aux noces, la vieille Nonnenmacherin ne manque pas de surprendre ses consœurs en arrivant juchée sur un cercueil !

Au moment de son envol au sabbat, la sorcière, ou le sorcier, veille à ce que le conjoint ne s'aperçoive pas de son absence. Itelisen Elwibel met de la paille dans le lit tandis que Georg Gröber y cale un billot ; Eva Arbogast place un balai près de son homme alors qu'Anna Lang le coince dans les bras du sien, cet accessoire étant censé empêcher leur réveil ; enfin, Veronika Lutz couvre son mari d'un manteau rouge imprégné d'un onguent anesthésique. Constatons que nos fugueuses ne se soucient guère de peaufiner leur mannequin.

Pour clore cette partie relative au sabbat, signalons que le Diable dispense certains de ses fidèles d'assister à cette assemblée ; dans ce cas, il exige le paiement d'un droit annuel : Veronika Lutz s'acquitte d'un florin, Rosine Bilex, de douze schillings ; ce droit, comme le cens, est à régler à la Saint-Martin, soit le 11 novembre. Catherine Siemon a opté pour une autre solution : elle se fait remplacer par sa voisine, la femme de Martin Kuhn, moyennant le versement d'un écu. Dans les terres de Lorraine, notamment dans le chapitre de Saint-Dié, maître Persin, pour cette exemption sabbatique, se contente d'une poule, en l'occurrence une geline noire ; les conditions d'existence assez précaires de ce côté des Vosges expliquent-elles cette discrimination ?

L'envol dans les airs pour rejoindre le sabbat n'étonne pas le moins du monde, les transports aériens étant reconnus possibles depuis belle lurette par les Pères de l'Église, tels saint Augustin ou saint Thomas qui citent en exemple le Christ.

## *Mythe ou réalité ?*

Le sabbat est l'image emblématique de l'assemblée des sorciers et sorcières autour de leur maître. Aussi, comme pour sa description, allons-nous consacrer à ses aspects supraréels une place suffisamment éclairante. Lorsqu'on lit et relit les procès de sorcellerie, la réalité des sabbats paraît évidente tant leur description est détaillée, précise ; de plus, d'un procès à l'autre, on retrouve systématiquement les mêmes éléments.

À l'époque de Remy et de Boguet, nul ne doute de la tenue de telles assises. Laïques ou religieuses, les plus hautes autorités croient à leur réalité : dès 1233, le pape Grégoire IX admet leur existence ; de nombreux arrêts, y compris du Parlement de Paris, consignent noir sur blanc la participation des membres de la secte sorceleuse au sabbat. Comment peut-on ne pas être convaincu lorsque spontanément des accusés avouent leur présence, bien qu'ils aient pleinement conscience de révéler ainsi leurs accointances sataniques, ce qui constitue une preuve irréfutable du crime de sorcellerie ? En enregistrant sans barguigner ces révélations, les juges confirment la réalité des sabbats, d'autant que, comme le souligne le chercheur Alfred Soman, « la justice, avec ses valeurs transcendantes, fournissait la garantie de la véracité des faits ». Dans *La Démonolâtrie*, Nicolas Remy reprend comme preuve de la matérialité des sabbats « les traces en forme de cercles, comme en présentent les manèges où l'on fait tourner les chevaux » laissées par les rondes des danseuses nocturnes. Le magistrat lorrain pense-t-il à ces étonnantes formations circulaires de champignons que l'on peut trouver en forêt et connues sous le nom de « ronds des sorcières » ? La légende rapporte qu'une nuit un pèlerin surprit des sorcières en train de « rondier* » ; effrayé, ce dernier jeta un crucifix au milieu d'elles et, aussitôt, les bayadères du Prince des ténèbres se transformèrent en champignons. Pour nos aïeux, ces anneaux étaient donc les traces des rondes sabbatiques. On sait aujourd'hui qu'il s'agit simplement d'un phénomène naturel dû à certains champignons comme le clitocybe, le faux mousseron ou le tricholome de Saint-Georges. Leur mycélium, en un vaste réseau de filaments ramifiés, progresse sous terre de manière concentrique. Au centre du cercle, le mycélium ne trouvant plus à se nourrir finit par dépérir ; par contre, celui qui se trouve en périphérie prospère et produit des champignons. Encore une croyance populaire mise à mal par ces satanés scientifiques !

La croyance populaire laisse entendre que des nobles organisent des sabbats pour berner et abêtir les crédules manants. De son côté, Michelet rétorque que le sabbat est la révolte des serfs, la levée des tabous et la satisfaction des instincts refoulés. Le vertueux chanoine Camille-Paul Joignon, auteur de *En plein cœur du Barrois*, qualifie le sabbat de « saturnales nocturnes regroupant des hommes et des femmes souvent adamistes ». Tout récemment, dans un ouvrage consacré à la sorcellerie en pays messin, André Brûlé avance, au travers du parcours tragique de Simon Lambert, brûlé à petit feu dans une cage en fer en 1588, que celui-ci a été recruté par des « hommes noirs » œuvrant pour le compte de factions huguenotes. Évidemment, ces rabatteurs tiennent à conserver leur anonymat lors des réunions nocturnes au cours desquelles ils présentent les recrues à leur futur chef ; ces participants ont des noms d'emprunt et sont masqués. Dans cette hypothèse, la sorcellerie aurait servi de paravent à des menées subversives, aussi bien catholiques que luthériennes.

Tous ces éléments semblent accréditer la réalité des sabbats ; d'autres, au contraire, tendent à prouver leur caractère mythique.

Il n'est pas contestable que des réunions nocturnes rappelant les antiques sabasies ont bien eu lieu ; certaines d'entre elles seront connues par la suite sous le nom de « messes noires », dont les adeptes appartiennent majoritairement à la caste des notables. Dans d'autres cas, il s'agit seulement de quelque bamboche de veillée où le vin enchanteur a transformé en éléphant rose la misère noire du quotidien. Le repas sabbatique n'est-il pas pour ces paysans une récurrente envie, un substitut à la faim qui, en ce temps, est bien réelle et endémique ?

Nous avons vu que l'efficacité de la poudre remise par le Diable est pour ainsi dire virtuelle : elle n'agit qu'au moment où la sorcière le décide, et encore lui faut-il l'assentiment de son protecteur. Cependant, on ne peut nier que de vrais poisons ont été utilisés à des fins criminelles et ont tué. Ces mixtures mortifères, concoctées bien souvent par des sorciers de profession, agissent en toutes circonstances. Alors que les pauvres diables constituent principalement la clientèle de la poudre maléfique, celle des faiseurs de bouillons de onze heures, à l'exemple de la célèbre Voisin, se recrute dans la bourgeoisie et la noblesse. Durant les procès de la grande chasse, tant leur esprit est obnubilé par la présence du Diable, les juges considèrent ces meurtres comme étant des « vénéfices », c'est-à-dire des empoisonnements maléfiques ressortissant en conséquence aux crimes de sorcellerie. C'est aussi là un aspect de la supraréalité ; surréalité serait le terme exact car le fait générateur est bien réel.

Les participants profitent également du sabbat pour fabriquer des orages de grêle ou des tempêtes. Lorsqu'on examine dans le temps la courbe de la répression sorcellique, on constate qu'elle présente des accentuations dans les mois qui suivent la survenue de tels cataclysmes. La gent sorceleuse en est rendue responsable, la sorcellerie servant d'exutoire. Il est heureux que les juges disposent de la torture pour arracher l'aveu des « tempestaires* » et répondre ainsi rapidement à l'attente des villageois surexcités tout en légitimant les fournées de sorcières qui font suite à ces procès expéditifs.

Quant à l'envol au sabbat, les démonologues, dans leur ensemble, ne doutent pas de sa réalité ; un point cependant les turlupine : la sorcière s'y rend-elle en chair et en os ou, comme le suggère Boguet, seulement en imagination ? La première hypothèse est partagée par le plus grand nombre dont Bodin ; cet envol nécessite l'emploi d'un onguent et du fameux balai ; quelquefois, le Diable, en personne ou sous l'apparence d'un animal, transporte la sorcière. Ce départ implique, comme on l'a vu, de masquer l'absence par un mannequin ; un détail semble montrer que le déplacement aérien du corps est effectif : revenue à la maison au petit matin, la fugueuse est totalement exténuée. La seconde solution, le voyage par imagination, n'est possible qu'en appliquant sur tout le corps un onguent. Le dominicain Spina révèle l'existence d'une variante, le voyage par substitution : le Diable prend l'apparence de la sorcière et la remplace au sabbat. Dans les deux derniers cas, la mise en place d'un leurre aux côtés du conjoint est superflue ; mais ce transport en songe, s'il n'épuise pas la sorcière, éprouve grandement son compagnon de lit tant celle-ci vit véritablement les différents moments du sabbat. Une partie des démonologues présume que l'âme ne peut aller seule au sabbat, en abandonnant l'enveloppe corporelle dans le lit conjugal ; ce que formule Nicolas Remy en ce postulat : « L'assemblage de l'âme et du corps ne peut être dissous que par la mort, et une fois dissous, il ne peut être réuni avant le jour du Jugement dernier. » D'autres, comme Bodin, croient au contraire possible la séparation du corps et de l'âme.

En tout cas, s'il en est un qui ne croit pas au transport sabbatique, c'est bien le mathématicien et philosophe Pierre Gassendi, par ailleurs chanoine et prévôt du chapitre de Digne. Un berger, qui se prétend sorcier, souhaite convaincre le philosophe du pouvoir téléporteur des pilules que lui a confiées le Diable. Il lui propose de l'accompagner au sabbat et, pour ce faire, lui remet une des pilules à absorber. Le lendemain matin, le berger, s'éveillant, s'écrie : « Oh ! Oh ! Monsieur, il faut qu'il vous ait de suite reconnu pour grand clerc pour vous avoir, dès la première fois, concédé l'insigne honneur de lui baiser le derrière ! » Le pauvre berger, sûr à cent pour cent d'être allé au sabbat, n'avait point changé de place, tout comme son illustre compagnon d'un soir, mais celui-ci avait feint d'avaler la pilule.

Encore plus probante est l'expérience du physicien Jérôme Cardan. Sensible aux croyances de son époque, il doute néanmoins de la réalité de l'envol sabbatique ; aussi prépare-t-il en 1570 un onguent fortement opiacé dont il enduit plusieurs paysans en leur faisant croire qu'ils seront transportés au sabbat ; après un long sommeil, ceux-ci, à leur réveil, racontent en détail tout ce qu'ils ont vu à ce rendez-vous sorceleux, s'attardant particulièrement aux instants de plaisir qu'ils n'ont goûtés jusqu'alors aussi intensément. Maryse Simon, dans sa remarquable étude sur la sorcellerie dans le Val de Lièpvre, cite l'expérience de deux chercheurs allemands qui, en 1922, testèrent une recette à base de belladone, de jusquiame et de datura recueillie dans un document du XIIe siècle ; après avoir absorbé le breuvage fidèlement reconstitué, les apprentis sorciers sombrèrent dans un sommeil de plus de vingt-quatre heures pendant lequel ils furent en proie à des hallucinations.

L'italien Piero Camporesi, sociologue spécialisé dans les problèmes de l'alimentation, explique que les visions fantastiques, qui troublèrent autrefois bon nombre de villageois, pourraient bien être le résultat d'une alimentation insuffisante et déséquilibrée, déficiente en éléments nutritifs, mais très riche en excitants et en hallucinogènes, tels les champignons que l'on a toujours considérés comme étant la viande du pauvre.

Il est fort vraisemblable que les sorcières ont pu se procurer ou préparer des breuvages hallucinogènes avec l'idée de rejoindre le monde sabbatique, sorte de parenthèse euphorique dans la vie de tous les jours. N'oublions pas non plus l'état physique et psychique dans lequel les plongeait l'extrême rigueur des conditions d'emprisonnement.

Dans un environnement aussi avilissant et débilitant, comment ne pas être victime d'hallucination ou d'autosuggestion ? Dans l'ouvrage *Le Satanisme et la magie* de Jules Bois, on peut ainsi lire qu'« on a vu des malheureux s'accuser d'avoir donné la mort à des gens demeurés bien portants, et en renouveler l'aveu jusque sur le bûcher devant les prétendues victimes, venues pour assister à leur supplice».

En définitive, les sabbats ne sont que pure illusion : en dépit de l'extrême surveillance dont les sorciers ont pu faire l'objet, aucun d'entre eux n'a été surpris et arrêté lors de ces réunions nocturnes. De même, les juges n'ont jamais pu recueillir le moindre témoignage d'un non-initié ; le mot même de «sabbat» n'est jamais spontanément prononcé par les villageois, mais uniquement par les magistrats. En somme, comme le suggère Maxwell dans *La Magie*, «le sabbat est l'œuvre de l'érudition des inquisiteurs et des juges interrogeants, et de l'ignorance suggestible des sorciers interrogés». Il n'existe que dans l'esprit des démonologues, ces meneurs d'âme, théocrates sacrificateurs, qui l'ont créé pour condamner à coup sûr les prétendus participants à ces réunions d'allégeance à l'anti-Dieu. Le sabbat des sorciers et des sorcières appartient à ces phénomènes d'hallucination collective comme peuvent en produire les périodes de grands troubles, ce genre de manifestation survenant d'autant plus volontiers que la croyance au surnaturel est forte. Le sabbat est le type même de la réalité mythique ; voilà pourquoi il est si souvent évoqué, si bien décrit. En outre, il est fort probable que les sermons dominicaux où le serviteur de Dieu invective sans relâche les servants de Satan ne laissent pas d'impressionner l'imagination du menu peuple. Geiler de Kaysersberg, qui officie à la cathédrale de Strasbourg en tant que prédicateur, s'attache de la sorte à commenter en 1508 le *Formicarius* de Johannes Nider ; ces sermons sont rassemblés en recueil publié en 1517 sous le titre *Die Emeis* («La Fourmi»).

## *Les dernières relations avec Satan*

Nous venons de voir les différentes relations qui s'établissent entre le Diable et ses dévots avant qu'intervienne la justice des hommes ; il est intéressant de connaître l'attitude du Maître des enfers vis-à-vis de ses protégées à l'instant où celles-ci sont arrêtées et emprisonnées. Les minutes de procès révèlent que les visites du Diable à l'intérieur même des cachots ne sont pas rares. Agit-il par pure compassion lorsqu'il facilite l'évasion d'Agnès Bechtold, ou par calcul lorsqu'il recommande à Barbara Weiss ou à Catherine Volmar de ne rien dire aux juges ? Dans ce dernier cas, il n'ignore pas que le mutisme ne peut qu'inciter le bourreau à torturer davantage. D'autres fois, le Diable apparaît tel qu'il est, un être sans scrupule et sans pitié, poussant par exemple Anna Walter à s'étrangler ou prenant l'initiative de faire taire à jamais Nicole Muller en lui tordant carrément le cou. Quelquefois, l'ignoble visiteur se présente devant la pauvre enchaînée dans un cul-de-basse-fosse à seule fin de prendre plaisir, comme il le propose à Catherine Basler.

Il n'y a pas que le Diable qui visite les prisonnières ; de temps à autre, des curés et des pasteurs se présentent à elles ; à leur vue, une forte émotion les emplit de chaleur ; pour sûr, ils viennent leur apporter un peu de réconfort et les assurer de leur soutien pour les sortir de ce trou à rats. Hélas, trois fois hélas ! Les malheureuses déchantent bien vite : ils sont venus spécialement pour les exhorter à avouer leurs crimes. Catherine Siemon se souvient d'un pasteur qui la presse de tout dire ; dans son cachot de Westhoffen, trois ou quatre jours durant, plusieurs pasteurs harcèlent à tour de rôle Barbe Weissenburger jusqu'à la menacer des pires châtiments. Aucune des deux n'avait cédé sous la torture ; aussi pouvons-nous nous demander si ces ecclésiastiques n'étaient pas, sur demande du *Malefizgericht**, en « service commandé ». C'est sûrement le cas du pasteur de Munster qui, en 1631, tient compagnie à une dénommée Furst, de Gunspach, pendant les cinq jours et les cinq nuits qui précèdent sa mise à mort ; pour cette préparation au bûcher, le confesseur se fait payer cinq florins. Quand bien même nous pourrions imaginer qu'en raison du désespoir qui les envahit dans leur immonde cachot, les pauvres diablesses en proie au délire ne soient plus en mesure de discerner la réalité, pouvons-nous croire que Catherine ou Barbe aient confondu Diable et gens d'Église ? Du reste, le Diable en ces circonstances n'incite-t-il pas d'ordinaire ses « protégées » à se taire plutôt qu'à parler ? Et pourtant, Margaretha Hugg, comme bien d'autres, affirme aux juges que le Diable a « un habit noir comme un curé ». Le doute demeure donc...

Le sombre visiteur intervient également pendant les interrogatoires. Laissée seule entre deux montées d'estrapade, Peterlin, son *Buhl*, en profite pour se montrer à Barbara Weiss et l'inciter à se taire ; lorsque Anna Pferzler meurt entre les mains du bourreau, un moineau volette dans la chambre de torture et ressort après avoir effleuré de son aile la malheureuse : c'est le « malin esprit » qui vient de prendre possession de l'âme pour l'emporter là-bas*. Bien souvent, se gardant bien d'attirer l'attention des juges, Satan choisit l'enveloppe invisible des créatures éthérées, retrouvant ainsi celle de l'ange qu'il fut. Étonnés de la forte résistance que Wolff Kügel oppose sous la torture, les juges sont convaincus que Satan l'aide à supporter les tourments ; aussi, pour mettre fin à cette assistance diabolique, font-ils déshabiller le supplicié pour couvrir son corps d'une chemise de toile préalablement bénite. Maria Kintz, pendant qu'on la torture, beugle des couplets obscènes ; bravade ou manière de se donner du courage ? Pour les juges, c'est le Diable, à côté d'elle, qui la pousse à chanter le plus fort possible afin d'étouffer les cris de douleur.

Le moment où la suppliciée souhaiterait que son maître vienne à son secours est sans conteste celui du bûcher ; or, dans les procès, il n'est fait mention d'aucune intervention de ce genre. Comment se fait-il que le magicien des ténèbres, qui accomplit tant de tours plus ou moins pendables, ne tente rien pour soustraire ses adeptes aux dévorantes flammes ? Parce que le pouvoir de ce mystagogue est intrinsèquement celui de la malfaisance : sauver une vie est contraire à l'éthique démoniaque. Peut-être aussi parce que le Maître des enfers ne souhaite pas retarder l'approvisionnement en âmes de son royaume.

Nous venons de voir différentes situations mettant en présence le Diable et ses partisans. Les relations sont, soit individuelles comme la première rencontre ou les visites durant l'emprisonnement et la torture, soit collectives tels les noces et le sabbat. Leur description correspond aux faits transcrits dans les textes originaux, notamment les minutes des procès rédigées par les greffiers et cosignées par les édiles et les officiers de justice, authentifiant en conséquence le contenu de ces documents. On ne peut comprendre ni l'attitude des différents intervenants ni le contexte dans lequel ils évoluent, si on doute un tant soit peu des certitudes qui imprégnaient la société d'alors quant aux faits de sorcellerie. Les uns et les autres, quel que soit leur rang, croient vraiment au Diable ; sa magie est d'autant mieux acceptée que celle de l'Église n'étonne personne depuis bien longtemps. D'une façon générale, croire en Dieu, c'est aussi croire au Diable puisque l'un ne peut exister sans l'autre.

Plus de quatre cents ans après, et compte tenu des connaissances acquises depuis, il est possible de démêler la réalité de la fiction, cette action consistant à distinguer essentiellement la part qui déborde de la réalité que nous percevons aujourd'hui et que nous avons appelée supra-réalité. En somme, la supraréalité est, pour un fait donné, la différence entre la réalité acceptée comme telle hier et la réalité majoritairement admise aujourd'hui. Nous verrons dans les pages suivantes que cette part de supraréalité est un élément constitutif du « crime mixte de sorcellerie » ; aussi pouvons-nous déjà affirmer que sans elle, la chasse aux sorcières aurait été beaucoup moins impitoyable. Pour preuve, lorsqu'on analyse cette chasse dans les différents territoires de l'Europe des XVI^e^ et XVII^e^ siècles, on constate bien vite que la répression est directement proportionnelle à l'importance de l'aspect supraréel. En outre, la prise en compte de cette notion de supraréalité permet de mieux comprendre l'attitude des démonologues et des magistrats d'alors ; érudits, sensés, attentifs à la loi, ces éminents personnages ont été néanmoins les acteurs et les excitateurs d'une persécution si inhumaine que nombre d'historiens d'aujourd'hui n'hésitent pas à les qualifier de barbares, de sanguinaires, d'aucuns même les traitant de fous furieux.

DEUXIÈME PARTIE

# La mise à mort

CHAPITRE 7

# Fondements et principes des procès de sorcellerie

Dans le *Malleus maleficarum*, on peut lire que « le crime des sorciers ne semble pas être purement ecclésiastique, il est aussi civil à cause des maux temporels qui sont causés ». Relevant des deux ordres juridictionnels, ecclésiastique et laïque, le forfait de sorcellerie est reconnu dès lors comme crime mixte, appréciation qui a le mérite de contenter les deux grandes institutions que sont l'Église et l'État. Cette observation ne vise donc qu'à distinguer l'autorité compétente en fonction de la nature des délits. Jusqu'au XVe siècle, l'Inquisition seule instruit les procès de sorcellerie, déviance assimilée à une hérésie. Au siècle suivant, les inquisiteurs cèdent la place aux juges laïques. Ce transfert de compétences s'explique en grande partie, pour ce qui concerne le royaume de France, par l'ordonnance de Villers-Cotterêts que François Ier promulgue en 1530 et, pour les terres du Saint-Empire romain germanique, par la *Kaiser Carlen peinliche Halsgerichtsordnung* publiée en 1532, code juridique plus connu sous l'intitulé *Constitutio criminalis Carolina*, ou plus simplement *Carolina*. Une présentation succincte de cette ordonnance impériale est proposée quelques pages ci-après.

## *Le crime mixte de sorcellerie*

Sous la pression des événements, le « crime de juridiction mixte » évolue en « crime mixte de sorcellerie », concept qui, le zèle des juristes et des démonologues aidant, s'étoffe très rapidement au point qu'il rend possible la mise en œuvre d'un système d'éradication de l'engeance sorceleuse. Sans ce nouveau concept, il n'y aurait pas eu de chasse aux sorcières, tout au plus celle-ci aurait été limitée à la poursuite des pratiquants de magie noire accusés de crimes relevant du droit commun. Deux catégories de forfaits composent ce crime : les maléfices et l'apostasie.

### LES MALÉFICES

Ce terme, qui s'applique aux méfaits perpétrés sous le couvert de la sorcellerie, désigne des actes qui ont généralement pour motivation l'assouvissement d'une vengeance ou d'un accès de jalousie, à l'instar d'Hélène Schilling qui fait périr la vache d'Irmgart Fetzer, car cette vache donne plus de lait que les siennes. Ils peuvent être également la réaction à un refus, une frustration ou à une mesure vexatoire. Catherine Flöss empoisonne sa voisine parce que celle-ci, venant d'accoucher, l'oublie dans la distribution des cadeaux qui suit la naissance. Les maléfices visent principalement les personnes, mais aussi les animaux domestiques et les terres cultivées par lesquels la sorcière espère atteindre leurs propriétaires en les affamant.

Examinons certains d'entre eux. Concernant les êtres humains, la mort n'est pas la seule réplique. Le maléfice peut consister à provoquer l'invalidité de l'individu en le paralysant ou en le rendant impotent : Élisabeth, veuve de Melchior Einhorn, a la faculté de paralyser les gens et ne se prive pas d'en user ; Barbara Volk se contente de se défaire ainsi de son mari ; Anna Wickenzipfel rend perclus Jacques Potter, son dénonciateur, en le frappant à l'aide d'une baguette ; le malheureux infirme supplie Anna tant et si bien qu'elle consent à le guérir. La maladie peut être la première épreuve d'une lente agonie avec le dessèchement progressif du corps ; cette affection érosive et pernicieuse est connue sous le nom de langueur. Étrangement, ce maléfice ne semble pas avoir la préférence des *Hexen*, contrairement aux sorcières d'ailleurs, notamment celles de Lorraine. On relève seulement qu'Anna Wickenzipfel, dont on vient de parler, « maléficie » son beau-frère de la sorte ; décidément, cette sorcière est accessible à la compassion car, une fois encore, elle accepte d'élaborer un contre-sort afin d'abréger le mal qu'elle a provoqué.

Par contre, dans les terres germaniques, le recours à l'empoisonnement – dans la terminologie sorcellique, on parle plutôt de « vénéfice » – est monnaie courante. Parmi les empoisonneuses notoires, distinguons Rosine Bilex, femme du tenancier de l'auberge du Bœuf à

Sélestat, laquelle n'a aucun scrupule à envoyer *ad patres*, outre deux soldats, son frère et son oncle ; la sentence est à la mesure de ses crimes : elle est tenaillée au fer rouge à deux reprises sur le chemin du bûcher avant d'être consumée par les flammes. Jeanne Barlier empoisonne une jeune fille parce que le père de celle-ci lui a volé des cerises ! Dans les contes de sorcières, il est connu que la vieille et méchante fée offre à croquer une pomme, le fruit de la tentation ; Agnès Bechtold propose à un gamin une pomme de terre qu'elle a saupoudrée de poudre noire ; peu après l'avoir engloutie, le gosse ne tarde pas à se tordre de douleur et meurt. À propos de la pomme de terre, signalons qu'au début de son implantation ce tubercule, si mystérieux par sa forme ventrue et biscornue, sa couleur noirâtre et sa façon de se multiplier, attisa plus de crainte que de curiosité : on n'osait en parler, croyant que c'étaient des crottes de Satan que les sorcières enterraient en leurs meix*.

Les vénéfices se pratiquent principalement au moyen de breuvages, la poudre mortifère étant facile à verser dans l'écuelle de soupe ou le pichet de vin. Maria Ergersheim supprime sa fille de cette façon ; Catherine Emmerich mélange la poudre dans la bouillie du fils d'un voisin alors que Catherine Pfändt avoue avoir empoisonné son premier mari et trois enfants en leur servant du brouet enrichi de la fameuse poudre du Diable. La part accordée aux infanticides qui viennent d'être cités peut apparaître inconvenante, mais les dépositions des témoins et les aveux des accusés confirment, hélas ! la triste réalité de ces maléfices touchant des jeunes enfants, souvent des nouveau-nés. Quelles sont les raisons qui poussent des femmes à de tels actes ? Sans doute le sadique plaisir pour elles de plonger dans l'extrême souffrance ceux qu'elles haïssent ou jalousent, ces parents pour qui l'enfant nouvellement né est promesse d'une vie plus ensoleillée. Sindel Stumpf tue pour ce motif l'enfant de Hans Schultheiss, cordonnier à Molsheim. D'autres, comme Madeleine Bonis ou Catherine Klein, ont agi sur ordre de leur maître. Une mise à l'épreuve, en quelque sorte, à moins que ces méchantes femmes n'aient cherché à atténuer leur responsabilité en la reportant sur leur maître. Mais le pire est atteint lorsqu'il est jugé nécessaire d'avoir un corps d'enfant pour servir d'ingrédient à la fabrication d'onguent ou d'objets de sorcellerie. Quand il n'est pas indispensable de tuer, les bouilleuses de Satan préfèrent déterrer dans le cimetière un nouveau-né, si possible non baptisé. En 1621, en compagnie de plusieurs complices, Jeanne, femme de Dimanche George, de Neuviller, exhume du cimetière de Rothau deux bambins fraîchement enterrés. Ceacilia Meyer participe en 1630, comme aide-cuisinière, à la cuisson d'un enfant ; le bouillon recueilli sert à déchaîner une tempête qui détruit les récoltes des contrées d'Ottrott et de Molsheim. En présence d'un squelette desséché, les bras sont arrachés pour en faire des flambeaux ; pour de simples bougies ou amulettes, on se contente des doigts. Cette sorcellerie bien macabre est spécifique aux terres germaniques. Du côté occidental des Vosges, un seul des bailliages du duché de Lorraine recèle une telle pratique : celui d'Allemagne. Comme de juste.

Parmi les maléfices contre les humains, il en est un qui mérite une attention particulière : l'atteinte à la virilité. On pense tout naturellement au nouement de l'aiguillette, procédé par lequel le sorcier ou la sorcière, au moment de la bénédiction nuptiale, agit à distance sur l'objet de son ressentiment ; dès que le prêtre commence à prononcer les paroles sacramentelles, le maléficieur fait trois nœuds à un fil qu'il tient discrètement au creux de sa main et, toujours en vertu du principe de similitude, l'aiguillette de la victime, c'est-à-dire le cordon avec lequel on lace les hauts-de-chausses, serre aussitôt le mâle attribut, empêchant ainsi les nouveaux époux de consommer le mariage. Une des parades consiste, comme cela est indiqué dans le *Traité des superstitions* du chanoine Thiers, à « pisser le jour des noces à travers l'anneau qui doit être béni » ; cette pratique empêche également le mari d'être jaloux. Ce procédé de perte de virilité appelé en Alsace *Nestelknüpfen* n'est connu que dans la région de Sainte-Marie-aux-Mines : en 1615, un nommé Thomann, mineur d'Échery, aurait « noué l'aiguillette » de Hans Schneider, lequel devait se marier avec Magdalena Oberenzin ; il avait appris cet art auprès d'un mineur lorrain. Pour ce genre de castration maléfique, nos *Hexen* utilisent plutôt le breuvage, telles la femme de Hans Gleich condamnée à Colmar ou Madeleine Zimmer, de Boersch.

Terminons cette première catégorie de forfaits par les maléfices dont la finalité est d'affamer celui dont on veut se venger ; les animaux de ferme et les récoltes en font les frais. En les frappant d'un coup de baguette magique – diabolique serait plus exact, car c'est son maître qui la lui remet –, Anne Arbogast fait crever un cochon, une truie brune, un veau noir, un porcelet et un jeune veau. La baguette, ou le bâton, enduit d'onguent, semble être le moyen préféré des sorcières alsaciennes pour tuer les animaux ou les rendre inaptes à tous travaux agricoles. Il serait fastidieux de citer les utilisatrices de cette méthode tant elles sont nombreuses. Citons plutôt celles qui recourent à des procédés plus originaux, à l'exemple d'Adélaïde Oertscher qui fait dépérir les ruches en les entourant d'une baguette d'osier barbouillée de graisse diabolique, Élisabeth qui fait galoper un cheval jusqu'à ce qu'il crève d'épuisement. Anna Lang tarit le lait des vaches en frottant leurs pis d'une pommade spéciale ; à l'inverse, des sorcières appelées « caillebottières » sont capables, à l'aide d'une hache plantée dans une des poutres de l'étable, de voler à distance du lait et de le faire pisser par le manche pour le récupérer dans un seau.

Quant aux maléfices relatifs aux productions agricoles, ils consistent principalement à créer des tempêtes de grêle ou d'effroyables orages. C'est l'un des rares cas où la fabrication de sortilèges requiert une participation collective des sorciers et sorcières. Là encore, nos *Hexen* se démarquent de leurs consœurs lorraines ; au lieu de battre avec frénésie l'eau d'un ru ou d'une simple flaque à l'aide de verges remises par leur maître, les diablesses d'Alsace utilisent un énorme chaudron rempli d'une mixture de poudres et d'herbes qu'elles touillent énergiquement. À la vérité, les sorcières répugnent à provoquer ces perturbations atmosphériques, car elles affectent sans distinction aussi bien les parcelles des riches que celles des plus pauvres ; nombre d'entre elles sont sévèrement battues par leur *Buhl* pour avoir plus ou moins saboté la préparation maléfique. Pour déclencher la colère du ciel, il suffit de renverser le chaudron infernal au bon moment ; la réussite n'est pas toujours au rendez-vous : Adélaïde Oertscher qui, à Hindlingen, cuit la grêle avec ses compagnes, vide trop tôt la marmite : le ciel crachote mollement. Anna Mövel, Barbara Fritsch, Anna Weckenzipfel connaissent la même déconvenue.

Mais autre chose contrecarre les agissements de nos harpies : les cloches ; dès qu'elles se mettent à sonner, l'orage grondant et menaçant se transforme en simple pissote ; ce boucan de tous les diables irrite tant nos filles de Satan qu'elles l'appellent « l'aboiement des chiens de Dieu ». Cette manière de chasser par le vacarme les hordes d'affameurs est encore utilisée aujourd'hui par certaines tribus d'Afrique pour éloigner les nuées de sauterelles. Plus près de nous, pour préserver les vignobles d'Alsace et d'ailleurs, n'use-t-on pas du canon anti-grêle ? Lorsqu'on souhaite faire du brouillard, on utilise une corne comme le font Marie Jehel et Appolonie Kremer ; du côté de Châtenois, Hélène Schilling enveloppe les chênes de brouillard, privant de glands les cochons de son village. D'autres sorcières, plus hargneuses, engendrent de vrais désastres météorologiques : Catherine Müller, à l'aide d'un grand feu de bois où brûlent des herbes que lui a remises son maître, déchaîne un « vent épouvantable » qui couche beaucoup d'arbres et d'échalas de vigne ; Barbara Wagner fait naître une tempête à Rorschwihr qui cause des dégâts, non seulement aux arbres fruitiers et aux vignes, mais également aux maisons. Enfin, plus discrètes, Christine Schwenck, Madeleine Haffner, Ursule Semler fabriquent des chenilles qu'elles éparpillent dans les jardins afin qu'elles dévorent légumes et fruits. On remarquera que les cultures céréalières échappent à la fureur destructrice des *Hexen*.

Les méfaits dont sont accusés les membres de la secte sorceleuse – empoisonnements de bêtes ou d'humains, blessures qui font souffrir atrocement ou mal invalidant, catastrophes climatiques, infanticides, exhumation de cadavres d'enfants, etc. – sont concrets, effectifs, visibles. En faisant intervenir le Diable, on a « sorcellisé » en quelque sorte ces crimes d'ordre civil qui, d'ordinaire, ressortissent au droit commun ; ce recours à l'influence de Satan correspond à la partie supraréelle de ces crimes. Ces faits et méfaits sont, pour la plupart d'entre eux, rapportés sous forme de soupçons de sorcellerie par les témoins au juge instructeur lors des dépositions, soupçons qui sont contestés énergiquement par l'accusé au moment des confrontations.

Cette première catégorie de crimes n'entraîne pas obligatoirement la mort.

### L'APOSTASIE

Ce terme, qui désigne l'abandon de la foi chrétienne, désigne un crime de lèse-majesté divine, un crime aussi condamnable que l'hérésie. Mais renier Dieu pour se livrer au Diable est la pire des apostasies, cette abjuration constituant l'essence même du crime de sorcellerie, le pire des crimes. La mort par le feu est l'unique sentence. Contrairement aux maléfices, les relations avec ce nouveau maître comme la première rencontre, le pacte, le sabbat ne sont pas visibles et font partie de la « réalité virtuelle ». Ce crime d'ordre religieux est insinué avec insistance après l'examen des maléfices, à partir d'un questionnaire élaboré par les spécialistes de la démonologie et de la justice criminelle. En règle générale, l'aveu de ce crime est obtenu sous le tourment de la question. Dans cette seconde catégorie de crimes, la part de supraréalité est quasiment totale, ces forfaits ne laissant pas de traces visibles.

La lecture des procès montre clairement le processus de l'accusation, lequel se divise en deux étapes : avant et après la torture. Avant, sont seuls énoncés les griefs des villageois à l'encontre du prétendu sorcier, ces incriminations portent essentiellement sur sa mauvaise réputation et les supposés méfaits. En réalité, ceux-ci correspondent à des faits, telle la mort subite d'un enfant ou d'un animal, dont la cause demeure inexpliquée jusqu'au jour où l'un des membres de la communauté est soupçonné d'être sorcier ; il suffit alors que les victimes de ces faits aient eu querelle avec le prétendu sorcier pour qu'elles se convainquent que celui-ci a agi par vengeance ou jalousie en sollicitant l'aide du Diable, trouvant ainsi une réponse à leurs interrogations.

À ce stade, les gens de justice ont conscience que ces accusations ne suffiront pas à requérir la peine de mort, aussi s'efforcent-ils d'obtenir de l'accusé l'aveu de son apostasie. Il va sans dire que cet aveu est extorqué la plupart du temps sous la torture. Si le supplicié a résisté à trois épreuves de torture, il est en principe relâché, le crime d'apostasie n'ayant pu être établi. Cette libération conditionnelle fera l'objet d'un paragraphe particulier. Ammon Man, boucher de Saverne, supporte les pires tourments de la question. Après les tortures habituelles, il est installé nu à califourchon sur un bloc de bois en forme d'animal. La partie supérieure que chevauche le malheureux, au lieu de s'arrondir en une selle confortable, s'amincit en une arête vive. Sous son propre poids, le corps du supplicié s'incise, entraînant des douleurs épouvantables. Trouvant néanmoins que le tronçonnage n'est pas assez rapide, les bourreaux fixent de grosses pierres aux jambes, si bien que les intestins sont bientôt à vif[3]. Au mépris de ces graves blessures, Ammon Man continue à ne rien avouer, accablant même les juges des pires malédictions. Ceux-ci, prenant conscience ou plutôt craignant que leur homme trépasse à tout instant, ordonnent aux bourreaux de le libérer ; tenant malgré tout à compenser cette mesure prise à contrecœur, ils ordonnent de le fouetter jusqu'au sang et de lui appliquer de nouveau les grésillons, sorte de gros étau qui permet d'écraser progressivement les pieds et les mains. Malgré tous ces supplices, Ammon Man tient bon, obligeant le *Malefizgericht* à prononcer son élargissement ; passablement rancuniers, les juges décident le 5 janvier 1618 qu'il sera reclus à domicile et... enchaîné jusqu'à la fin de ses jours. Cette fin survient le 17 février 1623. Cinq ans de souffrances physiques et morales auront suffi à terrasser l'indomptable boucher de Saverne. Dans cette affaire, qui est le véritable boucher?

Il est des cas, rares au demeurant, où l'accusation initiale ne reprend aucun fait relevant de la sorcellerie; pourtant, par la seule volonté du juge, l'accusation peut dériver vers le domaine de Satan et, de simple délinquant de droit commun, l'accusé devient apostat, passible cette fois-ci de la peine de mort. C'est ce qu'il advient à Michael Lingelsheim. Messager seigneurial, il est arrêté pour avoir perdu un sac contenant cent *Reichsthaler*. Dans un premier temps, il reconnaît avoir fait une halte à l'auberge d'Onheim pour se désaltérer; insatisfait des réponses, le juge oriente peu à peu les questions vers la sorcellerie; sous la pression inquisitrice du magistrat, Michael s'embrouille quelque peu et finit par avouer qu'il a rencontré le Diable sous l'apparence de la femme de l'aubergiste d'Onheim. Connu pour son appétence sensuelle, le messager, en évoquant le Diable, a cherché seulement à dissimuler le but réel de son passage à l'auberge. Peine perdue, le mécanisme diabolique vient de s'enclencher et la machine judiciaire ne s'arrête qu'avec la décapitation, puis la crémation de Michael Lingelsheim à Fegersheim en 1654. Les cendres du cavalier cavaleur sont mêlées à la poussière de charbon des bûchers précédents. Catherine Heidler et Barbara Thalhammer, toutes deux également arrêtées au départ pour vol, connaissent le même sort.

Le crime mixte de sorcellerie, et les sentences de mort qui s'ensuivent, cessera d'exister à partir du moment où disparaîtra son aspect supraréel; c'est le cas notamment avec l'édit de Louis XIV de juillet 1682 qui ignore le crime de sorcellerie pour ne retenir que les actes répréhensibles relatifs aux pratiques superstitieuses et aux prétendues magies, cet édit reflétant en cela la nouvelle sensibilité des magistrats et des législateurs gagnés à la pensée cartésienne. Exit le Diable ! De la loi tout au moins. En Alsace, avec l'implantation française et l'unification de l'administration de la justice qui l'accompagne, cet édit royal est tout naturellement respecté, mettant ainsi un terme définitif aux procès de sorcellerie.

## *Les fondements juridiques*

Toutes choses d'un ordre similaire juxtaposées au départ ne tardent pas avec le temps à se rapprocher, à se combiner plus ou moins, voire à interférer entre elles. Sur le plan juridique, la concomitance des droits romain, canonique, et des coutumes locales progressa selon cette règle ; de plus, cette évolution générale n'étant uniforme ni dans le temps ni dans l'espace, vient inéluctablement le moment où l'autorité centrale décide de mettre fin aux distorsions et d'harmoniser l'ensemble à son profit, d'autant que cette opportunité lui permet d'asseoir son pouvoir. L'ordonnance de Villers-Cotterêts de 1530, du côté du royaume de France, et la *Carolina* de 1532, pour le Saint-Empire romain germanique, participent à cette unification judiciaire et politique.

### SYSTÈMES ACCUSATOIRE ET INQUISITOIRE

Avant d'aborder la *Carolina*, il nous faut dire un mot sur le système de la procédure pénale. Jusqu'au début du XIIIe siècle, le système accusatoire est de rigueur : il appartient aux plaignants ou à leur famille, seule partie habilitée à lancer et à poursuivre une action en justice, à faire reconnaître à l'accusé sa faute ou à la prouver ; la preuve établie, le juge doit condamner ; en cas de doute, le tribunal recourt à l'intervention divine sous la forme d'une épreuve par le feu ou par l'eau : l'ordalie. Ce jugement médiéval faillit trouver une application en Alsace en plein XVIIe siècle. En 1645, une pauvre vieille femme, die Wollenweberin, est dénoncée comme sorcière auprès du gouverneur français d'Haguenau, Monsieur de Rasill. Voulant plaire à son épouse, ce haut fonctionnaire décide que la sorcière doit être soumise à l'épreuve de l'eau. Le principe est simple : si la soupçonnée, poings et pieds liés ensemble, surnage, elle est innocentée ; dans le cas contraire, la charge de sorcellerie l'entraîne au fond de l'eau. En raison de l'entrave des membres, sorcière ou pas, la mort est l'unique issue. Heureusement, un père jésuite s'oppose à cette lubie, et la miséreuse sorcière échappe donc à la noyade. Du moins, c'est ce qu'on peut découvrir à la lecture des *Chroniques des jésuites*. Dans le système de la procédure accusatoire, le juge ne joue en aucune façon le rôle d'un procureur, se contentant d'être un arbitre.

À partir du XIIIe siècle, le système inquisitoire se substitue au précédent. Cette procédure permet aux membres d'une communauté de dénoncer un suspect aux autorités ; mieux, elle autorise le procureur à faire comparaître tout individu sur la base de toute information parvenue à ses oreilles, y compris une simple rumeur ; les gens de justice sont tenus de mener le plus discrètement possible une enquête, d'où le qualificatif « inquisitoire ». Alors que, dans la procédure contradictoire médiévale, l'accusé est confronté au plaignant en homme libre, dans la nouvelle procédure il est immédiatement écroué. Les dominicains de l'Inquisition la mettent au point lors des procès contre le crime d'hérésie, puis elle sera reprise et adaptée au crime de sorcellerie, avec toutefois une différence notable : l'hérétique repentant se voit accorder une nouvelle chance, alors que le sorcier ne peut espérer la moindre rémission.

### LA « CAROLINA », DROIT PÉNAL DE L'EMPIRE

C'est sur ces bases que la *Constitutio Criminalis Carolina*, dite aussi *Carolina*, est édifiée et ratifiée en 1532 par la Diète de Ratisbonne. Ce code impérial de droit pénal, qui comprend deux cent dix-neuf articles, a pour ambition d'unifier les droits locaux et d'être l'expression d'une puissance d'État ; cependant, l'Alsace, comme d'autres terres germaniques, préserve ses particularismes avec l'insertion dans le préambule de la *Carolina* d'une clause (*salvatoriche Klausel*) privilégiant les droits territoriaux et le droit coutumier. Avant d'examiner les articles qui ont trait à la sorcellerie, voyons l'esprit général de ce code.

Conforme au mode inquisitoire, la *Carolina* substitue l'aveu de l'inculpé à la preuve par témoin, ce qui a pour corollaire le recours à la question pour l'obtenir. Toutefois, pour contenir les possibles dérives, des dispositions particulières conditionnent l'emploi de la question : la torture ne peut être appliquée en l'absence d'un indice raisonnable et prouvé, autrement les aveux seraient nuls ; en outre, elle ne peut être ordonnée que si le délit retenu est passible de la peine de mort ; la réitération de la question sur un même indice est proscrite ; une seule séance de torture est admise sauf si le prévenu revient sur ses aveux ; dans la pratique, les séances se multiplient à l'envi, car l'esprit jésuitique des juges considère que, l'une étant la suite ou l'extension de l'autre, il n'y a pas de discontinuité ! Et même si cela est, l'indice du délit est différent ou bien encore l'accusé est d'une complexion robuste, etc. Les accusés n'ayant pas quatorze ans ne doivent pas être soumis à la question, seul est préconisé le fouet pour les faire parler.

Vraisemblablement, les juges de Molsheim ont pris en considération cette limite d'âge : dans les années 1629 et 1630 comparaissent devant eux trente-neuf enfants dont vingt et un ont moins de quatorze ans. Au final, trente et un sont exécutés, dont neuf fillettes ; à la demande des pères jésuites, lesquels sont pour la plupart d'entre eux leurs maîtres d'école, le bourreau, avant de les brûler, leur tranche la tête au lieu de les étrangler. Batholomaeus Pfeiffer, âgé de seize ans, est le seul, semble-t-il, à être torturé ; nous verrons un peu plus loin que ses tourmenteurs, sans doute frustrés d'être limités à ce seul cas, se sont acharnés sans retenue sur le jeune homme.

L'exemption de la question vise également les femmes ou filles enceintes, les sourds-muets de naissance, les malades aussi longtemps que dure leur maladie. Il n'est point permis au juge de vouloir arracher des aveux par des discours captieux et contraires à la vérité. Que dire alors des aveux extorqués sous la torture ! Les aveux doivent être confirmés à partir du lendemain sans contrainte, ni torture. Il ne suffit pas que le criminel avoue son crime, mais il est nécessaire que le crime et les circonstances soient vérifiés, c'est ce qu'on appelle aujourd'hui constater le corps du délit. L'article 219 et dernier de la *Carolina* invite les juges à demander l'avis d'experts, notamment celui de professeurs d'université, dès qu'un point du procès pose problème. Les défenseurs de l'accusé n'ont pouvoir que de présenter une atténuation de la sentence le jour de la dernière audience.

En ce qui concerne le domaine de la sorcellerie, la *Carolina* méconnaît quasiment ce terme et parle plutôt de magie et de sortilège, le sortilège étant au titre de cette loi un maléfice qui se fait par des superstitions et enchantements ; en fait, la *Carolina* ignore tout des relations diaboliques. Quatre articles, en tout et pour tout, se rapportent à la magie.

Le premier, l'article 21, vise les personnes qui s'adressent aux devins et devineresses afin de découvrir l'auteur de leurs malheurs ; selon cet article, les coupables ainsi révélés ne peuvent être poursuivis, quand bien même ils avoueraient ; en revanche, sont punis les devins et les accusateurs.

L'article 44 traite de l'indice suffisant au sujet du sortilège. Apprendre la sorcellerie aux autres ou menacer d'ensorceler constitue un indice suffisant pour valoir la question. Ici, le vocable de « sorcellerie » s'apparente davantage à celui de « magie », et se cantonne donc hors de l'aspect strictement diabolique.

L'article 52 a trait à la confession d'un sortilège. Lorsqu'un accusé avoue un sortilège, on doit l'interroger sur les causes et les circonstances afin d'apprécier le contexte dans lequel s'est perpétré l'acte de sortilège. Les jurisconsultes de l'époque traduisent cette investigation en sept points : *Causa, Persona, Locus Tempus, Qualitas, Quantitas, Eventus*. Ce que nous énonçons aujourd'hui par les cinq interrogations : qui, quoi, où, quand, comment ? Comme nous l'avons déjà signalé, les juges alsaciens disposent d'un questionnaire adapté à l'interrogatoire du supposé sorcier.

Le dernier article, l'article 109, prévoit la peine de mort par le feu pour celui qui aura causé un dommage à autrui par sortilège. Or, dans les procès de sorcellerie, l'exécution par le feu est prononcée souvent au seul motif d'avoir renié Dieu pour se donner au Diable, et non au regard des dommages causés par ce crime, la matérialité de ces dommages étant par ailleurs bien difficile à constater. C'est donc au titre strict de la sorcellerie, et non à celui de la magie, que les juges poursuivent les adeptes de Satan et les condamnent à mort suivant la doctrine du crime mixte de sorcellerie. Encore que la sorcellerie puisse être considérée comme l'une des composantes de la magie : celle qui fait intervenir le Diable.

En résumé, la *Carolina*, en passant sous silence la part de supraréalité afférente au domaine diabolique, n'est pas, contrairement aux conclusions de certains historiens, le moteur de la chasse aux sorcières dans les terres germaniques. Par contre, ce code participe à une meilleure harmonisation de la procédure juridique, et constitue paradoxalement un élément modérateur dans les territoires où ses prescriptions sont mieux observées.

## *Principes généraux propres aux procès de sorcellerie*

Avant de présenter les structures judiciaires mises en place en Alsace pour traiter les procès de sorcellerie et leur déroulement, il est utile d'avoir en tête les principes généraux qui les régissent et dont l'esprit, nul n'en sera surpris, participe des procès de l'Inquisition.

Aujourd'hui, en matière de justice criminelle, l'instruction du procès (enquête, interrogatoire, incarcération) se distingue nettement du jugement (rappel des faits et des circonstances, réquisition du ministère public, plaidoirie, sentence). Ce n'est pas le cas dans l'Ancien Régime : l'instruction et le procès lui-même forment alors un tout se déroulant sans interruption dans le temps ; de surcroît, ce sont les mêmes individus qui enquêtent et jugent ; nous verrons qu'en Alsace il existe une variante sur ce dernier point.

*Le bourreau prend plaisir à offrir au supplicié un avant-goût de ce que sera bientôt son enfer : il l'asphyxie et le brûle à l'aide d'un fagot de paille enflammé. Série de quatre gravures de Jean Luyken, XVII^e^ siècle (voir suite pages suivantes).*

Les crimes de lèse-majesté, de haute trahison, de brigandage et de faux-monnayage sont qualifiés *crimen exceptum* ; cette qualification autorise une observance moins stricte des normes procédurales. Crime de lèse-majesté divine, celui de la sorcellerie entre *a fortiori* dans cette catégorie. De plus, au XVIe siècle, plusieurs États d'Europe promulguent des lois spécifiques contre la sorcellerie.

Chacune des classes sociales d'un État a sa propre juridiction, excepté lorsque le chef d'inculpation concerne la sorcellerie. Si le « bruit commun » et les déclarations des témoins suffisent à provoquer l'arrestation du prétendu sorcier, son aveu suffit à constituer la preuve du délit. Pour ce forfait, les charges matérielles ne sont nullement nécessaires. Henry Boguet, grand juge en la terre de Saint-Oyan-de-Joux – aujourd'hui Saint-Claude en Franche-Comté – affirme que les preuves ne sont pas essentielles. On est loin des recommandations de la *Carolina*, laquelle prescrit que l'indice soit raisonnable et prouvé ! En conclusion, pour une semblable accusation, la présomption d'innocence n'est pas de mise.

Convaincu d'avance de la culpabilité du prévenu, le magistrat n'a qu'un seul objectif au moment du procès : obtenir son aveu. Aussi n'est-il pas inconséquent que les juges recourent à des moyens extrêmes, d'autant qu'ils ont à disposition, en toute légalité, un bourreau qui connaît les mille et une façons de faire parler les plus rétifs. Mais cette impitoyable modalité a sa contrepartie : le supplicié qui n'avoue pas doit être libéré. D'où ce paradoxe, l'innocent est condamné s'il succombe aux tourments de la torture, alors que le malfaiteur est absous s'il y résiste, ce que relève La Bruyère, d'une plume élégante :

> La question [torture] est une invention merveilleuse et tout à fait sûre pour perdre un innocent qui a la complexion faible et pour sauver un coupable qui est né robuste.

La sorcellerie est le seul crime pour lequel l'inculpé ne peut bénéficier du soutien d'un avocat, celui-ci étant susceptible d'être ensorcelé par le Diable. Par contre, les magistrats et les bourreaux échappent à cette emprise satanique. Sur ce point, le même Henry Boguet, dans son *Discours exécrable des sorciers*, est formel :

> Les sorciers ne peuvent nuire à leurs personnes [celles des officiers et ministres de justice], quelque méchants qu'ils soyent [...] Il est certain qu'il y a encores en cecy un secret jugement de

*Bienheureux les sorcières et sorciers qui bénéficiaient de l'ultime grâce : mourir avant d'être brûlé.*

> Dieu, qui ne veut point permettre que les mauvais, tels que sont les sorciers, ayent puissance sur la personne des juges, à fin que la justice, qui est de luy, fut exécutée.

Nicolas Remy, lui aussi intimement persuadé de cette immunité, s'empresse de rapporter dans *La Démonolâtrie* l'apostrophe que lui lança l'Anière de Nancy lors de son interrogatoire en 1582 :

> Quelle chance vous avez, vous autres juges, que nous soyons sans pouvoir contre vous ! Car il n'est pas de mortel auquel nous aimerions tendre nos pièges plus qu'à vous, qui poursuivez ainsi notre race de tous les châtiments et de tous les supplices !

Et Claude Bohr, dans *L'Inquisition en Lorraine*, de conclure que « les magistrats ainsi rassurés, peuvent désormais agir en toute sécurité ».

En Alsace, cette garantie contre le Diable est moins absolue, en particulier pour les assistants des juges ; maints greffiers prennent soin d'inscrire au dos des procès-verbaux relatifs aux interrogatoires des accusés la formule préservatrice suivante : *« Gott Vater, Sohn, Heiliger Geist »* (« le Père, le Fils, le Saint-Esprit ») sans omettre de signer d'une belle croix ; celui du tribunal de Bergheim, avant que la vieille Anna Glowel soit suspendue à l'estrapade, croque à la plume le portrait de celle-ci au milieu de trois pentagrammes (*Drudenfuss*), signes cabalistiques censés conjurer les sortilèges.

De même, l'accusé ne peut guère espérer le moindre témoignage à décharge ; se déclarer l'ami d'un présumé suppôt du Diable ou vouloir seulement ne pas l'accabler, c'est implicitement reconnaître l'appartenance à l'engeance sorceleuse ou, à tout le moins, afficher une certaine complaisance, et risquer en conséquence d'être compromis. La déposition des enfants n'est pas en principe recevable, sauf lorsqu'il s'agit de sorcellerie, à condition, bien entendu, que le témoignage soit à charge ; seule concession, ils n'ont pas l'obligation de jurer.

En outre, lorsque le crime de sorcellerie est reconnu, spontanément ou pas, la mort par le feu est l'unique sentence. Dans les terres ducales de Lorraine, cette sentence est exécutée sur-le-champ, aucun recours n'étant possible. En Alsace, le condamné à mort a la possibilité d'interjeter appel du jugement mais, à la lecture des procès, il apparaît que l'utilisation de ce droit est sévèrement réglementée ou peu connue des justiciables, tant les interventions se concluant d'une manière heureuse sont peu nombreuses. Il faut pour y arriver

*Une sorcière jetée vive dans les flammes dévorantes du bûcher.*

l'opiniâtreté d'une Ursula Reiss, laquelle parvient à obtenir en 1621 la libération sous condition de sa fille Aurélia Kieffer auprès de la Chambre impériale de Spire. De même, on constate que les demandes émanent principalement de familles lettrées ou aisées.

Toutefois, cette position sociale n'est pas toujours suffisante : si Maria-Eva Herzog, fille, femme et belle-mère d'*Oberschaffner* (receveur), est relâchée une première fois en 1623 sur intervention de son gendre Johann Scherer, celui-ci ne parvient pas à la sauver lorsqu'elle est arrêtée une nouvelle fois en 1629 et brûlée ; l'année suivante, il obtient tout de même sa réhabilitation. Le même Johann Scherer est auparavant intervenu en faveur de sa propre mère Ursula, poursuivie en 1623 en raison de sa réputation de sorcière ; la malheureuse veuve, soumise aux pires tortures dont la chaise d'insomnie, tient tête à ses juges et bourreaux. Pourquoi un tel acharnement alors qu'en l'absence d'aveu la libération conditionnelle est de rigueur ? Entre-temps, Johann Scherer et son beau-frère Johann Will, notaire au consistoire à Molsheim, se démènent pour faire cesser les sévices infligés à Ursula ; le 4 mai 1624, son fils demande sa libération ; le 1er août, cette demande est acceptée ; brève liberté, car Ursula meurt le 4 septembre, sans doute des suites de la question. Maigre consolation pour la famille, elle est autorisée à enterrer le cadavre en terre bénite. À la vérité, ces actions s'apparentent davantage à des requêtes qu'à des appels rédigés en bonne et due forme ; d'ailleurs, beaucoup d'entre elles consistent à solliciter que les biens de la parente brûlée ne soient pas confisqués.

Il est une contrée voisine, la Franche-Comté – pour la partie de son territoire sous gouvernance espagnole –, où l'appel est bien formel et réel ; dans cette contrée, tout procès peut donner lieu à présentation d'un recours auprès du Parlement de Dôle. L'usage de ce droit favorable à l'accusé est à relever car, au bout du compte, le taux d'exécution au titre de la sorcellerie est le plus bas des terres de l'Est, surtout quand on sait que les procès sont instruits selon le canon de l'Inquisition espagnole.

En définitive, dans les terres de l'Est, en matière de procédure d'appel relative aux procès de sorcellerie, nous avons les trois cas de figures : pas d'appel en Lorraine ; appel possible en Alsace, mais son exercice est un véritable parcours du combattant ; appel effectif dans la Comté espagnole.

*Afin que nulle trace des adeptes du Diable ne subsiste, le bourreau récupère leurs derniers os, particulièrement ceux du crâne, et les dépose au milieu du brasier.*

CHAPITRE 8

# Les procédures devant le « Malefizgericht »

L'organisation judiciaire retenue correspond *grosso modo* à celle qui a cours jusqu'en 1648[4] sur le territoire de l'actuelle Alsace, à l'exception des enclaves lorraines, en l'occurrence la ville de Saint-Hippolyte et le Val de Lièpvre avec la bande de terre qui les relie.

Comme nous l'avons vu, l'Alsace est une mosaïque de petits États soucieux, pour ne pas dire sourcilleux, de leur autorité ; aussi ces derniers tiennent-ils à leur autonomie juridictionnelle ; cela ne les empêche pas toutefois d'enrichir leur propre législation, relevant essentiellement de la coutume, à partir des principes et prescriptions de la *Carolina.*

Les crimes de sorcellerie sont du ressort du *Malefizgericht* (ou tribunal des maléfices), compétent pour prononcer la peine de mort, pas seulement contre les sorciers et les sorcières ; ce qui n'exclut pas d'ailleurs de prévoir une procédure particulière pour instruire et juger leurs crimes, ceux-ci étant par nature des *crimen exceptum.* Qui plus est, au moment de la grande chasse, des tribunaux sont spécialement installés pour juger de tels individus, chaque seigneur, civil ou ecclésiastique, chaque ville libre tenant à montrer sa volonté de se débarrasser de cette maudite engeance.

Composé en principe de douze à vingt-quatre citoyens bourgeois ne possédant aucune formation juridique, pour la plupart commerçants et artisans, le *Malefizgericht* est un tribunal laïc et forme une espèce de grand jury chargé de se prononcer sur la culpabilité et sur la peine à infliger. Dans les petites localités, lorsque celles-ci possèdent leur propre *Malefizgericht*, le nombre de ses membres est inférieur à douze ; c'est le cas dans le pays welche*, à Orbey où le tribunal compte huit membres,

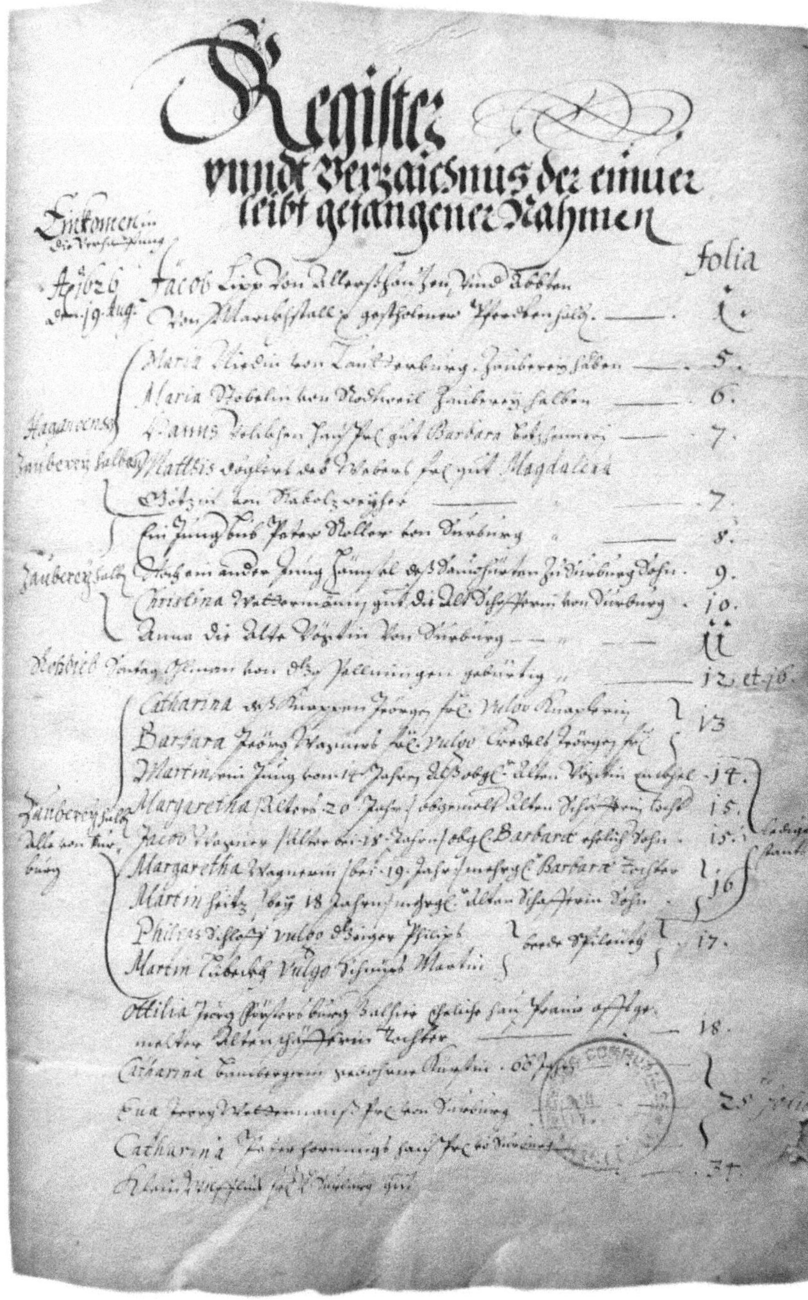
Register unndt Verzaichnus der einverleibt gefangener Nahmen

Folia

ARCHIVES MUNICIPALES DE HAGUENAU/PHOTO MICHEL TRABAND

*Ce « Register unndt Verzaichnus der einverleibt gefangener Nahmen » (« Registre et liste des noms des prisonniers ») décrit les procès déroulés à Haguenau entre 1626 et 1634. Dans la première colonne, la date d'incarcération de l'accusé, suivie du motif. L'annotation « Zauberey halber » indique que le prisonnier est condamné pour « faits de sorcellerie ». On relève en dernière ligne le nom de Catharina, épouse de Peter Hornung de Surbourg (« Catharina Peter Hornungs Hausfrau von Surburg »), l'une des 1606 victimes alsaciennes de la chasse aux sorcières recensées dans le Mémorial publié dans cet ouvrage.*

et à Labaroche où il y en a seulement quatre. En général, le prévôt de l'endroit, en tant que représentant du seigneur, préside ce tribunal. À côté de ce dernier, il en existe un autre plus restreint de sept membres, d'où son nom de « tribunal des sept » (*Siebenergericht*), appelé à assister le juge qui conduit l'instruction du dossier et les interrogatoires se déroulant dans la chambre des tortures, aussi se nomme-t-il quelquefois « tribunal des tortures » (*Foltergericht*). Ce tribunal, institution propre aux juridictions germaniques, a aussi pour mission d'avaliser la réitération des aveux après l'application de la question, ces aveux devant être faits librement et en dehors de la chambre de torture. La besogne judiciaire proprement dite peut être assurée par des jurisconsultes de profession tandis que le bailli, ou son représentant, a la charge de l'accusation et du réquisitoire comme *Vorsprecher* (porte-parole), assumant en quelque sorte le rôle du ministère public d'aujourd'hui. Quant à l'assistance d'un avocat de l'accusé (*Fürsprecher*), elle est possible, mais peu effective ; elle s'exerce seulement à la fin du procès, au moment de la sentence et consiste essentiellement à solliciter une atténuation du verdict en réclamant, notamment, la décapitation au lieu de la strangulation du condamné. Cet avocat n'est pas un professionnel, mais un simple particulier du village de l'accusé. Le secrétaire de la commune est requis en tant que greffier du tribunal. Le recours à des experts, en l'occurrence des professeurs de faculté de droit, est préconisé, notamment pour examiner des questions de principe.

Chaque tribunal possède son *Protokollbuch der Malefizsachen* dans lequel sont énoncées les dispositions judiciaires applicables aux affaires de sorcellerie et son *Malefiz-Register* où sont enregistrés les différents procès ; le cas échéant, sont jointes en annexe les instructions pour le juge sur le mode de procédure à suivre contre les sorciers ainsi que le questionnaire établi à partir de l'article 52 de la *Carolina*, lui-même inspiré du *Malleus maleficarum*. À Molsheim, le registre des procès criminels s'intitulait *Blutbuch* (« Livre de sang »), un titre qui exprime bien l'horreur des procès de l'époque. D'autres précisions seront apportées avec l'examen des différentes parties de la procédure.

D'une manière schématique, les procès en sorcellerie consistent, après la reconnaissance des méfaits, à faire avouer à l'inculpée qu'elle a pactisé avec le Diable et pris ses instructions auprès de lui à l'occasion des sabbats, puis à la contraindre à dénoncer les complices participant à ces réunions d'allégeance.

Chronologiquement, on distingue six phases essentielles : l'ouverture et l'instruction du dossier, l'arrestation et l'emprisonnement, les interrogatoires, la confirmation des aveux, la condamnation et enfin l'exécution de la sentence. Du fait de leur autonomie, les différentes places de justice criminelle d'Alsace ont adopté des modalités plus ou moins semblables ; seules ont été retenues ici celles qui présentent un caractère majoritaire ; néanmoins, certaines particularités méritent d'être connues, aussi sont-elles mentionnées.

## *L'ouverture et l'instruction du dossier*

L'action en justice est enclenchée auprès du *Malefizgericht*, soit individuellement par le dépôt d'une plainte, soit collectivement comme, par exemple, à la suite d'une pétition ou d'un accès de colère des villageois ; c'est le cas en 1629 à Châtenois contre Hélène Schilling et Catherine Stehlin, ou à Marmoutier contre les « tempestaires » après une violente gelée en avril 1603. Une simple rumeur ou dénonciation anonyme peut également mettre en route la procédure, cette fois-ci à l'initiative de l'autorité judiciaire. Au départ, l'accusation repose sur la seule énonciation par le plaignant ou le délateur de faits supposés relever d'une action sorcellique. De simples soupçons, en somme. En matière de sorcellerie, contrairement aux autres crimes, le fait matériel du délit n'est pas un élément déterminant, ni obligatoire. Il suffit d'apporter à la connaissance des gens de justice des informations que valideront ou non les interrogatoires ultérieurs.

Les motivations des accusateurs ou des dénonciateurs ne sont pas nécessairement liées au strict domaine de la sorcellerie. Comme dans toute période d'agitation sociale, il y a des profiteurs. Par cupidité, convoitise, jalousie ou vengeance, certains n'hésitent pas à dénoncer qui des parents, qui des amis, qui des voisins. Plus ou moins avouables, les mobiles inclinant à la délation sont multiples. Ainsi, le débiteur qui ne veut ou ne peut pas rembourser accuse son créancier de fréquenter le Diable ; l'homme éconduit laisse entendre que la prétendue épouse fidèle couche en fait avec le Diable. Et combien de veuves ont péri dans les flammes pour n'avoir pas cédé aux ardeurs masculines ! Au sein même de la famille surgissent les pires agissements. Lassé de la battre, le mari d'Anna Röszer ne trouve rien de mieux pour se débarrasser d'elle que de la dénoncer comme sorcière ; Anna sera brûlée à Sélestat, en 1642. À Molsheim où l'on décapite plus de trente enfants, des parents interviennent auprès des autorités pour qu'on arrête leur progéniture: le chapelier Marzolff Koenig craint que son diablotin Hans n'ensorcelle les quatre autres enfants de la famille, le portier Paul Rauscher ne sait plus quoi faire de son fils Sébastien; même une mère, celle de Conrad Rinck, exige que justice soit faite.

La principale motivation de ces dénonciations familiales est tout simplement la peur, la peur que la justice s'intéresse à l'ensemble de la famille; ces dénonciations constituent en quelque sorte une démarche préventive: sacrifier un membre de la tribu pour sauver le reste. En Alsace, notamment à Strasbourg, les calomniateurs courent des risques: afin d'enrayer la contagion des dénonciations, les auteurs d'accusations reconnues fausses sont ensachés et jetés dans la rivière du haut du pont du Corbeau, appelé aussi «pont des bourreaux» (*Schindbrücke*), ce qui arrive en 1451 au dénommé Hans Schoh.

Qui pis est, on peut être sorcier ou sorcière à son insu, sans en avoir conscience. Dénonciateur anonyme, le bruit commun (*fama publica*) – ainsi désignait-on à l'époque la rumeur publique – est le pire des calomniateurs.

Dans le village où l'on se connaît de longue date, l'implacable rumeur a depuis longtemps dénombré les individus douteux et les familles suspectes. On feint d'ignorer la *mal fame* qui les entoure ou la malédiction qui pèse sur eux; on les traite ostensiblement en voisins ordinaires: à l'auberge on trinque ensemble, en cachant soigneusement sa répugnance alors que, en catimini, on les désigne comme des parias, des malfaisants qu'on charge de tous les maux et malheurs qui frappent la communauté. Il n'est pas nécessaire d'être corbeau et de rédiger une lettre anonyme – au reste, saurait-on en écrire une? Le bruit commun, porté par l'écho se répétant à l'infini, parvient jusqu'aux oreilles des juges, lesquels, à partir de ces ragots, n'hésitent pas à bâtir un dossier rigoureux, procédure qu'approuve Bodin lorsqu'il déclare que «la rumeur n'est presque jamais mal informée».

Tout bien considéré, dans l'enceinte du village, le soupçon de sorcellerie est l'un des expédients utilisés pour régler des conflits familiaux ou de voisinage. La dénonciation est aussi le moyen, quand une menace de sorcellerie se précise, de détourner l'attention des gens de justice.

Après le dépôt de plainte, vient le recueil des indices – ou *indicia*, formulation latine telle qu'on la relève dans les actes – auprès de tous ceux et celles qui sont proches de l'accusée ou ont eu affaire à elle. Cette opération, connue sous le nom d'informations préparatoires, ou d'*Inquirirung* en Alsace, s'apparente à l'enquête de voisinage et de moralité d'aujourd'hui, à la différence près que celle-ci ne comporte jamais d'éléments en faveur de la mise en cause ; on peut même supposer que le greffier ignore sciemment les déclarations favorables à la prévenue, ce qui n'exclut pas que le même personnage, au moment de la rédaction de la sentence, éprouve quelque compassion à l'égard de celle qui va mourir ; ainsi, lorsque Catarina Scheren est condamnée à être brûlée, le greffier note en marge du procès-verbal : *« Gott genade der armen Seele. Ammen »* (« Dieu, aie pitié de la pauvre âme. Amen »).

Sous la conduite d'un *ersamen Meister* ou des *Siebener* comme à Bergheim, cette instruction a pour objectif de rassembler tous les faits et gestes prêtés à l'accusé susceptibles de contribuer à l'établissement du premier élément du binôme du crime mixte de sorcellerie. Les déposants, qui jurent sur l'honneur, sont instamment invités à observer la plus grande discrétion, surtout à l'endroit de l'accusée. Il va sans dire que l'enquêteur, en vue d'orienter dans le bon sens les investigations, n'a aucun scrupule à rafraîchir la mémoire du témoin en lui demandant, par exemple : « Il y a quelques années, la plus belle de tes vaches est morte ; la petite Lisbeth n'est-elle pas venue près de l'étable juste avant ? » Et le témoin de percevoir aussitôt dans ce rapprochement l'origine de cette perte et de répondre par l'affirmative. Le soupçon de maléfice ainsi suscité devient indice puis, sous la torture, preuve de sorcellerie.

Hormis quelques marginaux et autres idiots de village, rares sont ceux qui se flattent d'avoir Satan pour maître. On est donc réduit à suspecter ses complices à partir d'indices révélant plus ou moins une connivence diabolique ou permettant de déceler des actions imputables à la sorcellerie. Ces indices sont innombrables et variés ; on en distingue néanmoins trois grandes catégories. La première concerne les indices relatifs à des faits prétendus maléfiques, mais dont l'auteur n'est pas *a priori* identifié : les accusateurs sont convaincus d'être victimes de menées diaboliques. On trouve principalement des actes dont l'objectif est d'appauvrir les ressources alimentaires, tels la destruction des récoltes, la disparition des victuailles, le tarissement du lait des vaches, ce que la femme de Hans Vogt a réussi à faire avec les vaches de Catherine Volmar ; sont également compris les faits qui portent atteinte à la santé du bétail ou de l'homme comme les maladies soudaines, les accidents. S'y ajoutent les indices relatifs à des éléments insolites ou inexpliqués : bruits étranges ou sifflements mystérieux, apparition d'une énorme araignée noire sur le mur, découverte de pelotons de cheveux, de plumes entrelacées sous le matelas ou de fétus de paille posés en croix dans des endroits inaccoutumés, incendie subit, mouche voletant avec insistance autour de l'oreille (c'est probablement le Démon qui cherche à communiquer), présence inhabituelle d'un animal, particulièrement d'un chat noir, vaisselle en branle plusieurs nuits de suite sans qu'elle ne se brise, etc. Ces indices sont retenus par les juges, quand bien même les événements fâcheux ont eu lieu vingt ou trente ans auparavant.

La deuxième grande catégorie d'indices se rapporte aux personnes soupçonnées d'appartenir à l'engeance sorceleuse, et comporte trois sous-groupes ayant trait respectivement à la religion, à l'aspect physique et au comportement individuel.

Le premier sous-groupe, qui relève d'un domaine on ne peut plus sensible, comprend, entre autres indices : blasphémer sans arrêt, avoir continuellement aux lèvres le nom du Diable ou même crier « Que le Diable l'emporte ! », avoir un chapelet sans croix ou en mauvais état, se signer de la main gauche, réciter mal ses prières ou, au contraire, débiter trop dévotement son *Pater*, ne pas regarder le prêtre lorsqu'il présente la sainte hostie, profaner l'hostie (ainsi que le fit Anna Schroeder en la crachant dans son mouchoir), négliger de se confesser, ne pas aller régulièrement à l'église ou trop la fréquenter comme Anna Desloch ou Elsbeth Jung, prendre trop souvent de l'eau bénite. Il existe d'autres indices qui, dans le même domaine, peuvent entraîner des poursuites : avoir des enfants non baptisés, être d'une confession autre que celle de la majorité des paroissiens[5]. Un autre cas, plus ahurissant, est celui de personnes ayant des apparitions divines ; en effet, à cette époque, voir souventefois des saints ou des anges ne vous prédisposait point à la canonisation, mais plus sûrement à la carbonisation !

Le deuxième sous-groupe d'indices se rapporte à l'aspect physique. Il est très fâcheux d'avoir un visage repoussant, une malformation crânienne, un teint pâle, la peau fripée de rides, une démarche de vieillard, ou de sentir mauvais ; tout comme il est très embêtant d'être bègue, boiteux, bossu, borgne ou bigle : l'initiale « b » est-elle le monogramme du Diable, en l'occurrence celui de Belzébuth ? De même, avoir le regard fixe est signe du mauvais œil; le pouvoir fascinant de ce regard effraie tant les juges que, dans le royaume de France, le sorcier est amené dans la salle de torture le dos tourné.

Pareillement, il est de mauvais aloi pour une femme de mettre au monde un enfant mal venu ou difforme, avec un bec-de-lièvre ou ayant des yeux rouges: ce ne peut être que le fruit d'une copulation avec le Diable, tout comme il est bien ennuyeux d'être une femme édentée, avec un nez courbe se rapprochant du menton. Dans son essai intitulé *Sorcières*, l'auteure canadienne Candace Savage rapporte l'impitoyable préjugé d'un témoin de cette époque, lequel accable l'infortunée créature en ces termes:

> Chaque femme ayant un visage ridé, un front plissé, une lèvre poilue, une horrible dent proéminente et jaunâtre, un œil torve, une voix aiguë ou une langue de vipère... n'est pas seulement une suspecte, elle est une sorcière.

Bref, il est extrêmement fâcheux d'avoir l'apparence d'une sorcière. Appolonie, veuve de Klaus Kremer, a un visage particulièrement disgracieux; avec l'âge, elle ressemble de plus en plus à la sorcière de l'imagerie populaire; de plus, elle est devenue acariâtre; peu à peu, on parle d'elle comme d'une vraie sorcière et bientôt on l'arrête. Malgré ses soixante-dix ans, elle est torturée et avoue n'importe quoi. Condamnée à la peine capitale le 1er juin 1630, elle est brûlée vive. Sans doute s'agit-il là d'une des premières condamnations pour délit de faciès.

Quant au troisième sous-groupe d'indices, liés au comportement, ils sont fort nombreux et divers. Le domaine de la sexualité est évidemment celui qui présente le plus de risques. Il est dangereux de s'écarter des limites que l'Église a fixées en la matière, d'autant qu'au XVIe siècle la justice civile alourdit fortement l'infraction de ces tabous. L'adultère commis par la femme, puni d'une simple amende au Moyen Âge, est passible du bannissement; quant aux autres déviances – homosexualité, sodomie, bestialité, inceste –, la mort par le feu est la seule sentence, ces désordres ne pouvant être encouragés que par le Diable! Nul doute que l'ignoble Tentateur n'hésite pas, afin de rendre possibles les relations sexuelles avec ses esclaves humains, à se transformer en animal. N'apparaît-il pas le plus souvent, dans les assemblées au clair de lune, en quadrupède cornu, vénéré sous le nom de Grand Bouc? Les complices humains de ce commerce contre nature, qualifié en ce temps de crime de bestialité ou « bougrerie », sont brûlés vifs, de même que les animaux avec lesquels ils ont péché ; ceux-ci sont exposés et grillés en même temps que leurs maîtres abuseurs ; la bête doit être réduite en cendres car on craint qu'elle donne naissance, par l'opération du mauvais esprit, à quelque monstrueux centaure. Les pièces du procès sont aussi brûlées : nulle trace de ce crime abominable ne doit subsister ! C'est le sort que connaît en 1624 Sonntag Christen, un des rares hommes jugés à Bergheim pour sorcellerie ; avant de le brûler avec l'animal, on lui brise les quatre membres. De même, en ce temps-là, posséder une forte capacité érotique suppose avoir une condition physique du diable : Jean Zimmermann, de Sainte-Marie-aux-Mines, est poursuivi en 1610 « pour avoir séduit et rendu enceintes près de trois cents femmes et filles, dont il avait pu détruire le fruit au moyen de charmes et sortilèges ».

Dans un autre domaine, celui de la santé mentale, il est dangereux de faire des grands gestes, de divaguer, d'avoir l'air extravagant, d'être sujet à des crises de haut mal – ainsi désigne-t-on au Moyen Âge l'épilepsie. Avoir des visions, être débile mental ou le paraître, soliloquer sont des signes de présence diabolique. Dénoncer ces « dérangés », c'est aussi une façon de se débarrasser de bouches inutiles.

Pour terminer cette catégorie d'indices qui permettent de reconnaître qu'on a affaire à un possible préposé du Diable, ajoutons que proférer des propos menaçants (surtout lorsque survient ensuite un événement néfaste), avoir mauvais caractère, être querelleur ou taciturne, vivre à l'écart des autres vous rendent suspect. Enfin, de manière générale, tout ce qui est bizarre chez l'autre suscite l'inquiétude et pousse à croire qu'on est en présence d'un sorcier ou d'une sorcière. Citons, pêle-mêle, ces indices : se vêtir d'une manière singulière (Jean Kretz, de Matzenheim, dépose en 1630 contre Berbel Scheer parce que celle-ci se promène en habits d'homme dans le village), cracher toujours du côté gauche, aller seul dans la campagne, revenir de la forêt au petit matin sans fagot sur le dos (sans aucun doute s'agit-il d'un retour de sabbat), s'absenter de son logis la nuit, rôder autour du cimetière au crépuscule, se trouver seul dans les bois ou dans un chemin éloigné du village, être dans les champs par temps d'orage ou de grêle, surtout si on est surpris en train de lever les bras, sauter une charrue en mouvement, lancer des cailloux dans le sens du courant d'une rivière, posséder une force surhumaine ou avoir une adresse prodigieuse au jeu de quilles, ne pas paraître quelques jours dans le village ou souvent déménager (en effet, selon Bodin, « il se trouve ordinairement que les sorcières changent de place et de village en autre »), quitter le domicile après l'arrestation d'un voisin, prendre la fuite comme si on se savait menacé, être absent le jour d'un fait criminel ou inexpliqué, ne pas porter plainte quand on est traité de sorcier ou, à l'inverse, se hâter de poursuivre les accusateurs pour détourner les soupçons. Autant d'attitudes qui trahissent la complicité satanique. Même s'attacher à un chien ou à un chat est extrêmement dangereux : Michel Helding, le dernier évêque de Mersebourg, doit s'enfuir de sa ville et se réfugier à Vienne, accusé d'avoir commerce avec le Diable en la compagnie de son chat ; Cornélius Agrippa est également inquiété à cause d'un grand chien noir qui l'accompagne une grande partie de sa vie.

« Non, les brav'gens n'aiment pas que / L'on suive une autre route qu'eux », ainsi que Georges Brassens l'a si justement chanté. Aujourd'hui, la mauvaise réputation ne voue plus ses victimes aux flammes, bien qu'elle inspire encore méfiance et crainte.

La troisième et dernière grande catégorie d'indices de sorcellerie concerne les personnes réputées sorciers ou sorcières, et tous les individus s'adonnant à des pratiques de magie noire ou blanche. Deux faisceaux d'indices la composent. Le premier porte sur la possession d'objets qui peuvent être utilisés pour réaliser des maléfices : boîte de poudres ou de graisse, images et figurines de cire, bouts de papiers gribouillés de symboles cabalistiques, instruments de magie, livres, grimoires, etc. De même, porter sur soi des dents et des bouts d'os, rôder la nuit près des gibets pour arracher les cheveux des suppliciés ou dérober un bout de corde qui les attache, avoir dans son jardin des herbes de la Saint-Jean ou conserver à la maison des plantes vénéneuses sont des signes manifestes d'accointance avec le Diable.

Le deuxième faisceau tient aux activités dont la nature s'apparente à celle qu'on prête d'ordinaire aux sorciers : se livrer à l'alchimie ou à la divination, à la magie, préparer des philtres d'amour ou de mort, nourrir des serpents et des crapauds, annoncer un malheur avant qu'il se produise, invoquer le Démon ou jeter des sorts. Avoir des connaissances sur la nature et le ciel, à l'exemple des pâtres, est également une compétence compromettante.

Hors des catégories citées, un indice, et non des moindres, est à signaler : l'hérédité. Être né de parents condamnés pour sorcellerie prédispose à les imiter; Bodin veut qu'on poursuive les familles jusqu'à la troisième génération! Parmi les lignées diablement maudites, citons celle d'Ursule Semler, exécutée à Bergheim en 1683: sa grand-mère, sa mère et une sœur ont été brûlées. Dans le cas présent, le vœu de Bodin a malheureusement été exaucé.

À l'énoncé des ces indices, on constate que tout événement fâcheux procédant de quelque fait insolite ou inexpliqué peut entraîner une présomption de sorcellerie; également, tout individu qui s'écarte des normes sociales est suspecté de fréquentation diabolique. La moindre singularité se transforme en indice de sorcellerie. En un mot, ainsi que l'affirme doctement Remy, tout ce qui n'est pas normal relève du Diable. Pis! L'hystérie collective est telle que des faits absolument naturels ou anodins passent pour le produit d'un sortilège.

Enfin, ne pas dénoncer les prétendus sorciers, les fréquenter ou causer avec eux à l'écart sont évidemment des signes de connivence satanique. Mais, paradoxalement, ne pas croire au Diable ou douter de sa capacité de nuisance ne met pas non plus à l'abri du soupçon de sorcellerie. «C'est l'une des plus subtiles ruses du Malin que d'avoir incité ceux qu'il tourmentait à douter de son existence», affirmait Baudelaire à propos de Satan. Du reste, Bodin, se référant à l'exergue du *Malleus maleficarum*, réclame pour ceux qui doutent de la réalité démoniaque le châtiment que l'on réserve aux sorciers, car nier l'existence de la sorcellerie est un crime aussi grave que nier l'existence de Dieu.

Afin de faciliter le travail des enquêteurs, l'évêque de Strasbourg adresse à tous les prévôts urbains et baillis ruraux une «Instruction pour découvrir les indices», rédigée par une commission spéciale. Au-delà des frontières du royaume de France, notamment en Écosse et en Italie, on place dans les églises et dans les maisons communes des troncs, appelés à juste titre «indicts», destinés à recevoir les dénonciations anonymes. En raison de l'illettrisme très répandu, le résultat se révèle décevant. L'Alsace, pas plus que la Lorraine, n'adhère à cette initiative. De même qu'elle n'instaure pas, comme au Luxembourg, des comités communaux, vrais ramassis de traqueurs de sorcières, habilités à réunir les indices, à recueillir les témoignages et à constituer les plaintes. Dans certaines provinces de France apparaissent des «désigneurs» professionnels de sorciers; ceux-ci se vantent d'avoir le don de reconnaître les complices de Malifis – autre surnom du Diable. En 1670, dans le Pays basque, le jeune Baqué désigne plus de six mille deux cents brouches dans une trentaine de villages avant qu'un tribunal mette en doute ses compétences et l'envoie aux galères.

Les indices de sorcellerie sont recueillis principalement à partir des dépositions des témoins ; ils sont complétés, le cas échéant, par les déclarations obtenues auprès d'autres inculpées à l'occasion de leur interrogatoire. Cet ensemble constitue l'instruction du procès. Dans la juridiction de Molsheim, ces actes sont adressés systématiquement à la Régence de Saverne, laquelle prend alors en main la suite de la procédure.

## *L'arrestation et l'emprisonnement*

L'instruction terminée, ou sans attendre sa fin si l'on estime que la personne mise en cause risque de s'enfuir, une première requise ordonne la prise de corps et l'emprisonnement.

Sous la responsabilité des représentants de l'autorité judiciaire – bien souvent le prévôt et deux échevins –, les sergents de ville procèdent à l'arrestation et à l'incarcération de l'inculpée. À Haguenau, on fait appel aux *Fasszieher* qui ont pour activité habituelle de porter les tonneaux dans les auberges ; ces « forts des halles » sont donc accessoirement des auxiliaires de police chargés d'arrêter et d'enchaîner les coupables pour les mener jusqu'aux prisons du château seigneurial. Dans bien des cas, le cachot est un puits ou une fosse du château où la prévenue est « avallée », en d'autres termes descendue dans l'oubliette à l'aide d'une échelle ou d'une corde et d'un crochet. Au château épiscopal de Molsheim, le cul-de-basse-fosse est accessible de cette manière. Dans ce château, des cages métalliques tiennent également lieu de prison. Enfermé dans la tour de Châtenois, Georg Gröber est extrait de son trou au moyen d'une échelle. Le terme d'oubliette prend tout son sens à l'évocation de l'histoire d'Agathe : arrêtée en 1571 à Wintzenheim, la malheureuse est emprisonnée dans le donjon du château de Kaysersberg ; l'année suivante, le 24 janvier 1572, on la découvre morte dans son cachot : on l'a simplement... oubliée ! Son cadavre est néanmoins placé sur un bûcher et réduit en cendres.

Et que penser des conditions d'incarcération de ces damnées de la terre : entravées et pataugeant dans leurs excréments, grelottant de froid et de fièvre dans l'obscurité permanente et l'humidité pénétrante, avec la vermine et les rats pour seuls voisins, une nourriture chiche et infecte, les brimades des geôliers, des pensées mortifères et des rêves cauchemardesques nuit et jour, une terreur lancinante à l'idée d'affronter la question et les flammes. Margaretha Lenz, emprisonnée pendant onze semaines, n'a pour repas que de l'eau et du pain, son mari ayant rompu tout contact. De son côté, emprisonnée de 1616 à janvier 1618, Margretha, femme de Dietrich Lienhart, devient à demi folle durant cette trop longue détention ; Ursula Muckensturm, son accusatrice, voulant libérer sa conscience *in articulo mortis*, la décharge* quelques instants avant que l'exécuteur des hautes œuvres l'étrangle et mette le feu au bûcher. Sauvée in extremis de la mort et n'ayant pas avoué le moindre maléfice, Margretha Lienhart aurait pu espérer pour le moins une libération conditionnelle, c'est-à-dire une libération liée au respect d'un *Urphed**, quand elle meurt des suites de la torture.

## *Les interrogatoires et la torture*

En règle générale, les interrogatoires sont menés par le *Siebenergericht*. Le premier des interrogatoires a pour objet de vérifier et de valider les renseignements recueillis lors de l'instruction du dossier. Il commence toujours par le contrôle de l'identité de l'accusée et de sa parentèle, particulièrement celle des ascendants : il se peut que, parmi eux, certains aient déjà été condamnés pour sorcellerie, laquelle est tenue pour une tare héréditaire ; il suffit en conséquence d'établir la filiation pour considérer la transmission diabolique comme évidente et, de ce fait, la preuve de la culpabilité n'est plus à démontrer. Dans le même temps, la prévenue est informée du motif de son interpellation et interrogée à partir des dépositions des témoins et des dénonciations éventuelles d'autres accusés.

Si cela est nécessaire, des confrontations ont lieu. Dans ce face-à-face au cours duquel sont exposés les griefs à l'encontre de l'inculpée, cette dernière est vivement surprise car elle tient les témoins, des hommes et des femmes de son village, pour « gens de bien et d'honneur » ; à cet instant, bien des rancœurs explosent, des secrets de voisinage sont révélés au grand jour. Déçue, amère de l'attitude de ses concitoyens, il arrive que l'accusée contre-attaque : l'un des déposants apprend ainsi qu'il est cocu, un autre qu'il est voleur de blé, une femme se voit traitée de méchante langue, une autre accusée d'être elle-même une *Hexen*, etc. Ces réactions véhémentes n'impressionnent guère les juges ni ne les étonnent: ceux-ci, appartenant à la même communauté que les protagonistes, connaissent les histoires du village.

Les témoins ont encore à ce moment-là la faculté de modifier leurs déclarations. Cette possibilité de revenir sur celles-ci fait partie de ce qui est appelé dans le jargon juridique le récolement (ou récollement). Les questions posées portent essentiellement sur les soupçons de sorcellerie émis par les accusateurs; s'agissant surtout de querelles de voisinage et de commérages, la part de supraréalité est par conséquent peu décisive. Puis l'interrogatoire se poursuit à partir du questionnaire mis à disposition des gens de justice. Jusqu'à cet instant, l'interrogatoire se déroule sous forme d'un entretien plutôt bienveillant, il porte d'ailleurs le nom d'«interrogatoire à l'amiable» (*gütliche Befragung*).

Dans quelques procès, comme à Westhoffen, le pasteur et le maître d'école ne se contentent pas d'assister à l'interrogatoire, mais ils y participent activement. Plus étonnant encore, certains tribunaux locaux n'hésitent pas à faire appel à des diseurs de bonne aventure (*Wahrsager*) pour confondre les incriminés. C'est de cette manière que Jacques Beisser et Barbara die Haussbeckerin sont mis en cause. À ce stade de l'instruction, il est à noter que les faits évoqués se rapportent principalement aux problèmes quotidiens et, plus rarement, au Diable; ce ne sera plus le cas lorsque les gens de justice, curieux d'en savoir plus, useront de méthodes coercitives. Nous verrons alors que les accusations se multiplient sous les relances interrogatives des juges: de motifs personnels, établis lors de l'instruction, notamment ceux qui ont trait aux relations du voisinage, on glisse peu à peu, surtout lorsqu'on aborde les relations avec le Diable, à des motifs moins terre-à-terre.

Si l'inculpée reconnaît les faits qui lui sont reprochés, la sentence de mort est aussitôt prononcée. Cependant, les juges ne se satisfont pas de ces aveux spontanés, ils veulent connaître notamment les relations qu'entretient l'accusée avec le Diable et le nom de ses complices de sabbat; aussi procèdent-ils à un interrogatoire plus poussé en recourant à la torture. Cet interrogatoire se nomme *peinliche Befragung*. Contrairement aux modalités en usage dans les régions voisines, comme en Lorraine où les gens de justice sollicitent l'accord du tribunal du Change* de Nancy, les tribunaux d'Alsace, toujours en raison de leur autonomie, décident seuls de l'application de la torture – encore que cela ne soit pas absolu, puisque nous avons vu que le tribunal de Molsheim se conforme aux décisions de la Régence de Saverne.

COLL. PART.

*La recherche du « signe du Diable » : les juges veulent avoir la preuve irréfutable que la sorcière s'est vouée corps et âme au Prince des ténèbres. Gravure du XIX<sup>e</sup> siècle.*

Avant cette épreuve, l'inculpée, que l'on a fait jeûner afin qu'elle ne vomisse pas, est soumise à deux opérations concernant la présence du Diable, par lesquelles les juges cherchent à prouver le lien de servitude qui existe entre lui et son complice humain. La première consiste à la dénuder, et à raser toutes les parties velues du corps car, selon Nicolas Remy, « où il y a poil, il n'est pas rare que le Démon se tienne caché dans les endroits obscènes et permette de rester silencieux sous la torture et qu'il fait disparaître la sensation au plus fort des supplices ». Cette résistance à la douleur est connue des démonologues sous le nom de « charme de la taciturnité ». Quelquefois, pour aller plus vite, et sans doute aussi pour donner un avant-goût des tourments à venir, on brûle les toisons avec une chandelle. Le déshabillage a aussi l'avantage d'ôter toute amulette ou talisman pouvant contrarier l'action des juges. Un prêtre est parfois requis pour exorciser la future suppliciée car, en

*Scène « d'exploration sensitive » : le barbier-chirurgien vérifie à l'aide d'aiguilles que chaque partie du corps de l'accusé réagit à la douleur. Une zone insensible révèlerait l'emprise satanique. En arrière plan, on observe une femme se faisant raser le crâne et le corps : le Grand Bouc a coutume de se loger « intra pilos et capillos » pour prêter main-forte à la sorcière lors des interrogatoires.*

expulsant le Diable, on supprime sa protection durant l'épreuve de la question. Catherine Klein, jugée à Molsheim en 1630, a droit à cette opération de désensorcelage.

La seconde opération consiste à vérifier si, à l'image de l'esclave tatoué au fer rouge, la sectatrice n'a pas la marque de son maître ; celle-ci, rappelons-le, est la signature indélébile du pacte par lequel Satan prend possession de ses sujets. Cet estampillage a la propriété de rendre insensibles les parties du corps ainsi vouées au maître des enfers. Aussi les juges s'appliquent-ils à trouver ces stigmates pour prouver la possession satanique. Au temps de la Renaissance des arts et des sciences, les pontifes de la médecine officielle ignorent que les extatiques, les cataleptiques, les épileptiques et autres hystériques sont sujets à des phénomènes d'analgésie. Pour bon nombre de démonologues et de magistrats, ces *stigma diaboli* constituent à eux seuls une preuve du crime de sorcellerie, preuve d'autant plus évidente s'ils correspondent à d'autres indices trouvés chez des suppliciés déjà exécutés pour ce crime.

Lors de cette exploration sensitive, le chirurgien, qui peut être aussi barbier, enfonce une grosse épingle dans les différentes parties du corps, particulièrement lorsqu'il découvre des grains de beauté, cicatrices, kystes, verrues ou toute autre anomalie cutanée. En fait, tout point du corps, dès lors qu'il est insensible, révèle l'emprise satanique. Salomé Fix a un gros bouton à l'épaule gauche, Margaretha Wagner une cicatrice au bas du ventre ; présumées sorcières avant l'examen corporel, elles vont le devenir après un fourgonnement assez laborieux des supposées empreintes de Satan : aucune n'ayant ressenti la moindre douleur, elles sont déclarées sorcières séance tenante, et brûlées dans la foulée. L'absence de saignement des parties sondées est également une preuve irréfutable de la possession démoniaque. Valentin Mœnch a une marque au bras gauche : là, ne perle aucune goutte de sang ; le défaut d'épanchement sanguin trahit également Maria-Gabriel Freyburger. Bien singulier est le cas du jeune Johann Fehsmann ; celui-ci est fouetté sans relâche, au désespoir du bourreau : aucune trace de sang n'apparaît. Les juges en déduisent que le Diable a vidé le corps de l'enfant de tout son sang ! Pudeur ou simple négligence, les greffiers alsaciens sont peu loquaces sur cet examen sensitif qu'ils ne décrivent guère, à l'inverse de leurs confrères lorrains ; l'un d'eux, par exemple, nous apprend que chez Jeannon la Belle, brûlée à Vadoncourt dans la Meuse en 1602, la marque se situe au sommet de la tête ; le chirurgien n'hésite pas à lui trouer le crâne, ce qui fait hurler de douleur la pauvre femme mais, pour ses juges, ces cris si horribles ne peuvent être que ceux du Malin !

Ces formalités étant accomplies, la patiente est prête à subir la question, qui consiste à arracher les aveux par la torture, celle-ci faisant partie, pour le monde occidental d'alors, de l'arsenal légal, procédant notamment de la *Carolina*. La question, en Alsace, correspond donc à l'interrogatoire dit *peinliche Befragung*. La différence entre question «ordinaire» et «extraordinaire» n'a pas grand sens,

contrairement aux juridictions d'essence romane ; cependant, quel que soit le cas, la torture est graduée dans son intensité. Le premier effet qu'on en attend est d'effrayer la suppliciée : pour cela, on commence par la présentation des instruments, puis par leur manipulation à vide, les grincements des poulies troublant alors le silence de mort qui précède toute séance de torture. Cette mise en condition s'appelle en alsacien le *Spiegel*.

Quant aux instruments et aux moyens de torture, l'intelligence humaine ne manque pas d'imagination. Sur la trentaine d'appareils recensés, les bourreaux alsaciens utilisent particulièrement l'estrapade et la botte espagnole (*spaniche Stiefel*) ou les grésillons (*Beinschrauben*) ; les plus coriaces des suppliciés sont soumis à la chaise d'insomnie.

L'estrapade, comme le montre l'illustration ci-contre, consiste à hisser le supplicié jusqu'au plafond, puis à le suspendre ou le laisser retomber avec ou plus moins de retenue. Toujours dans un souci de gradation, les premiers essais se font à vide, sans lest supplémentaire ; ensuite, on accroche aux pieds du malheureux suspendu des pierres de plus en plus lourdes : Dorothée Pfister a ainsi droit à cinquante-six livres de pierres. Maria die Treubelwirthin est étirée le temps de réciter huit *Pater* et huit *Ave*. Cette torture a pour finalité de disloquer les membres ; ailleurs, comme en Lorraine, on disloque moins brutalement en utilisant l'échelle, laquelle comporte un tourniquet que l'on actionne cran par cran pour étirer plus ou moins fortement les membres ; cet appareil d'élongation n'est pas ignoré des bourreaux alsaciens, en particulier celui de Saverne qui en 1629 étire de cette manière le tailleur Jean Blindt ainsi que son concitoyen le serrurier Lorentz Weiss. L'estrapade est généralement la première torture à laquelle sont soumises nos *Hexen* alors qu'elle constitue le quatrième et dernier degré pour les genoches lorraines.

Avec la botte espagnole, on serre les jambes entre des planches dans lesquelles on enfonce des coins à coups de masse ; on obtient ainsi l'écrasement, parfois l'éclatement des chairs et des os. Les grésillons, nous l'avons vu, ont pour fonction d'écraser les pieds et les mains.

COLL. PART.

*L'estrapade constitue, en Alsace où la cruauté est plus accentuée qu'ailleurs, le premier degré de torture à laquelle sont soumises les supposées sorcières. En Lorraine, elle n'est « que » le quatrième et dernier degré !*

Mais, de tous les supplices, celui de la chaise d'insomnie est le plus redouté, et le plus efficace aussi. La malheureuse patiente est assise sur une chaise, son cou étant enserré dans un collier garni de longues pointes ; à la moindre somnolence, les crocs de fer acérés se plantent dans le cou. Élisabeth Stoll meurt sur la chaise ; Anna Lœffler, tout comme Anne Herlein, y reste deux jours et deux nuits, délai au-delà duquel le *tormentum insomniae* est atroce, insupportable. La mort ne l'ayant pas délivrée de ces souffrances, Anna préfère, à l'exemple de beaucoup d'autres qui ont connu semblable supplice, faire cesser son calvaire d'ici-bas en livrant les réponses qu'attendent les juges ; ces derniers, loin d'apprécier sa résistance, mais au contraire courroucés qu'elle les ait fait attendre, la condamnent, outre la peine capitale, à être tenaillée au fer rouge par trois fois sur le chemin du bûcher. En Allemagne, des tribunaux font usage d'une autre chaise : la « chaise de sorcière », un siège en fer rougi au feu...

Les instruments que nous venons de décrire sommairement figurent parmi les plus employés en Alsace, mais rien n'interdit d'être créatif en la matière, aussi chaque chambre de torture possède-t-elle sa propre panoplie d'ustensiles et d'appareils à tourmenter, chaque tortionnaire se plaisant à raffiner ses méthodes ou à en expérimenter d'autres.

À présent, disons quelques mots sur la pratique de la torture. Contre les enfants, pour les faire parler, le fouet seul est en principe admis. Néanmoins, s'ils sont impliqués dans des affaires de sorcellerie, les adolescents âgés d'au moins quatorze ans sont soumis aux mêmes tortures que les adultes, le fouet en plus. Bartholomaeus Pfeiffer, un adolescent de seize ans de Molsheim, a le tort de s'être rétracté après ses aveux : le bourreau commence par lui cingler le dos à coups de verge jusqu'au sang, puis lui écrase les mollets au moyen de la botte espagnole ; insensible à la douleur comme s'il était anesthésié, le jeune ne pipe mot ; son tortionnaire, vivement agacé par ce mutisme, n'hésite pas à le suspendre à l'estrapade, puis à le placer sur la chaise d'insomnie. Au mépris de toutes ces tortures, l'enfant s'obstine à nier les crimes dont on l'accuse. En l'absence d'aveux, la peine capitale ne peut être requise ; il est donc condamné à demeurer enchaîné au domicile de ses parents ; au bout de quelques semaines, le père supplie le tribunal qu'on le débarrasse de son fils, celui-ci représentant une charge trop lourde pour la famille ; finalement, Bartholomaeus est banni de Molsheim. Une même séance ne doit pas comporter plus de trois estrapades ; Catharina Hornung en subit quatre le même jour et deux autres par la suite: étirée jusqu'à l'extrême limite, elle finit par avouer le meurtre de quatre enfants. Anna Schroeder est suspendue cinq fois avec des pierres de plus en plus grosses; au cinquième lâcher, elle s'écrase si lourdement que le plancher se brise; après l'avoir relevée, on s'empresse de lui faire sentir les coins de la botte espagnole. De même, toute suppliciée ne doit pas supporter plus de trois séances de torture, lesquelles doivent être espacées entre elles d'au moins une journée; mais Anna Volker résiste à six reprises aux tourments de la torture. Au panthéon des suppliciés devrait être exposé au premier rang le mausolée d'une sorcière allemande nommée Holf, qui est torturée cinquante-six fois d'affilée! Les nobles, les officiers et les docteurs sont exemptés de torture. Le *Malefizprotokol* préconise la libération de la prévenue si aucun aveu n'a pu lui être arraché à l'issue de trois séances de torture; mais elle n'est pas libre pour autant, car les juges sont convaincus que la résistance à la douleur est le fait du Diable, aussi est-elle relâchée sous conditions.

Saluons ici le courage des femmes suppliciées: elles ont été soumises aux mêmes tortures que les hommes et les ont endurées aussi vaillamment, sinon davantage. Leurs noms figurent en bonne place dans le *Mémorial* qui accompagne cet ouvrage. La torture, déjà traumatisante sur le moment, est encore plus abominable par les séquelles qu'elle occasionne: Magdalena Zimmer, libérée sous serment, n'est plus en mesure de manger, ni de s'habiller; Ursula Muntzer demeure infirme toute sa vie, et sans le droit de se plaindre, condition qu'elle s'engage à respecter pour bénéficier d'un bannissement en lieu et place de la peine de mort; d'autres, comme Rodolphe Baur, ou la Kastellerin, meurent dans les jours qui suivent leur libération. N'oublions pas l'ignoble torture qu'a subie Ammon Man.

Si les aveux concédés lors de l'entretien amiable concernent quasiment tous des situations intrafamiliales ou de voisinage, ceux qui sont arrachés sous la torture résultent de l'acharnement des juges à se faire décrire jusqu'au détail le plus scabreux les relations de la sorcière avec le Diable. Dans l'ordre, les réponses se rapportent aux éléments suivants: circonstances de la première rencontre, nom du diable ou du *Buhl*, reniement de la religion, argent remis par le séducteur, relations sexuelles, festivités des noces et du sabbat, hommage satanique, remise de poudres ou d'onguents, maléfices commis et, pour finir, nom des complices. Sur ce dernier point, il est à noter que les suppliciés énumèrent dans l'ordre le nom de ceux qui ont été déjà exécutés ou sont morts autrement – de peste ou d'accident, notamment –, puis le nom de leurs accusateurs et, en dernier, celui des femmes de notables, et particulièrement, les femmes des membres du *Malefizgericht*. Anna Röszer accuse les épouses des bourgmestres, mais le tribunal se garde d'en faire état ; Georgette la Neubourgeoise ne dénonce que des morts.

Par ailleurs, il est incontestable que la torture, en multipliant les dénonciations, déclenche une réaction en chaîne qu'il est difficile ensuite de contenir ; dans certains cas, l'ampleur du phénomène est telle qu'elle suscite la terreur dans l'ensemble de la communauté, au point que les notables font pression auprès des gens de justice pour tenter de rompre la spirale infernale. Sous la torture, Marie Ziegler dénonce trente-quatre complices, Marie Schimperlin cinquante-huit, la palme revenant à Anne Blass qui en avoue soixante et un. On est loin néanmoins de l'inflation d'outre-Rhin : dans le bailliage de Saint-Maximin, Claudius Musiel, échevin de la haute justice tréviroise, consigne minutieusement dans un registre, non seulement le nom des personnes exécutées pour crimes de sorcellerie durant la fin du XVIe siècle, mais encore celui de six mille trois cents complices dénoncés par trois cent six sorciers et sorcières brûlés, soit en moyenne vingt complices par personne ! Ce phénomène à caractère exponentiel – le procès provoque des dénonciations, entraînant elles-mêmes d'autres procès, et ainsi de suite – donne l'apparence d'une épidémie dont, au départ, de simples on-dit sont les ferments de l'incubation satanique.

Manifestement, la part de supraréalité suscitée par la torture est importante ; grâce à cet apport, l'appartenance à Satan est « véritablement » prouvée et la sentence de mort inéluctable. Il ne fait aucun doute que, sans la torture, le crime mixte de sorcellerie n'aurait pu être établi aussi formellement : la chasse aux sorcières se serait limitée à quelques centaines de cas, la plupart des crimes supposés de sorcellerie étant jugés dans le contexte du droit commun.

Pour en finir avec la torture, mentionnons les inconvénients qui peuvent découler de la situation de certains lieux où la question est appliquée. À Saverne, la chambre de torture se trouve dans une tour qui fait partie du presbytère, au centre du bourg. Les séances de *peinliche Befragung* commencent tôt le matin, à quatre heures, parfois même à deux heures. Malgré l'énorme épaisseur des murs ou, plus vraisemblablement, à cause de la présence de meurtrières plus ou moins bien isolées, les cris et les plaintes des malheureuses ainsi que les bruits de l'attirail à tourmenter s'entendent jusque dans les rues adjacentes. Excédés par ces hurlements qui rappellent ceux du cochon que le boucher égorge et qui troublent leur sommeil, les voisins pétitionnent auprès de l'*Oberschultheiss*, à la suite de quoi la chambre de torture est transférée dans une autre tour, à l'extérieur de la ville.

À la lecture des procès-verbaux des interrogatoires, particulièrement ceux effectués sous la torture, le style de la transcription apparaît si administratif, si peu spontané qu'on a le sentiment qu'il s'agit plutôt d'une mise au net à partir de notes que le greffier a griffonnées au fur et à mesure des réponses de la prévenue ; les questions, lesquelles émanent directement du questionnaire officiel, ne sont pas toujours clairement énoncées dans le procès-verbal. De même, il est fort probable que, dans un souci de cohérence, le greffier reformule après coup le compte-rendu de l'interrogatoire ; dans certains cas, en employé zélé, n'est-il pas tenté d'abonder dans le sens des juges, voire d'aller un peu plus loin ?

## *La confirmation des aveux*

Le lendemain ou dans les jours qui suivent l'obtention des aveux, l'accusée est présentée devant les membres du *Siebenergericht* afin qu'elle renouvelle ses aveux. Dans la pratique, un des *Siebener* lit les accusations enregistrées par le greffier au cours des séances précédentes ; la lecture finie, l'accusée est invitée à les confirmer. Cette dernière n'ignore pas que les juges ne souffrent point qu'on revienne sur les aveux ; si cela advient, la malheureuse doit s'attendre à ce que, sous la colère des justiciers, le bourreau lui fasse endurer la question la plus extraordinaire possible. Ces aveux *post tormenta* doivent être faits sans contrainte et en dehors de la salle de torture. Ils offrent, de cette manière, une valeur juridique supérieure par rapport à ceux qui ont été extorqués sous la torture, tranquillisant de ce fait la conscience des juges. Le *Siebenergericht* se portant garant de la validité de cette opération, le Malefizgericht peut alors se réunir et juger, c'est-à-dire, au vu des accusations certifiées, rédiger les attendus, prononcer la sentence et ordonner son exécution.

## *La condamnation*

Outre les membres du *Malefizgericht* – présidé, nous l'avons dit, par le prévôt (*Schultheiss*) ou le bourgmestre (*Stettmeister*) –, sont présents le mandataire du seigneur, bien souvent le bailli, et l'accusée ; l'un et l'autre ont le droit d'avoir un porte-parole : celui du bailli tient le rôle du procureur (*Vorsprecher*) et celui de l'accusée est l'avocat de cette dernière (*Fürsprecher*), encore que cette assistance ne soit pas toujours effective. Bien entendu, un greffier, qui est en général le scribe de la commune, assure le secrétariat du tribunal.

La séance commence par le réquisitoire : le procureur reprend les accusations et justifie les raisons pour lesquelles la mort par le feu est le seul et juste châtiment que mérite l'accusée ; l'avocat de celle-ci prend alors la parole en rappelant que la malheureuse a déjà enduré bien des souffrances et, sachant que pour ce genre de crime la mort est inéluctable, demande au tribunal qu'elle ressente le moins possible les flammes ; parfois, il ose réclamer que la lecture de la sentence ne soit pas faite publiquement, afin de ne pas accabler davantage la famille d'opprobre. Bien souvent, l'accusée complète cette quête d'indulgence en implorant grâce et pardon. Les deux parties s'étant exprimées, le président, qui porte le titre de *Stabhalter*, s'empresse de mettre en avant la validité des aveux, point fondamental de la procédure car de ceux-ci résultent les attendus, et, par suite, la sentence. Comme on le remarque, les interventions des *Vorsprecher* et *Fürsprecher* importent peu dans le processus du jugement, elles procèdent davantage de la forme que du fond.

La formule des sentences étant quasiment identique quel que soit le *Malefizgericht*, il est plus simple de reproduire textuellement le jugement qu'Edmond Pabst a repris dans son ouvrage *Les Sorcières de Bergheim* ; ce jugement, daté du 8 mai 1618, concerne deux coaccusées, Catherine, femme de Jacques Volmar, et Anna, femme de Hans Lang :

> Sur l'accusation en maléfice introduite par le noble et très haut Hans Jacques d'Offenbourg bailli ici à Bergheim-le-Haut de Son Altesse princière l'archiduc Maximilien d'Autriche notre très gracieux prince et seigneur, envers et contre Catherine femme de Jacques Volmar et Anna femme de Hans Lang de Roderen, en raison de leur commerce hors nature, de leur renîment de Dieu, de l'exercice de la sorcellerie, et autres méfaits, ont les 24 juges en maléfices siégeant ici et leur président n'ayant

> devant les yeux que Dieu seul et sa justice, et ayant considéré les accusation et réponse portées devant eux, comme aussi les aveux présentés et lus publiquement et certifiés exacts par les accusées elles-mêmes, déclaré de par la justice et d'un jugement unanime, comme ils le déclarent ici au nom de Dieu, que les femmes accusées Catherine et Anne, de qui pourtant ils veulent recommander les âmes au Dieu tout-puissant, ont commis par les méfaits relatés un forfait, qu'elles, lesdites femmes ici présentes devant la Cour des maléfices, doivent expier de leur corps et de leur vie : qu'en conséquence, pour être en exemple et avertissement à d'autres, elles soient incontinent remises aux mains du bourreau, conduites par lui au lieu des exécutions et à cause de leurs méfaits susrelatés mises de vie à trépas par le feu et réduites en poussière et cendres. En ce qui concerne leurs biens et avoirs, ils doivent échoir à l'autorité supérieure et, selon l'antique usage, être confisqués[6].

La lecture de cette sentence montre clairement que la justice est rendue au nom de Dieu et que l'expiation des condamnés doit être un exemple et un avertissement aux autres, d'où un rituel de l'exécution intensément démonstratif. Nous remarquons également le défaut d'appel, la sentence étant exécutable sur-le-champ. La législation générale prévoit bien, sur l'ensemble des territoires du Saint-Empire, une procédure d'appel ; depuis 1530, la Chambre impériale est installée à Spire. Cela n'empêche pas certains États d'Alsace de se doter également d'une chambre d'appel, à l'instar du grand chapitre de la cathédrale de Strasbourg avec un conseil de la chancellerie épiscopale, alors que la république de la même ville remplace la Chambre impériale de Spire par son conseil des Treize ; dans les terres sous gouvernance autrichienne, il est possible d'en référer aux Régences d'Ensisheim et d'Innsbruck.

Ainsi que nous l'avons déjà indiqué à plusieurs reprises, tout accusé, convaincu du crime de sorcellerie, est condamné systématiquement à la peine capitale par le feu. Toutefois, les modalités de cette exécution évoluent dans le temps et même se différencient selon la gravité du crime. Jusqu'au XVIe siècle, tout sorcier condamné à mort est brûlé vif. Au-delà, seuls les obstinés, qui ne manifestent aucun repentir ou qui ne cessent de proclamer leur attachement au Diable, ne bénéficient d'aucune circonstance atténuante ; ces suppliciés doivent sentir l'ardeur des flammes ; les autres condamnés à mort sont certes brûlés, mais après avoir été étranglés ou décapités si leur crime est jugé moins « horrible ». En Alsace, la crémation à vif se poursuit jusqu'au premier tiers du XVIIe siècle. Sur les quarante-deux victimes brûlées vives de la liste que nous avons établie, vingt-sept, dont un seul homme, Georges Traeger, le sont au XVIIe siècle ; Jeannon Barlier, le 12 décembre 1631 dans le Haut-Rhin, à Fréland, est la dernière à subir ce flambement à vif, le gros de la fournée se situant en 1621 dans le Bas-Rhin, à Molsheim.

On peut se demander pour quelle raison l'Alsace a conservé aussi longtemps un tel châtiment : l'autonomie des justices locales explique sans aucun doute cette extrême sévérité ; de plus, en offrant au public un spectacle plus « vivant » pour l'impressionner davantage, les gens de justice renforcent le caractère exemplaire de l'exécution. Certains condamnés, dont les crimes avoués sont jugés abominables, sont tenaillés au fer rouge sur le chemin du gibet : Rosine Bilex l'est à deux reprises, Christina Wettermann trois fois. Les crimes touchant à la religion, tels que la profanation du Saint-Sacrement, relèvent des actes odieux pour lesquels le tenaillement est de rigueur ; lorsque l'auteur d'un tel crime est une femme, ce sont d'abord ses tétons qui sont pincés au fer rouge. D'autres, au contraire, ont droit à quelques égards : Anna Desloch est étranglée dans son cachot plutôt qu'au bûcher ; il est vrai qu'elle est l'épouse du bailli du comté de Leiningen-Dagsburg et la belle-mère du chancelier épiscopal Joseph Bilonius. Les enfants ne sont pas brûlés vifs mais, en principe, exécutés de bon matin à la hache dans leur cachot ; rappelons que les jésuites du collège de Molsheim, qui ont la charge de préparer leurs écoliers à la mort, interviennent auprès des juges pour qu'ils aient le cou tranché au lieu d'être étranglés, ce qui n'empêche pas qu'ils aient été auparavant fouettés avec force pour les faire parler. Toutes les sorcières condamnées à mort ne sont pas exécutées par les flammes du bûcher ; quelques-unes expient d'une autre manière : Aennel Strub, jugée à Obernai en 1542, est condamnée à être enfermée vivante dans un tonneau jeté à l'eau que l'on canarde à l'envi ; une manière d'abréger le martyre de l'« entonnée » tout en s'exerçant à tirer au mousquet ou à l'arquebuse à mèche. Ursula Semeler, condamnée à être brûlée vive, est en fin de compte pendue sur arrêt du Conseil d'Alsace, après appel ; cette décision est prise en 1683, au moment où l'Alsace est sous administration française ; cette commutation – parlons plutôt de substitution – de peine est une façon pour les nouvelles instances judiciaires de montrer que les faits de sorcellerie doivent désormais s'inscrire dans le cadre de l'édit royal de 1682, lequel oblige à les instruire selon le code qui régit les crimes et délits de droit commun.

En outre, la condamnation à mort entraîne la confiscation des biens, dont le produit de la vente contribue à couvrir les frais du procès – tout est décompté, depuis les vacations des juges jusqu'au brandon qui enflammera le bûcher, sans oublier bien entendu les honoraires du bourreau –, le reliquat étant versé au profit du seigneur. Bien souvent, la confiscation est totale, effaçant de cette façon toute trace de la maudite sorcière : aussi les ayants droit se démènent-ils diablement pour obtenir l'atténuation de la peine capitale afin de ne pas être privés d'hoirie*. Sous l'Ancien Régime, le droit de justice est un accessoire du droit de propriété ; aussi n'est-il pas anormal que son exercice constitue également une source de revenus, d'où la multiplication des amendes et, en dernier ressort, la confiscation des biens. La confiscation est un attribut de la haute justice, seule autorité habilitée à prononcer la condamnation capitale ; c'est l'application pure et simple de la coutume qu'on résume sous cette forme lapidaire : «Qui confisque le corps, confisque les biens.» Dans son étude sur la sorcellerie à Toul, Albert Denis s'insurge contre ce droit qu'il juge attentatoire à la justice :

> La confiscation des biens est, après la mort, la peine la plus inique puisqu'elle ne pouvait plus atteindre le supplicié, mais frappait, par surcroît de cruauté, une femme, des enfants innocents.

Des pères, des mères, des orphelins sont ainsi condamnés sans jugement à une plus grande misère.

Il n'est pas douteux que les procès soient pour maints seigneurs – laïcs ou ecclésiastiques – une aubaine ; théologien hollandais du XVI^e^ siècle, Loos Cornelius n'hésite pas à dénoncer le fait qu'avec les procès de sorcellerie «le sang d'innocents avait coulé sur le chevalet et une nouvelle alchimie avait transmuté le sang humain en or et en argent». Dans son étude fort bien documentée sur la sorcellerie de Molsheim, Louis Schlaefli a relevé que les biens des enfants brûlés peuvent être confisqués et cite le cas de Johann Joessel, un gamin de neuf ans dont la mère, tout en faisant savoir qu'elle était prête à payer les frais du procès, implore le Conseil de la Régence de Saverne de lui laisser le reste de la succession. La famille du confisqué a la possibilité de récupérer les biens en négociant leur rachat ; cette sorte

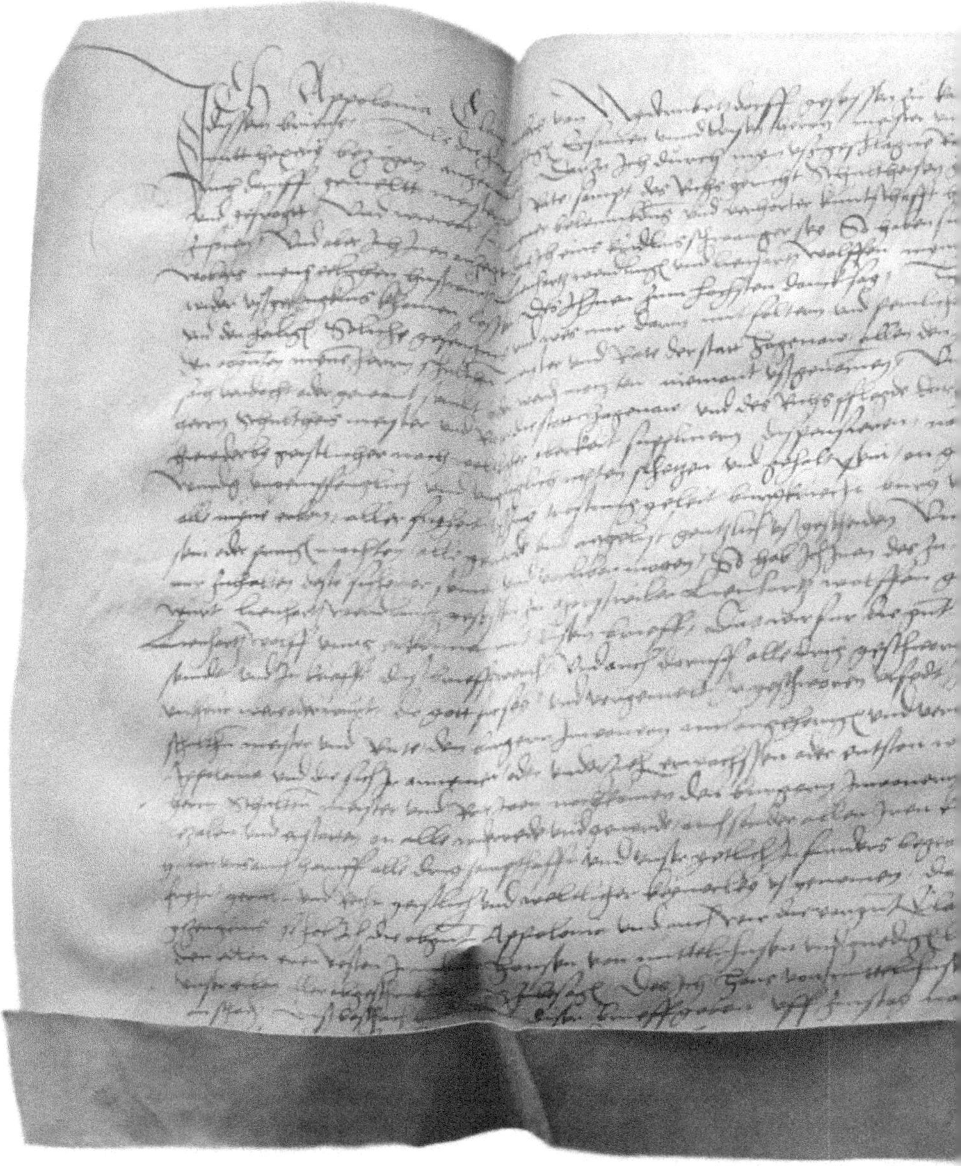

*Acte datant de 1531 par lequel la sorcière Appoline Claus promet au magistrat de Haguenau sous la foi du serment de se soumettre au bannissement perpétuel prononcé contre elle pour médisance et sorcellerie.*

de préemption est principalement exercée par les familles aisées. Le produit de la confiscation des biens est utilisé parfois pour régler des dépenses bien éloignées de celles afférentes au procès : une lettre du bailli Jean-Daniel Cromer datée du 20 janvier 1637 propose ainsi d'utiliser les biens de quelques sorcières pour payer la solde fort arriérée du caporal Philippe Kauss, commandant le château d'Andlau.

Quant aux accusés qui ont résisté à la torture dans les conditions évoquées plus haut, ils échappent en principe à la mort et sont libérés, mais non acquittés. Selon que les juges estiment leur présence dans la communauté plus ou moins indésirable, les « réchappés » sont soit bannis à perpétuité ou pour un temps donné, soit autorisés à revenir chez eux, mais à certaines conditions. Les bannis sont expulsés, non seulement de leur lieu domiciliaire, mais plus largement du ban ou du bailliage, donc chassés en terre inconnue, en dehors de leur environnement communal, emmenant malgré eux leur réputation de sorciers : ils sont encore vivants physiquement, mais civilement morts. Le bannissement à perpétuité est, par définition, subordonné à la défense de reparaître, le non-respect de cette condition entraînant la mort, par pendaison (la *hart*) dans bien des cas. L'exil des femmes peut être commué en assignation à résidence ; à Sélestat, seules sont bannies celles qui sont insolvables ; combien de veuves ainsi chassées furent condamnées à mendier pour survivre ? Quant à ceux qui ont une famille, c'est finalement toute la famille qui est bannie. Qui pis est, leur exil est assorti d'un *Urphed*. Le 17 octobre 1607, Margreth Näher est expulsée ; les juges d'Haguenau, prenant conscience de la situation dans laquelle le ménage va se trouver, décident d'expulser dans le même temps son conjoint. En agissant de la sorte, les juges estiment avoir bien œuvré puisqu'ils ont facilité l'application du précepte nuptial qui oblige tout mari à assurer protection et abri à son épouse.

De surcroît, les frais d'emprisonnement et de procès sont à la charge des bannis ou des libérés sous condition ; Claus Metzen n'ayant pu régler ces frais au moment de sa libération sous serment, son emprisonnement se prolonge jusqu'au règlement de cette « dette ». La promesse de ne pas se venger est également exigée de ceux qui sont renvoyés chez eux. En Alsace, il n'existe pas d'expression particulière pour désigner cette remise en liberté ; il y a bien le terme *freigelassen* (« remis en liberté »), mais il n'a pas la même force évocatrice que « renvoyé jusqu'à rappel », sentence que l'on retrouve partout ailleurs et qui signifie que le condamné libéré peut à tout moment, à la moindre incartade ou dénonciation, être de nouveau appréhendé. C'est donc une épée de Damoclès suspendue en permanence au-dessus de la tête des sursitaires. Les gens de justice, ne pouvant imaginer qu'il soit possible d'endurer la question sans l'aide du Diable, ne se résignent pas à croire à l'innocence de ceux qui leur ont tenu tête. Les renvoyés, nous l'avons déjà vu, peuvent être assignés à résidence pour un temps ou à vie. Par exemple, la Sestermacherin, pour s'absenter de son domicile, doit solliciter une autorisation; d'autres y demeurent enchaînés avec quelques mètres de liberté de mouvement; Frawel, la bouchère de Saverne, reste rivée chez elle sa vie durant avec une chaîne de trois toises* fixée au pied; la veuve de Hans Schendt est placée en résidence forcée chez son beau-frère Bartlein Beckh avec obligation pour ce dernier de la nourrir. En dehors de ces cas, quelques prévenues sont réellement relâchées, faute de charges suffisantes, notamment lorsque les indices de sorcellerie ne sont pas probants, comme dans le cas d'une fausse accusation clairement établie.

En résumé, compte tenu de l'échelle des charges, trois types de sentence sont rendus: la relaxe en l'absence de toute charge, la mort par le feu dans le cas inverse; entre ces deux prononcés antithétiques, notamment lorsque les charges ne suffisent pas à requérir la peine capitale, la société cherche à se protéger du réprouvé, soit en s'en débarrassant par l'expulsion ou le bannissement, soit en le neutralisant par une mise en garde permanente ou une assignation à résidence.

À l'endroit de celui qui choisit de fuir avant d'être jugé, une procédure particulière prévoit la tenue de trois séances du *Malefizgericht* au cours desquelles l'accusé est sommé de comparaître; à l'issue de la troisième séance, s'il ne s'est pas présenté, le tribunal procède solennellement à sa mise au ban en le déclarant hors-la-loi et à la merci de quiconque.

Mourir, par suicide ou autrement, avant l'exécution de la peine capitale n'entrave en aucune manière le cérémonial de l'expiation par le feu. Quand bien même le prévenu se tuerait avant le prononcé de la sentence, son cadavre serait néanmoins brûlé, cette dérobade constituant pour les juges un indubitable aveu de culpabilité sorcellique. En ce temps, le suicide est considéré comme un attentat contre la Providence, crime gravissime excluant d'office la possibilité pour l'«automeurtrier» de reposer dans une sépulture chrétienne: aux yeux de l'Église, la dépouille ensevelie dans l'enclos du cimetière constituerait une souillure, une profanation.

Qui plus est, celle d'une sorcière ! Ève de Still, qui se donne la mort en nouant sa jupe autour du cou, est attachée debout à un poteau et brûlée à Oberhaslach en même temps que Pétronille, sa compagne. D'ordinaire, le cadavre des sorcières suicidées est inciné au pied du gibet. Maître Pankras, bourreau de Colmar, n'est pas très enthousiaste de se déplacer à Riquewihr pour aller brûler Anna Fiderlin, ou plus exactement son cadavre, car, selon le barème en vigueur, il n'encaissera pour ce faire que deux guldens au lieu des dix prévus pour brûler celles qu'on lui livre vivantes ; en fin de compte, on lui accorde le prix fort. Le corps de Jacques Helgenstein est attaché par le cou à une corde reliée à la queue d'un cheval, traîné ainsi dans les rues de Sélestat jusqu'au gibet où son corps en charpie, ensanglanté, est jeté dans les flammes ; dans le cas présent, c'est une espèce de loi du talion qu'on applique : puisqu'il s'est pendu dans son cachot, pendu il sera jusqu'au lieu de justice. Marguerite Weinburnin connaît un sort différent ; dans sa prison, il semble qu'elle se soit décapitée ; sa dépouille est placée dans un tonneau qu'on jette dans le Rhin ; il est vrai qu'on est alors en 1499, un temps où l'on recourt encore à des méthodes assez expéditives. Encore que... Une décennie plus tard, en 1512 plus exactement, Madeleine Fridin, trouvée morte dans son cachot après avoir été torturée, est également placée dans un tonneau et précipitée dans le même fleuve ; bien qu'âgée de quatre-vingts ans et infirme, elle a auparavant été soumise aux tourments de la question plusieurs jours d'affilée.

Considéré comme *crimen exceptum*, le crime de sorcellerie est imprescriptible. Rien, pas même la mort, ne peut suspendre la poursuite d'un tel forfait. La procédure est enclenchée quand bien même la dénonciation d'un prétendu sorcier survient après son décès ; et si le procès *post mortem* conclut à la peine capitale, le cadavre est déterré, traîné par les rues et détruit par le feu publiquement, comme n'importe quelle autre *Hexen*.

## *L'exécution de la sentence*

Toute exécution pour crime de sorcellerie doit répondre au moins à trois objectifs : il faut qu'elle soit spectaculaire, terrifiante et purificatrice. Elle doit, en premier lieu, saisir l'imagination pour servir d'exemple. Aussi s'accompagne-t-elle d'une pompe lugubre avec l'annonce de l'*Armensünderglöcklein* (cloche des suppliciés) et ses volées de trois coups, la procession depuis l'*Hexenturm* (tour des sorcières) jusqu'au bûcher, avec arrêt à l'hôtel de ville où lecture de la sentence est faite, puis sur le parvis de l'église où la réprouvée fait amende honorable, une torche à la main. En tête du cortège, conduite par le bourreau et ses aides, avance avec peine la malheureuse condamnée, deux prêtres à ses côtés – si elle n'est pas en état de marcher, on la charge sur la charrette d'infamie (*Schandkarren*) –, suivis du bailli à cheval, puis, à pied, du prévôt, des juges, procureurs et témoins ; des sergents de ville escortent cette funèbre procession. Toute la population du ban est instamment invitée à y assister et, pour rassembler le plus de monde possible, l'exécution a lieu bien souvent le jour du marché. Pour que l'exécution soit le plus terrifiante possible, les flammes du bûcher doivent rappeler l'enfer tout en symbolisant le flamboiement divin qui triomphe des ardeurs lucifériennes. Enfin, elle doit purifier ici-bas la maudite pour lui donner une chance d'être sauvée dans l'au-delà, salut qui n'est pas accordé si l'Église refuse d'administrer l'extrême-onction, auquel cas le feu, en calcinant les os, interdit toute résurrection du corps. Sur ce dernier point, Stéphanie Doré suggère une autre explication, dans son mémoire universitaire consacré aux *Superstitions dans la société paysanne en Alsace aux XVI^e^ et XVII^e^ siècles* :

> L'incinération revêtait une forme de châtiment dont le but n'était pas de libérer l'âme de sa prison charnelle ou encore de lui faciliter le chemin dans l'au-delà, mais bien de rendre le corps, auparavant dangereux, inoffensif ainsi que de l'empêcher de revenir sur les lieux des méfaits commis.

De surcroît, privant les partisans des sorcières de reliques, l'extermination par le feu empêche toute contamination satanique. Et puis, c'est la meilleure façon d'effacer toute trace ! Parfois, on brûle aussi toutes les pièces du procès afin « qu'il ne restât pas de traces des abominations y contenues ». Cette volonté d'anéantissement vise particulièrement les crimes de bestialité. Enfin, autre vertu attendue de l'impact des bûchers : étouffer toute velléité d'émancipation populaire ; du moins, seigneurs et gouvernants l'espèrent-ils en secret.

Il est à remarquer que les exécutions par le feu se font *extra muros*, sans doute par crainte d'un possible incendie par les flammèches du bûcher ; de même, les gibets et leurs fourches patibulaires où l'on pend les criminels avant de les laisser pourrir et se faire becqueter par les corbeaux sont également érigés loin des habitations, pour des raisons de salubrité et de confort olfactif. De plus, ces lieux de supplice se situent pour la plupart d'entre eux sur un mont ou un tertre, comme le prouve la fréquence du toponyme Galgenberg qui localise encore ces lieux ; il est vraisemblable que l'une des motivations de ce choix est de rechercher la meilleure exposition ; mais, inconsciemment, n'a-t-on pas symboliquement reproduit, avec cette montée vers le lieu d'expiation, le calvaire du Christ au Golgotha ?

Au pied du bûcher, la sentence est lue de nouveau. La suppliciée est ensuite ligotée au poteau, à travers une ouverture faite dans les fagots ; ainsi encerclée, on n'aperçoit plus que sa tête et la partie supérieure de son corps. Il n'est pas rare qu'en cet ultime instant l'un des hommes d'Église exhorte la malheureuse à « décharger entièrement sa conscience pour avoir grâce et miséricorde de ses péchés » ; des lèvres trémulantes s'échappent alors quelques noms que le confesseur s'empresse de rapporter aux juges, et la liste des prévenus va grossir ou s'amoindrir selon que la condamnée désire se venger ou sauver certains « complices » de sabbat qu'elle a dénoncés sous la torture.

Un honnête bûcher demande en moyenne près de quatre stères de bois et soixante-quinze fagots entremêlés de paille et saupoudrés d'une ou deux livres de poudre à canon ; Anna Götzin, la vieille gardienne de chèvres, devait être une « dure à cuire » car sa crémation nécessite le double. En Alsace, le bourreau n'a pas besoin de s'assurer que la sentence contienne un *retentum*[7] lui indiquant comment atténuer la mort de son patient : dès le prononcé du châtiment, les juges précisent la forme d'exécution ; la décapitation à la hache, bien qu'elle constitue le degré le plus modéré de la peine capitale, ne manque pas d'effrayer les spectateurs. Le corps consumé, le bourreau effrite avec un crochet les os calcinés, particulièrement les restes du crâne. Les cendres sont ensuite jetées au vent.

Fiers du devoir accompli et pénétrés de l'assurance que le Tout-Puissant n'aurait pas permis que des innocents soient condamnés à tort, les gens de justice s'offrent dans la meilleure taverne de l'endroit un plantureux repas. Aux frais de la suppliciée, bien entendu. Ces repas se transformant peu à peu en banquets, le gouvernement épiscopal de Strasbourg les supprime en 1617 ; en compensation, les juges de cette juridiction se voient attribuer un demi-gulden d'indemnisation.

Il arrive que la mise au bûcher ne se déroule pas comme prévu ; Rodolphe Reuss a relevé dans la *Chronique de Thann* l'anecdote suivante : en 1641, Anne Morgin, une sorcière de Thann, est condamnée à mort ; la veille d'être conduite au bûcher, elle préfère mettre fin à ses jours en se frappant de deux coups de couteau. Sur les circonstances de cet acte, les juges concluent que c'est Satan qui l'a incitée à se suicider en lui donnant un couteau ; aussi décident-ils que la sentence sera appliquée et son cadavre brûlé. Selon l'usage, le bourreau attend que le brasier soit bien vif pour y jeter la dépouille. À cet instant même, un cri horrible se fait entendre, et Anne, au milieu des flammes, se dresse soudainement, hurlant : « Jésus ! Marie ! » Extraite à demi rôtie, elle raconte que c'est la Sainte Vierge qui l'a ressuscitée afin qu'elle échappe à la damnation par une confession pleine et entière. Après l'avoir entendue, les juges, devant tant de bons sentiments chrétiens, lui font donner l'absolution, puis ordonnent au bourreau de la décapiter et de jeter ses restes dans les flammes toujours avides de chair et de sang.

On peut trouver bien inhumaines les conditions d'exécution des sorciers et des sorcières, mais les criminels de droit commun ne sont pas épargnés ; pour certains crimes, le châtiment est pire. En voici quelques exemples. Les faux-monnayeurs sont condamnés à être plongés tout vifs dans de grands chaudrons de vin, d'huile ou d'eau, le tout à température d'ébullition ; la *Carolina* remplace ces ébouillantages par le feu du bûcher. L'infanticide est durement sanctionné ; jusqu'à la fin du XVIe siècle, les femmes coupables de ce crime sont enterrées vivantes ; quelquefois, afin d'abréger leurs souffrances, le bourreau plante un pal à travers la terre pour transpercer le corps ; elles sont par la suite noyées ou décapitées. Le 6 mai 1636, une jeune fille, Madeleine Hammerer, a le cou tranché pour avoir jeté son nouveau-né dans les latrines, bien qu'il en ait été retiré vivant. Un nommé Philippe Müller, qui tue en 1607 son tuteur, connaît un horrible supplice : traîné sur une claie jusqu'au gibet et tenaillé entre-temps au fer rouge, il a la main tranchée puis on la lui présente au bout d'une pique, avant de lui briser les os sur la roue. Le crime de trahison, le pire des crimes d'État, réclame la pire des peines : l'étripage, précédé de la castration. Dumont, l'auteur de *Justice criminelle des duchés de Lorraine et de Bar*, rapporte le cas d'un homme qui subit ce supplice à Boulay, commune de Moselle, en 1512. Le bourreau, après avoir sectionné le membre viril et les « génitoires » du condamné, lui fend le ventre jusqu'au poitrail et lui ouvre si subitement et largement le corps avec les deux mains que les viscères s'échappent. Malgré ces mutilations, l'homme ne meurt pas mais demeure bien vivant, à tel point qu'il demande à voir son cœur qui, d'après la chronique, lui est mis devant le visage jusqu'à ce qu'il le voie bien. Alors le bourreau, par pitié ou sur ordre, transperce le cœur qu'il brandit. La tête est aussitôt tranchée, et le corps découpé en quartiers.

Au Moyen Âge, les juges infligent des peines dont la nature rappelle celles du crime commis. Ainsi coupe-t-on la main au coupeur de bourses, et les doigts de la main du parjure avec laquelle il a prêté serment, tandis que le blasphémateur est condamné à avoir la langue percée ou sectionnée. L'incendiaire est tout naturellement – si j'ose dire – brûlé vif. Le crime de bigamie est atrocement puni : en 1520, un certain Cunon Clauss est jugé parce qu'il vit simultanément avec deux épouses ; afin qu'il ne puisse plus porter un regard sur les femmes, on l'aveugle en lui crevant les yeux. Ces châtiments procèdent de la fameuse loi du talion. Cette loi est encore en vigueur dans certains pays. Ainsi, en Iran, un homme a été condamné en décembre 2010 pour avoir jeté de l'acide au visage d'un autre, faisant perdre à ce dernier la vue et une oreille. La sentence de ce crime fut la suivante : un œil arraché et une oreille tranchée.

Avant de conclure ce chapitre sur les procès de sorcellerie, il est temps d'évoquer les gens de justice et les bourreaux.

En principe, la qualité de juge est attribuée aux seuls membres du *Malefizgericht*, tribunal qui, nous l'avons vu, est habilité, après avoir défini les chefs d'accusation, à prononcer la sentence. Ces juges sont membres du Magistrat. De leur côté, les *Siebener*, dont le rôle consiste essentiellement à obtenir – extorquer serait plus exact – les aveux de l'accusé et à les valider, ne font pas partie du Magistrat : ce sont des bourgeois, pour la plupart artisans ou commerçants. Membres à part entière de la communauté villageoise, ces gens de justice se trouvent bien des fois dans des situations délicates. Ainsi le mari d'Othilia Fender, brûlée à Molsheim en 1625, est *Stettmeister* de 1620 à 1630 et dix-neuf fois juge au *Malefizgericht* durant cette période, c'est-à-dire avant et après l'exécution de son épouse. À propos de cette condamnée, femme de notable, Louis Schlaefli remarque que la position sociale dominante d'une prévenue est, pour les autres sorcières poursuivies en même temps qu'elle, un facteur d'incitation à charger celle-ci. Les accusatrices agissent-elles par simple ressentiment, ou espèrent-elles en la compromettant sans ménagement que son statut de privilégiée constituera un puissant bouclier ? Bien des juges adoptent l'attitude de Sébastien Fender, tandis qu'un petit nombre choisissent d'abandonner aussitôt le siège, à l'exemple de Lorentz Seyfridt après l'exécution de son épouse Catherine.

Malgré sa fonction peu valorisante, le bourreau est paré du titre de «maître des hautes œuvres»; aussi a-t-il le droit de faire précéder son nom de *Meister*. Observons également que le vocabulaire alsacien est plus riche pour désigner ces professionnels de la torture: peut-être est-ce en fonction de leur talent ou de leur spécialité que certains sont appelés *Henker* (celui qui pend) ou *Scharfrichter* (celui qui tranche); le plus souvent, ce sont des *Nachrichter*, des auxiliaires de justice intervenant après les juges. Dans les documents officiels, notamment antérieurs au XVIe siècle, cette fonction est reprise sous sa forme latine de *Carnifex*. Le bourreau étant le maître, ses aides sont des valets (*Knechte*). Pour les besognes avilissantes comme le rasage des sorcières, on fait appel au *Schinder*, l'écorcheur municipal; ailleurs, comme en Lorraine, il est également qualifié du titre de «maître», mais des basses œuvres.

Il n'est pas étonnant que la corporation des bourreaux soit devenue une caste endogame; leur présence provoque tant d'émoi qu'on les oblige à vivre à l'écart. À la boulangerie, le chaland ne peut s'empêcher d'avoir un haut-le-cœur lorsqu'il aperçoit un pain placé à l'envers: c'est celui du bourreau. Lors de leur entrée en fonction, ils doivent accepter sous serment de se conformer à certaines exigences; par exemple, lors de sa nomination à Thann le 25 novembre 1571, Laurent Boehm s'engage «à se garder de s'asseoir ou de s'introduire dans quelque réunion de nobles, de prêtres ou d'autres personnes honorables [...], à éviter de s'introduire dans les maisons des bourgeois [...], au marché et à la boucherie à ne toucher à aucun objet pour ne pas causer de dégoût à personne». En règle générale, le droit de bourgeoisie ne leur est pas accordé. Les annales judiciaires ont gardé le souvenir de quelques bourreaux dont le comportement ou le savoir-faire ont défrayé la chronique: celui qui torture Catarina Mathissen se permet tant de familiarités avec les femmes qu'il est rappelé à l'ordre en 1616 par le conseil municipal d'Haguenau; le 3 juillet 1655, à Strasbourg, après trois coups de glaive, le bourreau ne réussit pas à trancher le cou d'une jeune fille; effrayé par ses cris, le massacreur lâche tout et s'enfuit vers la ville; rattrapé et ramené de force, le *Nachrichter* – sûrement pas *Scharfrichter* – achève sa dégoûtante besogne.

Après avoir exposé les différentes composantes des procès des sorcières alsaciennes, résumons le déroulement de la procédure afin de mieux faire ressortir le processus constituant le crime mixte de sorcellerie. Son schéma général est le suivant : sur plainte ou sur rumeur (le bruit commun), les gens de justice recueillent auprès des témoins et proches de l'accusé les faits incriminés qui, pour l'instant, ne sont que des indices, des soupçons de maléfices ; afin d'établir le crime mixte de sorcellerie, le *Siebenergericht* procède aux interrogatoires ; le premier interrogatoire est amiable, sans violence physique ; confronté à ses accusateurs, l'inculpé réfute en général l'ensemble des griefs formulés à son égard ; la partie supraréelle de ces allégations est minime. Afin qu'il reconnaisse les accusations et son asservissement au Diable d'une part, et d'autre part qu'il nomme ses complices de sabbat, le même tribunal soumet l'accusé à la question ; presque toujours, les soupçons de maléfices deviennent des maléfices avérés, l'apostasie ainsi que l'appartenance à la secte sorceleuse sont dès lors reconnues : le crime mixte de sorcellerie est établi. Pour de bon. L'importance de la part supraréelle dans cet interrogatoire coercitif est pourtant manifeste. Les aveux obtenus sous la torture sont ensuite réitérés sans contrainte et hors de la chambre de torture, confirmant de ce fait la « réalité » du crime de sorcellerie ; se réunit alors le *Malefizgericht* pour dresser les chefs d'inculpation, puis prononcer la sentence qui, dans la plupart des cas, est exécutée sans délai.

Enfin, il est intéressant de connaître la durée moyenne des procès de sorcellerie en Alsace. Le procès proprement dit ne prend qu'un jour – le temps nécessaire au *Malefizgericht* pour juger et ordonner l'exécution de la sentence. Mais plus intéressant sans doute est de connaître la durée moyenne des procès depuis le premier interrogatoire jusqu'au bûcher. Si l'on exclut les situations exceptionnelles, la durée moyenne des procès alsaciens est de soixante et onze jours, soit deux mois et dix jours. Parmi les situations exceptionnelles, distinguons, d'une part, les procès expéditifs tel celui de Jean Seyer, boucher à Saverne ; arrêté le lendemain de l'exécution de sa femme brûlée le 19 octobre 1629, il est conduit au bûcher le 26 octobre, soit au terme de moins de huit jours de procès ! Certes, on peut trouver des durées de procédure encore plus courtes ; c'est le cas pour Ulrich Tretsch, dont le procès dure en tout et pour tout quatre jours ! Il s'agit d'un notable très estimé de Rosheim, contre lequel le prévôt de l'endroit devait avoir une dent puisque celui-ci est destitué quelque temps après ; contrairement au cas précédent, Ulrich Tretsch connaît un sort plus heureux : il est relâché. Dans l'autre sens, Anna

Völkel, dite la Küblerin, sage-femme, est arrêtée en 1573 et détenue cinq années, durant lesquelles elle est torturée à six reprises, résistant aux pires sévices; le 9 août 1578, en dépit de son courageux mutisme sous la question, elle ne bénéficie pas d'une libération conditionnelle et est condamnée à être brûlée vive. Autre exemple de procès qui s'éternise, celui de Salomé Guebweiller. Son procès ne prend fin qu'avec sa mort en 1586. Commencée en 1579, la procédure a été conduite sous l'autorité du Magistrat de Kaysersberg qui s'est employé par des actions dilatoires à ne pas tenir compte des plaintes déposées contre lui par le mari de Salomé, pour injures, fausse accusation de sorcellerie, détention et supplices en l'absence de toute charge fondée; en dernier ressort, l'époux se résout à signaler à l'archiduc Ferdinand d'Autriche l'attitude du Magistrat de Kaysersberg. Peine perdue! Salomé meurt dans son cachot. Comble de l'horreur, son cadavre est enfermé dans un tonneau et enterré au-dessous de la potence, sort qu'on réserve d'ordinaire au criminel de droit commun qui préfère, en se suicidant, se soustraire au gibet. Pourquoi une rancune si tenace de la part des gens de justice de Kaysersberg?

L'amplitude temporelle des procès est atténuée par celle des procès d'enfants, dont la durée moyenne est de... vingt-cinq jours! Pourquoi une si courte durée? Parce qu'il s'agit justement d'enfants, qui ne peuvent se défendre efficacement contre des adultes plus ou moins aguerris; aussi reconnaissent-ils rapidement toutes les accusations avancées par les juges, même les plus absurdes! Cette durée s'allonge dès que les gens de justice ont affaire à plus forte partie, à des enfants retors, à l'exemple de Hans Hochstetter. Ce garnement de quinze ans est craint dans son village de Wingersheim, y compris du prévôt qui, l'ayant fait arrêter, redoute sa vengeance. Accusé de sorcellerie durant le terrible hiver de 1615-1616, il est enfermé à l'hospice d'Haguenau, les fers aux pieds. Torturé, il dénonce ses complices; le 30 octobre 1617, il est brûlé après avoir été étranglé et non pas décapité comme ceux de son âge. Souvenons-nous également de Bartholomaeus Pfeiffer: celui-ci endure, à cause de son opiniâtreté, un vrai martyre. Son procès s'étend du 23 mai 1630 au 27 juin 1631, soit plus de treize mois! La brièveté des procès d'enfants s'explique aussi parce qu'un grand nombre se retrouvent regroupés dans un même établissement comme les élèves du collège jésuite de Molsheim. Cette concentration permet de rationaliser la tenue des procès et l'exécution des enfants en réalisant de grosses fournées pour mieux alimenter le brasier des bûchers.

CHAPITRE 9

# Les victimes de la grande chasse

À la lumière de ce qui précède, il apparaît que les condamnés pour crime de sorcellerie ont été les victimes d'un holocauste commis par le bras séculier de l'État, lequel s'était empressé d'offrir ses services à l'Église afin, semble-t-il, de mieux circonscrire son emprise; celle-ci, de son côté, sous couvert de défendre le dogme, a surtout défendu ses privilèges et son autorité. Dès lors, est-il inconvenant de vouloir réhabiliter nos *Hexen*, victimes alsaciennes de la sorcellerie des XVI$^{e}$ et XVII$^{e}$ siècles ?

C'est la raison pour laquelle nous avons entrepris d'en dresser la liste afin de garder à jamais le souvenir de leur martyre. Ce martyrologe est aussi une façon de proclamer leur innocence. Certes, malgré les nombreuses recherches et vérifications, nous ne prétendons pas qu'il soit exhaustif ni irréprochable; à tous ceux qui considèrent nécessaire ce travail de mémoire il appartient de le parfaire. Le *Mémorial des «sorcières» d'Alsace* est en quelque sorte notre «liste de Schindler».

## *Élaboration de la liste : critères et difficultés*

Quatre critères d'identification ont été retenus : la désignation onomastique avec les nom et prénom, le surnom ou l'alias, complétée quand ces renseignements sont connus par l'indication de l'âge et de la profession (ou la fonction) de la victime. Les informations sur l'âge sont sujettes à caution car celui-ci est souvent approximatif, certaines prévenues ignorant même la date de leur naissance; aussi, dans les documents d'époque, apparaît-il bien souvent en chiffres ronds. Par ailleurs, bien que leur identité demeure inconnue à ce jour, des victimes ont été intégrées à la liste car elles occupaient par leur fonction une place bien en vue dans le village. Nous avons ainsi mentionné, sous cette forme, la sage-femme de Traenheim et le porcher de Wasselonne.

Cette « fiche d'état civil » est complétée respectivement par l'indication de la situation familiale, la résidence domiciliaire, la sentence (nature, lieu et année de son prononcé) ou, en cas d'absence de condamnation ou lorsque celle-ci est ignorée, la dernière situation connue de l'individu mis en cause.

Cette liste comporte non seulement les personnes qui ont été brûlées, mais également celles qui, ayant fait l'objet d'une information au titre de la sorcellerie, ont échappé au bûcher ainsi que celles qui sont mortes en prison des suites de sévices ou qui ont préféré se donner la mort. Bref, sur cette liste figurent toutes celles et tous ceux qui ont été inquiétés pour cause de sorcellerie et poursuivis devant le *Malefizgericht.* Y figurent également les inculpés des enclaves appartenant aux ducs de Lorraine ; ces ressortissants alsaciens, au nombre de cinquante-huit, ont comparu devant des juridictions locales sous le contrôle du tribunal du Change de Nancy. Les minutes de certains procès ont totalement disparu ; néanmoins, le nom de plusieurs personnes jugées et condamnées nous est connu grâce à d'autres documents originaux, notamment les inventaires des biens confisqués.



L'établissement de cette liste a été laborieux ; de nombreuses difficultés se sont présentées, dont certaines réclament quelques commentaires. Au préalable, il est utile de rappeler que les renseignements connus à ce jour sont issus en quasi-totalité de sources manuscrites. D'où une première difficulté liée à la lecture, plus exactement au déchiffrement des documents. La connaissance de la paléographie ne suffit pas à éviter d'éventuelles confusions, la calligraphie des greffiers et autres copistes étant dans certains cas très personnelle, voire artistique, pour ne pas dire fantasque ; il est bien difficile, par exemple, de distinguer les noms « Hermannin » et « Heumänin » ou les prénoms « Christian » et « Chrétien » tant leur graphie est semblable. Dans leur majorité, les textes sont rédigés en langue germanique ; quelques-uns sont en latin ou en français. L'orthographe – graphie serait plus juste, car aucune règle, ni guide d'écriture n'existent – est très libre. Dans le même document, selon l'humeur du scripteur, le nom d'une même personne peut être écrit de plusieurs manières ; de plus, pour gagner du temps, le recours à des abréviations est systématique et, en l'absence de normalisation, chacun a les siennes. Enfin, la lisibilité du texte dépend de la qualité

*Aux XVI^e et XVII^e siècles, de nombreux peintres ont représenté la « sorcière » sous un jour maléfique, contribuant à créer un imaginaire collectif de la crainte. Ainsi Claude Gillot avec sa représentation du baiser du Diable lors du sabbat. Eau-forte de la fin du XVII^e siècle.*

de son support ou de l'encre employée ; pis ! la compréhension du texte devient problématique lorsqu'une partie du manuscrit est manquante. Terminons ce paragraphe en soulignant une spécificité alsacienne : le tréma ponctuant en allemand les voyelles, notamment le « o » et le « u » ; la graphie française remplace ce signe par un « e » accolé ou juxtaposé à la voyelle ; sur la liste, les deux graphies – germanique et française – coexistent ; aussi trouverons-nous un même nom avec plusieurs orthographes : König, Kœnig ou Koenig, ou encore Kübler et Kuebler ; nous n'avons pas voulu opter pour une francisation totale, préférant nous en tenir à la transcription fidèle des documents, d'autant qu'au gré de l'Histoire telle ou telle graphie a été imposée.

## LA DÉSIGNATION ONOMASTIQUE

Sur la liste, le patronyme a été placé en tête, devant le prénom, conformément à l'usage administratif actuel. Lorsqu'on examine l'origine des noms de famille, on constate qu'elle est essentiellement locale, la quasi-totalité des noms étant écrits dans la langue vernaculaire. On peut en déduire que les déplacements extrarégionaux à cette époque sont exceptionnels, tout au moins pour les gens de condition modeste, ce qui est la situation générale des persécutés de la sorcellerie. Même l'implantation de migrants des zones limitrophes est inhabituelle ; on trouve un nommé Jean-Guillaume Roussel, originaire de Lorraine, installé à Molsheim comme aubergiste ; ce Welche a recours à des pratiques superstitieuses pour tenter de regagner le cœur de son épouse qui s'est enfuie avec son amant ; il est condamné en 1697 à une peine de prison ; cette date tardive explique la nature de cette peine sanctionnant plutôt un délit de droit commun qu'un crime de sorcellerie, la traque aux sorcières ayant cessé depuis plusieurs décennies. Nous trouvons également, comme patronymes romans, des Bernard ou des Dimanche, mais il s'agit de ressortissants du Ban-de-la-Roche, contrée alsacienne contiguë à la Lorraine où se parle un patois vosgien non germanique, ainsi que nous l'avons déjà signalé. Nous relevons enfin une Briquel Jenon, femme du maréchal-ferrant de Bréhagoutte, lieu-dit proche de Sainte-Marie-aux-Mines, or cette localité fait partie du Val de Lièpvre dont la rivière, la Lièpvrette, constitue la ligne de démarcation partageant le Val entre le côté septentrional, terre d'Empire appartenant au sire de Ribeaupierre (Rappolstein) et le côté méridional, propriété des ducs de Lorraine. Il va sans dire que cette ligne n'est pas à proprement parler une frontière et qu'elle est franchie dans les deux sens sans réelle contrainte, si bien que fréquemment des prévenus traversent la rivière à seule fin d'échapper aux poursuites. Des deux côtés de la rivière vit une même communauté que la religion seule différencie : les sujets du duc de Lorraine sont de confession catholique tandis que ceux du côté impérial sont luthériens. Revenons à Jean-Guillaume Roussel que nous avons qualifié de Welche ; cet appellatif est repris sur la liste cinq fois comme nom de famille sous la forme « Welsch » : il s'agit vraisemblablement du surnom donné par les Alsaciens germanophones à ces « gens de l'intérieur », formule encore en usage de nos jours, du moins chez les vieux Alsaciens lorsqu'ils parlent des « étrangers » venus de la France romane, le Welschland. Les cinq *Hexen* d'origine welche appartiennent toutes à des familles qui se sont fixées dans le Bas-Rhin.

Les hommes sont plus facilement identifiables, car ils portent le nom de leur père. Quant aux femmes, mariées ou célibataires, leur nom de famille, depuis le Moyen Âge, est souvent féminisé en le complétant du suffixe « in ». Sur la liste, ce suffixe figure entre parenthèses car, pour la même personne, il n'est pas systématiquement repris dans les textes. Dans les pièces des procès, une femme mariée est généralement présentée de la manière suivante : « Catherine, femme de Michel Holtz ». Cette présentation par le prénom est difficilement compatible avec le classement alphabétique de la liste, aussi avons-nous adopté la transcription moderne – nom du mari en tête suivi du prénom –, toutes les fois que cette présentation ne gêne pas les recherches dans les documents originaux. Pour les mêmes raisons, nous avons conservé autant que possible l'orthographe germanique, notamment pour les surnoms ou les sobriquets. Par ailleurs, jusqu'au XVII^e siècle, les filles, une fois établies, demeuraient libres de choisir entre plusieurs patronymes : celui de leurs parents ou celui de leur mari ; elles pouvaient également garder le surnom dont on les avait gratifiées. En conséquence, dans les documents originaux, la désignation patronymique d'une représentante du sexe féminin peut revêtir de multiples formes : un prénom seulement, le nom – souvent féminisé – du père ou du mari, voire de la mère, un surnom ou sobriquet, d'où des risques de doublons ; par exemple, Barbara Guetmännin et Barbara Hinder, que l'on découvre dans divers folios d'une même affaire, sont une seule et même personne : le premier nom est celui de ses parents, le second celui de son mari. Cette diversité, qu'on ne retrouve pas pour les individus mâles, ne reflète-t-elle pas en réalité le peu d'estime qu'on accordait à l'autre sexe ? Comme nous venons de parler de surnom, il est intéressant de savoir que le nom de famille tel que nous le connaissons aujourd'hui est le dernier avatar survenu dans la désignation des individus. Avant le XII^e siècle, à l'exception du seigneur qui, à son nom de baptême, accolait celui de son fief, on portait seulement le nom d'un saint ou d'une sainte – Jacques, Pierre, Odile sont les plus connus – ou, à la suite de l'envahissement de tribus venues de l'Est, le nom prestigieux de leurs chefs ; les Gérard, Henri ou Walter perpétuent cette espèce de fascination pour les vainqueurs, les envahisseurs d'aujourd'hui étant les Brendan, Dylan, Jennifer, Jonathan, Samantha, Elvis, Pamela, Johnny, Peggy, Kevin des séries télévisées ou du showbiz d'outre-Atlantique. Le concile de Trente (1545-1563) recommande aux familles de prendre comme nom de baptême celui du saint du jour de la naissance afin que l'enfant soit placé sous la protection de celui-ci ; les catholiques suivent cette prescription, raréfiant de cette façon les vieux prénoms germaniques ; comme deuxième prénom, ceux de la Sainte Famille, Marie,

Joseph, Anne sont prisés. Quant aux protestants, à l'exemple des Juifs, ils préfèrent témoigner leur attachement à la Bible en choisissant le nom de ses célèbres personnages : David, Salomé, Adam, Ève, Madeleine, Sara, Salomon, etc. Nous venons d'évoquer les Juifs ; nous pourrions croire qu'ils furent durement pourchassés comme aux siècles passés, notamment au XIV^e siècle, à la suite d'une épidémie de peste qui ravagea toute l'Europe, comme à Strasbourg où en 1349 l'on accusa les Juifs d'avoir empoisonné les puits : près de deux mille d'entre eux furent brûlés... Or, lors de la grande chasse aux sorcières des XVI^e et XVII^e siècles, ils furent dans l'ensemble épargnés ; cette constatation nous oblige à admettre que cette persécution fut avant tout une affaire intérieure chrétienne.

La liste des saints ou des héros bibliques étant limitée, les homonymes se sont multipliés et, pour les différencier, un surnom est venu compléter le nom de baptême ; avec le temps, ce dernier, choisi par la famille, a perdu sa primauté pour n'être plus que le prénom alors que le surnom, choisi par les autres, devenait progressivement le nom de famille héréditaire. Ce nom officiel est quelquefois supplanté dans la vie courante par un sobriquet. Au nombre de ces surnoms devenus patronymes figurent ceux qui indiquent le lieu d'origine de la famille ou la localisation de leur habitat (Égersheim, Guebweiller, Schweitzer, Bergmann) ; certains d'entre eux sont composés d'un nom de lieu précédé de la préposition « de » qui n'est pas ici la particule caractérisant la noblesse ; la liste comprend ainsi quelques-uns de ces noms : Sophie de Huttenheim, Ève de Still, Anna de Leutolsheim, etc. L'exercice d'un métier ou d'une fonction comme critère de formation onomastique est une caractéristique alsacienne ; ainsi, trouve-t-on force Brucker, Haffner, Meyer, Müller, Scherer, Schmidt (ou Schmitt), Schneider, Wagner, Weber, etc. Dans le *Mémorial des « sorcières » d'Alsace*, on recense près d'une cinquantaine de patronymes qui rappellent le métier ou la fonction occupée dans la société ; pour cette dernière catégorie, dans laquelle on relève des Keyser, Koenig, Vogt, Herzog, Schultheiss, etc., une partie d'entre eux a été attribuée par dérision, notamment à des personnes qui, comme on dit aujourd'hui, ne se prenaient pas pour n'importe qui. Cette propension à créer le nom à partir d'un métier ne révèle-t-elle pas la nature industrieuse de l'Alsacien ? Le dernier critère important



*« Le Sabbat des sorcières » attribué à Hans Baldung Grien. Dessin de 1514.*

concerne l'aspect physique comme Braun, Roth, Weiss ou les inévitables Gross, Klein, Kurtz, Schwartz, Starck, etc., ou bien une qualité morale, positive ou négative, tels que Wolf, Engelmann, Hartmann, Vogel, etc. De même, en Alsace, le surnom d'une femme mariée dérive souvent de la féminisation du nom de son époux : « die Niderländerin » désigne la femme de Michel Niderländer. Quant aux sobriquets, ils constituent également une spécificité alsacienne, particulièrement pour nommer les femmes. Contrairement à ce que l'on pourrait croire, ces désignations sont plutôt bienveillantes que péjoratives. Dans les procès de sorcellerie, on lit souvent, comme sobriquet, la présentation identitaire suivante : « Christine Wettermann, die alte Schäfferin ». Plus souvent que : « Appolonia Dietrich, genannt Eulen Appel (Cri de chouette) » ou « Die Scheiderin (la Tordue) ». Ces surnoms rappellent en majorité le métier exercé par le conjoint. Ce qui n'est point surprenant. Le patronyme reprenant un nom de baptême demeure néanmoins la catégorie la plus nombreuse.

Bien après le Moyen Âge, il est encore très fréquent des trouver des patronymes pérennisant les noms de baptême originels. Juxtaposé au prénom de baptême attribué par la suite, le nom forme alors un binôme de prénoms à l'image de Claude Nicolas, Ulrich Hans, Hans Nicolas. L'examen des manuscrits ne permet pas toujours de discerner la place respective du nom et du prénom : Ursula Ulrich est-elle l'épouse de Hans Ulrich ou d'Ulrich Hans ? Il semble que ce binôme identitaire apparaisse plus souvent dans les terres de langue romane, comme à Rombach-le-Franc (Haut-Rhin) où Fleuratte Gérard, femme de Jean Gérard, est bannie en 1592, ou à Bellefosse (Bas-Rhin), commune domiciliaire de Claude Nicolas brûlé en 1622. Parfois, à l'intérieur même de la famille, il arrive que l'inversion des nom et prénom soit intentionnelle pour différencier les membres de cette famille ; c'est le cas de Frantz Nickel, fils de Nickel Frantz ; Nickel (Nicolas en français), le prénom du père, est devenu le nom du fils. Par ailleurs, il est d'usage de donner au fils aîné le prénom du père ; afin de les distinguer nominativement, le patronyme sera complété, surtout à l'initiative des autres membres de la communauté, par « le Vieux » pour le patriarche et « le Jeune » pour le fils ; sur la liste, nous trouvons ainsi Ruel le Vieux, Lichtenauer le Jeune ; Nickel Frantz, déjà cité, est également dit Frantz le Jeune.

Disons un dernier mot sur les prénoms. Sous leur forme germanique, certains d'entre eux laissent difficilement entrevoir leurs correspondants français. Voici quelques prénoms de la liste avec leur homologue français entre parenthèses : Anstett (Anastase), Bärtel (Barthélemy), Basche (Sébastien), Bless (Blaise), Clauss (Nicolas), Diebolt ou Théobald (Thiébault), Dietrich (Didier), Fritz (Frédéric), Merg (Marguerite), Hans (Jean), Jacob (Jacques), Lorentz (Laurent), Ludwig (Louis), Marzolff (Marcel), Ottilia (Odile), Pelt (Hippolyte), Urban (Urbain), Veltin (Valentin), Walpurg (Valentine), Walter (Gauthier), Wibiana (Viviane), Wilhelm (Guillaume). À l'époque de la Renaissance, bien des lettrés se plaisent non seulement à latiniser leur nom, mais également à choisir un prénom latin à leurs enfants ; sur la liste, nous rencontrons entre autres des Johannès, Bartholomaeus, Beat (diminutif masculin de Beatus), Anastasius et même une Scholastique, en l'occurrence une dénommée Scholastique Wihler brûlée à Cernay en 1573. Par ailleurs, il est regrettable que les prénoms comme Appolonie, Cleopha, Cunégonde, Irmel, Itelisen, Pétronille, Sibilla, prénoms aux consonances ô combien harmonieuses, aient été abandonnés au profit d'appellatifs états-uniens déjà cités ou, depuis qu'il est possible aux parents de prénommer leurs chers bambins en dehors de toute règle étymologique et orthographique, de noms de baptême parfois saugrenus.

## LA SITUATION FAMILIALE

Sur la liste, seule est indiquée la dernière position connue. Sans attendre l'analyse quantitative ci-après, il est à noter que le célibat est un état peu habituel, surtout pour le sexe féminin. Est-ce à dire qu'en ce temps-là le mariage est, pour la femme, l'unique statut qui puisse lui offrir une place sociale ? D'où l'empressement qu'une femme manifeste à se remarier lorsque vient à disparaître son époux ; encore faut-il qu'elle soit toujours désirable et robuste. Voilà pourquoi les veuves d'alors sont en majorité d'un âge avancé et miséreuses ; aussi sont-elles bien ravies lorsqu'un homme leur exprime la moindre considération – fût-ce le Diable ! Appolonie Maurer est la plus heureuse des veuves lorsque, en dépit de ses quatre-vingt-dix ans, le Diable la marie au jeune Peterlin sous le nom de Schuppel.

## L'INDICATION GÉOGRAPHIQUE

À l'exception de deux cas où le procès a lieu hors des terres alsaciennes – il s'agit de deux femmes sujettes de la seigneurie de Ribeaupierre brûlées à Taintrux dans les Vosges, leurs biens confisqués étant partagés entre le duc de Lorraine et le seigneur de Ribeaupierre –, le *Mémorial* ne reprend que les localités appartenant à l'actuelle région d'Alsace. Ainsi ont été exclus les procès tenus dans la seigneurie de Belfort bien que celle-ci dépendît alors, administrativement, de la prévôté impériale sise à Ensisheim ; de même n'ont pas été retenues les victimes résidant outre-Rhin, justiciables cependant d'une juridiction siégeant en Alsace. Dans certains cas, il est bien malaisé de distinguer la résidence domiciliaire du lieu du jugement ou de l'exécution de la sentence.

Contrairement aux patronymes, la graphie du nom de la localité est celle d'aujourd'hui, donc française, alors qu'elle se présente bien souvent dans les textes sous sa forme germanique. De la même manière que pour les prénoms, la correspondance entre les graphies germanique et française des noms de villages n'est pas toujours évidente ; voici quelques exemples, le nom actuel étant entre parenthèses : Geispitzen (Geispolsheim), Kestenholz (Châtenois), Lützelstein (La Petite-Pierre), Markirch (Sainte-Marie-aux-Mines), Masmünster (Masevaux), Rappoltsweiler (Ribeauvillé), Reichenweier (Riquewihr), Sank Pilt (Saint-Hippolyte), Sennheim (Cernay), Urbach (Fréland), Vorbruch (La Broque), Zell (Labaroche).

Enfin, la guerre de Trente Ans a causé la disparition d'une vingtaine de localités comme Dompeter (proche d'Avolsheim), Hundswiller (aux abords de Thanvillé) ou Sermesheim (voisine d'Ensisheim). Cela ne signifie pas forcément que la population de ces villages ait été totalement décimée : une partie d'entre elle, pour échapper à la soldatesque, a pu fuir dans les bois ou s'exiler en des lieux jugés plus cléments.

### LA SENTENCE

Dans les cas où, faute de sources avérées, la tenue du procès n'est pas établie ou le prononcé de la sentence n'est pas connu, ces occurrences sont respectivement renseignées sur la liste par l'indication « poursuivi(e) » ou la mention finale « sentence non connue ». Dans le premier des cas, l'inculpée a fait l'objet d'une *Inquirrung* (informations préparatoires), mais on en ignore la suite ; dans le second cas, elle a bien comparu devant le *Malefizgericht* mais les renseignements fragmentaires ne nous permettent pas de savoir si la sentence a été rendue ou, si elle l'a été, d'en connaître la teneur. Entre ces deux positions s'intercale une troisième, celle de la poursuivie dont on ne sait pas si elle a été présentée au *Malefizgericht* pour être jugée ; tout ce que l'on sait, c'est qu'elle a été interrogée en présence des membres du *Siebenergericht* et qu'elle a subi au moins l'interrogatoire à l'amiable (*gütliche Befragung*) ; ce troisième cas est renseigné par la mention « suite du procès non connue ». Quand bien même la sentence serait formalisée, il n'est pas certain pour autant que la peine infligée ait été exécutée, à moins d'avoir connaissance du défraiement des diverses prestations fournies à cette occasion. De plus, sur la liste, la sentence de celle qui est libérée sous condition d'un *Urphed* est repérée par la mention : « libérée sous serment ».

Concernant la date du prononcé de la sentence ou de son exécution, il faut savoir que l'année peut être différente selon le lieu du jugement. En effet, durant plusieurs décennies, deux calendriers coexistèrent : le calendrier grégorien adopté par les catholiques et le calendrier julien auquel s'en tenaient les protestants, ceux-ci préférant « ne pas être d'accord avec le soleil plutôt que de l'être avec la cour de Rome ». C'est le pape Grégoire XIII qui, en 1582, réforma le calendrier, afin de corriger un décalage qui ne cessait de grandir au fil des ans entre le temps officiel et le temps solaire. À ce moment-là, l'écart était de dix jours. De plus, jusqu'au milieu du XVIe siècle, l'année commençait dans bien des pays et provinces le 25 mars ; ce n'est qu'à partir de 1565 que le 1er janvier fut, dans un grand nombre d'États, compté premier jour de l'année.

Au vu des difficultés rencontrées, et malgré l'extrême attention apportée à l'élaboration de la liste des victimes, il serait présomptueux d'affirmer qu'elle est achevée, d'autant plus que l'exploitation des manuscrits existants est loin d'être épuisée. En outre, il est un gisement qui reste à explorer : la généalogie. L'engouement actuel pour la recherche des aïeux laisse à penser que certains secrets de famille seront levés et que d'autres noms s'ajouteront au *Mémorial*.

## *Analyse statistique de la liste*

### ASPECTS QUANTITATIF ET GÉOGRAPHIQUE

À ce jour, 1 606 sorcières et sorciers alsaciens ont été identifiés ; la quasi-totalité d'entre eux, 1 584 exactement, ressortit aux XVIe et XVIIe siècles, période ici retenue pour l'analyse statistique. Comme l'indique le tableau ci-après, parmi ces 1 584 victimes, on distingue

88 enfants, 204 hommes et 1 292 femmes. Ces dernières représentent à elles seules 81,5 % du total. Ce chiffre est impressionnant. Comment s'explique-t-il ? Pourquoi les femmes ont-elles payé un si lourd tribut ?

*Répartition par sexe*

| Sexe | Enfants | Femmes | Hommes | Total |
|---|---|---|---|---|
| Nombre | 88 | 1 292<br>dont 203 veuves | 204 | 1 580 |
| | 5,6 | 81,5 | 12,9 | 100 |

Les raisons découlent essentiellement de la considération que leur accordent les différentes strates de la société de l'époque, en premier lieu l'Église et ses démonologues. Dans les chapitres précédents, nous avons montré la profonde aversion, voire la haine, des démonologues vis-à-vis des femmes, coupables à leurs yeux d'être les filles d'Ève, laquelle, en succombant à la tentation de Satan, est responsable du péché originel. Les auteurs du célèbre *Malleus maleficarum* ne se sont pas privés de dénoncer cette déchéance qu'ils attribuent à la nature même de la femme : une fragilité aussi bien physique que psychique et une trop grande sensualité, parlant même d'hystérie sexuelle. Ils ont d'elle une si piètre opinion qu'ils n'hésitent pas à affirmer que le mot *femina* (femme) est la combinaison étymologique de deux termes : *fe* (foi) et *minus* (mineure, moindre), voulant démontrer par là que la femme est forcément inférieure à l'homme puisqu'elle est de moindre foi.

Contre la femme s'élèvent ensuite les élites de la ville, qui voient en elle une créature ambivalente. Tantôt s'impose l'image d'une vieille femme, dépositaire des croyances populaires : n'est-ce pas elle qui prépare des remèdes et des potions à base de plantes magiques, veille les mourants, accouche les jeunes femmes, les avorte parfois ? Ce rôle social, le docte mâle, soucieux de ses prérogatives et fort jaloux de son savoir, ne l'accepte pas. Tantôt prévaut l'image d'une jeune femme, symbole de luxure ; les juges, lors des interrogatoires, n'ont de cesse d'obtenir des fiancées de Satan la description par le menu détail de leur débauche sabbatique, en les torturant au besoin. Enfin, le troisième

*« Linda maestra ! » (« Belle maîtresse ! »)*
*par Francisco de Goya. Eau-forte de 1798.*

contempteur de la femme est le villageois ; pour ce dernier, c'est elle qui l'affame en battant l'eau pour provoquer la grêle et la tempête, en faisant crever les bêtes ou tarir le lait des vaches.

Bien sûr, des spécialistes n'ont pas manqué de trouver d'autres explications, par exemple en affirmant que la femme est de complexion délicate, et donc susceptible de succomber plus facilement que l'homme. Affirmer cela, c'est bafouer son courage. Sur les 111 suppliciés qui ont résisté à la torture, on compte 88 femmes, 19 hommes et quatre enfants parmi lesquels on retrouve Bartholomaeus Pfeiffer dont on a déjà souligné le stoïcisme – ou l'obstination de jeune rebelle ? –, face à l'acharnement du bourreau de Molsheim. D'autres ont argué que la femme est davantage sujette à l'hystérie et aux hallucinations. Cette raison n'est pas plus recevable, cet état morbide survenant avec les conditions exécrables de la détention et le sadisme des interrogatoires. Et, comme il y a plus de femmes inculpées pour sorcellerie, elles sont forcément plus nombreuses à souffrir le calvaire.

Par contre, on peut présumer que la femme ayant perdu son mari et se retrouvant seule avec ses enfants, situation malheureusement ordinaire à l'époque, est tentée, après avoir appelé en vain le Bon Dieu, d'invoquer le Mauvais Esprit (*böse Geist*). De même, les femmes maltraitées par leurs maris ont usé de ce recours. Sur le total des *Hexen*, on ne recense que 204 veuves, soit environ 16 %. Ce pourcentage est bien inférieur à celui habituellement admis, à savoir un tiers de veuves et deux tiers de femmes mariées ou célibataires. Sans aucun doute, le pointage de cette catégorie de victimes est lacunaire. Par ailleurs, sur la liste est indiquée la dernière situation matrimoniale connue ; or, dans bien des cas, une telle est mentionnée comme mariée alors qu'elle a déjà été veuve une ou plusieurs fois ; Anna Götzin a été veuve trois fois ; il est vrai qu'elle avait un âge respectable : quatre-vingt-dix-huit ans. Quant aux hommes, le nombre de veufs devait être très restreint, leur espérance de vie étant bien plus courte que celle des femmes. L'âge moyen des victimes de la sorcellerie pour lesquelles cette notion est connue est de cinquante-quatre ans pour les femmes, trente-quatre ans pour les hommes et onze ans pour les enfants ; parmi les plus jeunes de ces derniers, deux n'ont pas plus de cinq ans : Christine, une des deux filles de Pétronille, et Mathis Kremer ; un autre garçonnet, Michel Breyer, a juste cinq ans et demi ; ceux-ci ont été interrogés et jugés, mais le prononcé de la sentence ne nous est pas connu.

En ce qui concerne l'origine géographique des victimes, le tableau ci-après montre que 64,4 % d'entre elles appartiennent au Bas-Rhin et 35,6 % au Haut-Rhin. En l'absence de recensement fiable, il est malaisé de cerner l'impact de la chasse aux sorcières par rapport à la population. Nous ne connaissons pas la répartition des habitants de chacune des divisions territoriales de Basse Alsace et de Haute Alsace ; le seul chiffre exploitable est celui de la population globale, estimée à la fin du XVII$^{e}$ siècle à 257 000 habitants. Si l'on retient ce chiffre, le taux des victimes identifiées serait de 0,6 %, taux supérieur à celui de la Lorraine qui s'établit à 0,4 % ; cette différence tendrait à montrer que la répression a été plus vive en Alsace. Cela étant dit, ces taux semblent peu considérables, mais extrapolé à la population actuelle de la France[8], le pourcentage alsacien donnerait tout de même 375 000 sorciers et sorcières poursuivis et persécutés ; ce total est largement dépassé si on tient compte des victimes dont le nom demeure encore inconnu à ce jour. Cependant, au regard de ces chiffres, on est porté à relativiser l'intensité de la chasse aux *Hexen* ; en réalité, ce qu'il faut dénoncer, ce n'est pas tant l'ampleur de cette traque, mais le motif des accusations (sortilège et vénéfice), méfaits dont la matérialité n'est pas toujours probante, et le considérant de la condamnation à mort (le pacte diabolique), admis par tous comme fait avéré. On retrouve là les deux niveaux du crime mixte de sorcellerie.

*Origine géographique des victimes*

| Région | Alsace (total : 1 583) | |
|---|---|---|
| Département | Bas-Rhin | Haut-Rhin |
| Nombre | 1 021 | 563 |
| | 64,4 | 35,6 |

Cent quinze communes du Bas-Rhin sont concernées par les procès de sorcellerie contre quatre-vingt-huit pour le Haut-Rhin ; cependant, par rapport au total actuel des communes de chaque département, le pourcentage est à peu près le même : 23,9 % pour le Bas-Rhin et 23,3 % pour le Haut-Rhin. Peut-on conclure pour autant que l'intensité de la traque fut égale dans les deux territoires ? Ce point sera examiné dans le paragraphe suivant.

## INTENSITÉ CHRONOLOGIQUE

Le graphique ci-après montre clairement que la chasse aux sorcières en Alsace a été plutôt active pendant une période de cinquante ans s'étalant de 1581 à 1630 en deux phases : l'une constituée des trente premières années, d'une intensité répressive très modérée, la moyenne annuelle étant légèrement inférieure à six victimes ; l'autre, représentant les vingt dernières années, est au contraire virulente, particulièrement la dernière décennie, laquelle, avec un total de 751 victimes, double largement la précédente et apparaît comme étant l'acmé de la chasse aux sorcières.

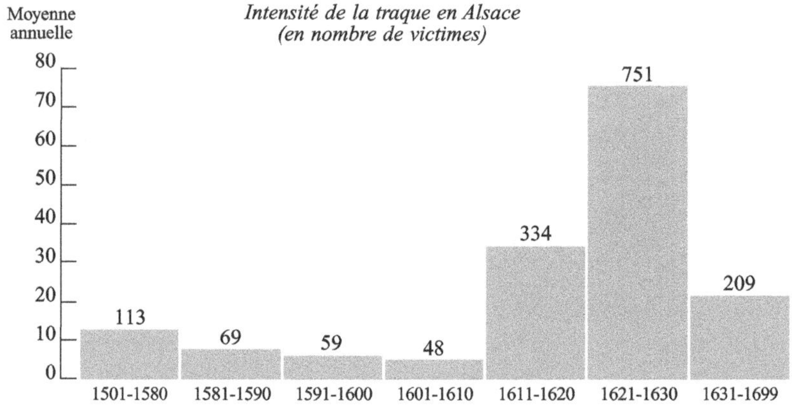


En Lorraine, ainsi que le montre le tableau, la chasse s'est déroulée durant la même période cinquantenaire, mais, à la différence de ce qui s'est passé en Alsace, l'intensité de la répression s'est répartie de manière symétrique tout au long de cette période. Pourquoi cette dissimilitude entre les deux régions, pourtant voisines ? D'une part, la Lorraine a connu deux zélés procureurs généraux : le premier, Nicolas Remy, qui a sévi de 1576 à 1606, d'abord en tant que membre du tribunal du Change, puis comme procureur général de Lorraine, a formé le second à son image, initiation d'autant plus aisée qu'il s'agit de son fils, lequel a poursuivi l'action de son père de 1606 à 1631 avec autant de hargne. D'autre part, la guerre de Trente Ans a mis fin à la chasse aux genoches alors qu'en Alsace cette fin a été plus tardive. Et, qui plus est, on observe que les pics de répression contre les *Hexen* se situent au moment de la guerre de Trente Ans. Comment expliquer ce décalage, voire cette contradiction ? Il est vraisemblable que l'organisation judiciaire propre à chacune des deux provinces en soit la cause. Dans le duché de Lorraine, l'administration est déjà structurellement étatique; ainsi la justice criminelle a été centralisée à Nancy où siège le tribunal du Change auquel les gens de justice des tribunaux locaux doivent soumettre pour approbation toute décision importante comme l'application de la question ou la sentence. La guerre de Trente Ans, qui a meurtri l'ensemble du duché, a complètement désorganisé le pays. Ce cataclysme a été si effroyable qu'il a supplanté la malepeur diabolique.

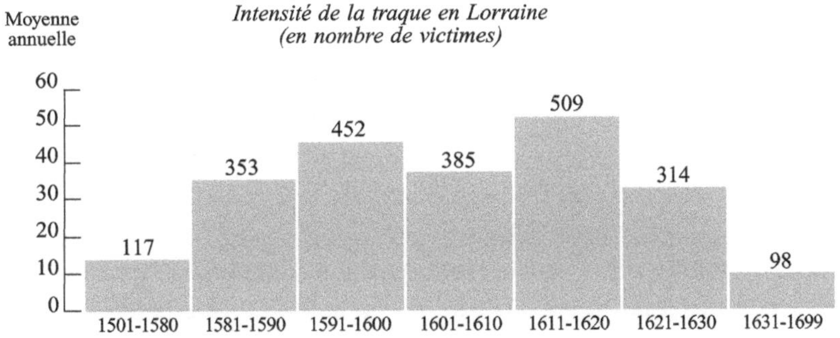


En revanche, en Alsace, cette guerre n'a pas été aussi générale et, la justice locale étant plus ou moins autonome, les procès de sorcellerie ont pu se dérouler dans les localités épargnées par la guerre. De même faut-il savoir que les occupants suédois, là où ils étaient installés, comme à Châtenois de 1632 à 1648, n'admettaient aucune poursuite sorcellique. Attitude qui peut surprendre quand on sait qu'ils regagnèrent la Suède, la tête emplie de diableries au point que leur pays connut une flambée de bûchers de 1666 à 1674.

Tentons à présent d'appréhender les raisons de l'hécatombe advenue durant la période s'étendant de 1611 à 1630. L'enthousiasme évangélique de la Réforme s'essouffle dans les dernières années du XVIe siècle; longtemps invectivés par les prédicateurs de la nouvelle confession, les tenants du catholicisme profitent de ce répit pour reprendre du poil de la bête. Les premières décennies du XVIIe siècle sont les années fastes de la Contre-Réforme dont les jésuites sont le moteur: en Basse Alsace, outre qu'ils dirigent à Molsheim un collège, ces militants du Christ font preuve de prosélytisme dans toutes les paroisses environnantes tandis qu'en Haute Alsace, à Ensisheim, ils administrent un séminaire. Or, lorsqu'on recense les foyers de la répression sorcellique pour la période donnée, ces deux communes se situent en bonne place, tout comme Haguenau, Saverne ou Sélestat. Peut-on pour autant en déduire que les catholiques ont été les principaux pourvoyeurs des bûchers? Dans son *Histoire de Murbach*, l'abbé Gatrio affirme que les protestants ont brûlé plus de sorcières que les catholiques, ce que réfute Rodolphe Reuss. Les données comparatives en la matière étant insuffisantes, nous pouvons juste avancer que, sur le plan géographique, les catholiques sont implantés sur plus des deux tiers de l'Alsace et, sur le plan confessionnel, ils sont deux fois plus nombreux que les protestants; selon La Grange, en 1697, pour la province alsacienne, 171 000 catholiques sont dénombrés contre 86 000 protestants. Si l'on tient compte de cette répartition et du fait que les tribunaux, aussi bien catholiques que protestants, ont fait preuve d'une rigueur comparable, il est logique d'en déduire que les victimes catholiques ont été les plus nombreuses. Comme autres éléments qui peuvent expliquer les pics de répression, on peut mentionner qu'en 1623 l'évêque de Strasbourg, frère de l'empereur et seigneur de Molsheim, ordonne d'extirper la sorcellerie; de même, Léopold d'Autriche donne des consignes à ses juges afin qu'ils punissent sévèrement les sorciers et sorcières; par ailleurs, les années 1626 à 1628 connaissent la peste et la famine dues aux mauvaises récoltes, ces calamités étant attribuées au Diable et à ses serviteurs; enfin, pour démasquer plus facilement les *Hexen*, paraît en 1629 un manuel intitulé *Compendium maleficarum*.

## LES PRINCIPAUX FOYERS DE RÉPRESSION

La carte ci-contre montre tout d'abord une première symétrie: la partie supérieure du Bas-Rhin, à l'exception de Diemeringen qui, dans les années 1671-1673, connaît une poussée de fièvre sorcellique, et la partie inférieure du Haut-Rhin représentent des zones où l'intensité de la répression est faible. La partie supérieure, laquelle comprend l'Alsace Bossue et le pays de Wissembourg, acquise très rapidement à la religion luthérienne, devient le refuge des huguenots lorrains et français. Ces faits expliquent sans doute que la chasse aux sorcières est réduite à une traque sporadique. Quant à la partie inférieure, elle comprend principalement le comté de Ferrette dont l'attraction comtoise n'est pas négligeable.

Nous constatons également une seconde symétrie: celle des zones où la répression est bien réelle, voire violente. Il s'agit de deux secteurs dans

# Les principaux foyers de répression en Alsace

Carte établie par Jean-Jacques Schwien

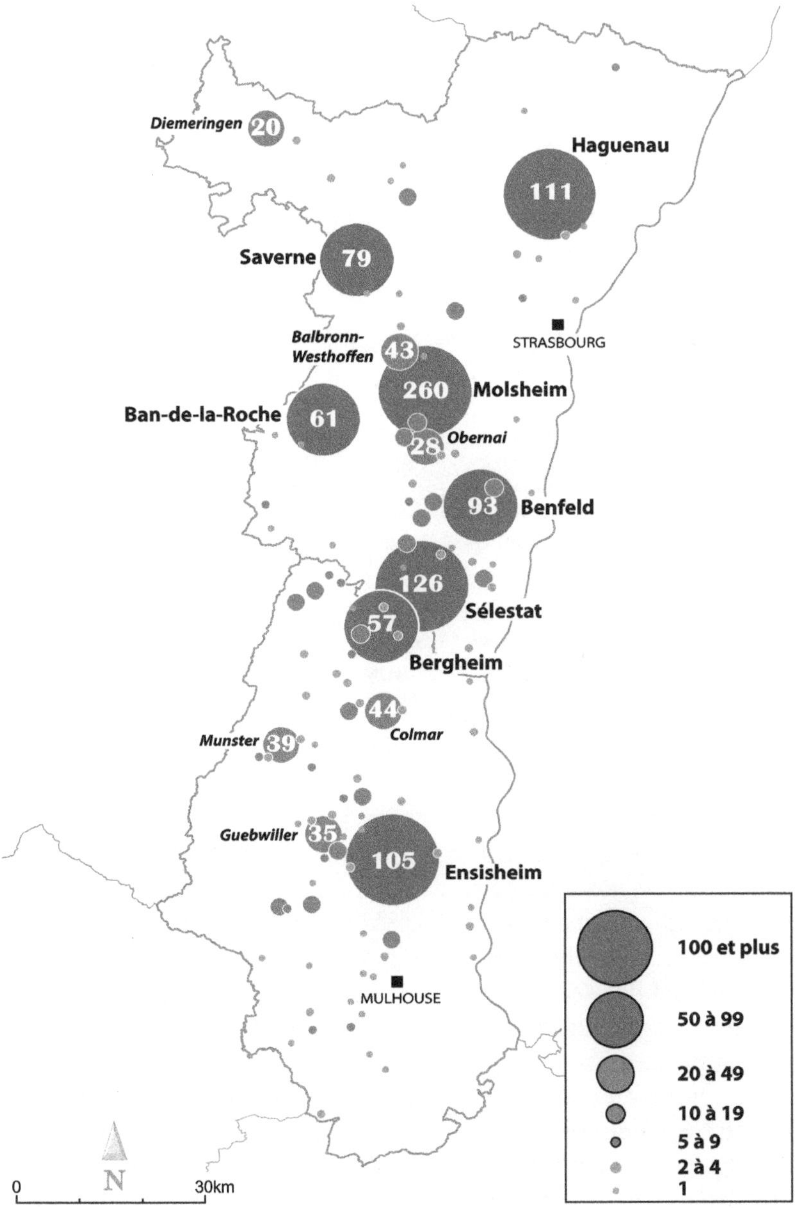

le Bas-Rhin, dont Molsheim et Sélestat sont le fer de lance, et de deux autres secteurs dans le Haut-Rhin, avec Ensisheim et Colmar comme centres directeurs. Remarquons également que la petite république de Strasbourg, actuel chef-lieu du Bas-Rhin, ne figure pas dans ce tableau d’horreur.

### NATURE DES SENTENCES

Pour près de 70 % des 1 584 victimes identifiées, la sentence est connue ; ce qui ne signifie pas obligatoirement que celle-ci ait été effectivement exécutée, en particulier lorsqu’un appel a été interjeté et déclaré recevable, encore que, nous l’avons vu, la sentence peut être exécutée avant que le pourvoi ait été examiné.

*Nature des sentences (sur 1 584 victimes identifiées)*

| Sentence connue (1 108) | | Sentence non connue ou dernière situation connue (476) | |
|---|---|---|---|
| N’entraînant pas la mort (153) | Entraînant la mort (955) | Vivant à ce moment (433) | Décédées (43) |
| Relaxées : 30<br>Bannies ou expulsées : 63<br>Libérées sous serment ou sous condition : 37<br>Renvoyées jusqu’à rappel : 7<br>Recluses à domicile : 10<br>Fustigées : 1<br>Peine de prison : 4<br>Placée en institution : 1 fillette | Brûlées : 948 dont :<br>– 51 enfants<br>– 105 hommes<br>– 792 femmes<br>Pendues : 3 femmes<br>Décapitées, mais non brûlées : 3 (1 femme, 1 enfant et 1 homme)<br>Enfermée vivante dans un tonneau jeté à l’eau : 1 femme | Poursuivies : 236<br>Suite du procès non connu : 27<br>Sentence non connue : 155<br>En fuite : 15 | En prison : 18<br>Sous la torture : 7<br>Par suicide : 18 |

Le taux des condamnations à mort avoisine 60 %, niveau qui se situe au-dessus de la moyenne générale européenne, mais en-deçà des 63 % des territoires allemands. Il est vraisemblable qu’une meilleure connaissance des sentences révèlerait un taux plus élevé. Si l’on considère seulement le total des sentences connues, le taux atteint malgré tout 86 % ! Échapper à la peine capitale tient quasiment du miracle. À elles seules, les femmes représentent plus de 83 % des personnes qui finissent au bûcher. Remarquons également que plus de la moitié des quatre-vingt-huit enfants a été réduite en cendres. Parmi les condamnés échappant à la mort, on ne dénombre que quatre punis de prison. Rappelons que, à l’exception de l’officialité (tribunal ecclésiastique) pour qui l'enfermement accorde à la brebis égarée le temps de réfléchir et de se repentir, la prison n'existe pas en tant que peine, son objet étant simplement de détenir l'inculpé entre l'arrestation et le jugement ; il faut attendre la deuxième moitié du XVIIe siècle pour qu'elle soit reprise dans l'arsenal des châtiments. En conséquence, la peine capitale, tout en participant au « désemplissage » des cachots, n'accable pas la conscience des juges ; d'autant que la mort est, selon l'expression populaire, « comme un vent d'oiseau » et n'est donc pas redoutée : elle fait partie du quotidien. Au surplus, l'Église ne laisse pas de rappeler que la mort n'est qu'une porte entre le monde terrestre et la félicité céleste. Des 153 condamnés qui ont échappé à la mort, seulement 30 ont été véritablement acquittés : ce faible nombre, presque dérisoire, prouve que les juges prononçaient la relaxe bien à contrecœur. 111 suppliciés ont résisté à la question, soit près de 7 % des personnes condamnées. Ce total peu élevé dénote sans conteste l'excessive dureté de la torture. Sur la liste, parmi ceux qui ont été soumis à la question, on en relève un certain nombre dont on ignore le sort : ont-ils été finalement jugés ou sont-ils morts sous la torture ? Cette dernière hypothèse n'est pas à écarter, surtout quand on sait que ces « accidents » entraînaient une sévère admonition de la part des autorités ; aussi les bourreaux, comme les justiciers locaux, s'employaient-ils à faire disparaître ces bavures des registres, quitte à alléguer des explications plus ou moins diaboliques. Du côté des victimes qui ont été déclarées mortes avant le prononcé de la sentence, on en compte 43 ; il est tout à fait probable que ce chiffre est en dessous de la réalité, les gens de justice n'appréciant guère cette « échappatoire » dont ils peuvent être tenus responsables ; afin de s'affranchir de ces charges, ils n'hésitent nullement à dénoncer le Diable comme étant l'auteur de ces décès ; ainsi, Anna Ott, trouvée morte dans son cachot, aurait été, selon les autorités, assassinée par Haspelé, son démon.

## DES GROUPES TRÈS EXPOSÉS

Nous avons déjà signalé que nul n'est à l'abri de poursuites pour crime de sorcellerie. Celui-ci, qualifié de *crimen exceptum*, supprime toute protection, aussi bien sociale qu'individuelle. Être bien né n'interdit pas de mourir de mauvaise manière : Ursula Breuninger, grand-mère du célèbre poète Jakob Balde et femme de Johann-Ulrich Wittembach, avocat à la Cour et procureur auprès de la Régence, est brûlée vive en 1613 à Ensisheim. Comme nous l'avons déjà constaté, la femme n'éveille pas chez les juges la moindre once de compassion. L'âge ne suscite pas non plus quelque indulgence : d'un côté, Hans Koenig n'a pas plus de sept ans lorsqu'il est brûlé à Molsheim en 1630 ; de l'autre, en dépit de ses quatre-vingt-dix-huit ans, Anna Götzin, déjà citée, est brûlée la même année à Saverne.

L'examen plus attentif du *curriculum vitæ* des victimes révèle que certains métiers ou gagne-pain sont sujets à risques ; c'est le cas particulièrement des sages-femmes et des pâtres. Sur les 275 noms pour lesquels nous avons connaissance de la situation professionnelle, nous relevons parmi les 97 métiers exercés par les victimes ou leurs conjoints 25 % de sages-femmes, 20 % de pâtres, 18 % d'aubergistes, 16 % de prévôts, même pourcentage de boulangers, et 8 % de forgerons. Le taux élevé de sages-femmes ne doit pas nous étonner, car elles suscitent chez les hommes de l'Ancien Régime de la déférence mêlée de crainte. Elles assistent les parturientes et participent directement à leur délivrance, et tout cela en l'absence du mâle, lequel n'est pas invité à soutenir sa femme en gésine. Malheur à la matrone qui voit un nouveau-né mourir entre ses mains : cette mort ne peut être provoquée que sur ordre du Diable, et la servile meurtrière baptisera le petit cadavre en son nom ; ses complices de sabbat iront ensuite le déterrer et le bouillir afin d'en obtenir la substantifique et maléfique « moelle ». Soupçonnée d'être une pourvoyeuse du monde infernal et dénoncée comme sorcière en cas de mort d'un nouveau-né, la matrone l'est également en cas de naissance d'un avorton ou d'un petit monstre ou lorsque, faiseuse d'ange, le fœtus malmené arrive malgré tout à terme : ces têtards inattendus et mal faits ne sont que démons en devenir.

Le fait que les pâtres soient proches de la nature laisse supposer qu'ils en connaissent les secrets, ce qui fait d'eux des sorciers en puissance. À la fin du XIXe siècle, les pâtres alsaciens cueillaient encore des plantes réputées magiques, tel le millepertuis, lequel avait la propriété de chasser les mauvais esprits. Au demeurant, nombre de gardiens de troupeau sont des « coupeurs de secret », c'est-à-dire des guérisseurs. Et même il se disait que certains se transformaient en loup ; à la vérité, si les loups infestaient les forêts alsaciennes, peu de loups-garous les hantaient... sans doute à cause des vrais loups. Toutefois, dans les procès, on relève plusieurs cas de lycanthropie : Maria Kohler, jeune sorcière de onze ans jugée à Molsheim en 1630 s'est changée en jeune louve ; Marguerite

COLL. PART.

*« Le Culte du Démon », par Jacques Callot. Gravure de 1627.*

Tscheibler, veuve de Fulleren, se métamorphose en loup et, battant la campagne du côté de Saint-Ulrich, emporte un cochon pour le manger en compagnie de son *Buhl* ; Hänsel Emich et Peter Roller, deux adolescents, fabriquent par magie des animaux dont des loups. À l'exception du dernier qui est relâché, les trois autres sont brûlés. Apolonia Schaeffer, de Molsheim, est accusée par son beau-fils d'apparaître en loup mais, cette fois-ci, les juges ont la sagesse d'écarter cette diablerie ; elle est toutefois condamnée à périr dans les flammes, mais pour d'autres motifs. Dans le *Mémorial* des victimes, on compte six « Schaeffer » ; le nombre relativement élevé d'occurrences de ce patronyme confirme bien la qualité de sorcier accordée aux gardiens d'animaux. Signalons que du côté de la Lorraine ducale, dans le bailliage d'Allemagne, il y a quelques procès concernant des pâtres mosellans qui se transforment en loups, non pour dévorer des enfants, mais pour protéger le troupeau contre l'attaque de vrais loups ; en somme, ces bergers n'étaient que des chiens-loups. Des bergers allemands, plus exactement.

Les aubergistes, particulièrement leurs femmes, figurent en bonne place parmi les groupes exposés aux foudres des démonologues et des gens de justice ; ces gardiens de la morale chrétienne sont convaincus qu'un certain nombre d'auberges et de tavernes sont en fait des lieux de rencontre et de luxure. Il est vrai que les procès rapportent la tenue de noces diaboliques dans ces établissements qui évoquent davantage le pandémonium que le silence immobile et ombreux d'un cloître ; c'est le cas de l'auberge du Bœuf à Sélestat, tenue par les époux Bilex, où prostitution et noces sorcelliques sont monnaie courante ; seule la femme est jugée et brûlée ; on peut se demander pour quelle raison les justiciers locaux se désintéressent du mari. Dans d'autres auberges ont lieu des soirées si fortement arrosées qu'elles rappellent l'ambiance orgiaque du sabbat. Tout aussi peu ragoûtante que celle du banquet sabbatique, la viande que sert Barbara Jäckler à l'auberge de l'Aigle est de la charogne que lui apporte le Diable. Il est à parier que ce dernier a bon dos.

Autre groupe exposé, celui des prévôts. Comme les aubergistes, leurs femmes sont les principales victimes. L'explication est sûrement celle-ci : les prévôts présidant en général le *Malefizgericht*, les sorcières, assurées de leur funeste sort, n'hésitent pas, par pure vengeance, à accuser leurs épouses d'être complices de sabbat. Comme on l'a vu précédemment avec Othilia, femme de Sébastien Fender, *Stettmeister* à Molsheim, Louis Schlaefli a émis une remarque analogue. Les notables communaux, à l'exemple des maires et bourgmestres, ne sont pas à l'abri eux non plus de telles dénonciations. En revanche, il est curieux que la profession de boulanger soit aussi dangereuse que la fonction de prévôt. Le pain, au même titre que le sel, est exclu des banquets sabbatiques, encore que dans certains sabbats il y en ait, et même du pain blanc destiné à ceux qui occupent autour du maître des ténèbres le haut de la table. Comme il symbolise l'eucharistie, le pain est utilisé dans la fabrication de contre-sorts : le boulanger devrait, par conséquent, être préservé de toute diablerie. À moins que la présence du four avec sa chaleur étouffante et ses flammes rappelle le feu de l'enfer... C'est aussi pour cette même raison que les forgerons sont redoutés : la forge n'est-elle pas une sorte d'antre infernal ? Et qui plus est, il se murmure que le Vulcain de ces lieux s'acoquine avec le Diable.

À l'inverse, les guérisseurs alsaciens semblent avoir été peu touchés par la répression ; la liste n'en compte pas plus de trois.

L'Alsace, contrairement à la Lorraine, ne connaît pas les débordements de la furie populaire au travers des lynchages. Le seul cas assimilable à ces crises meurtrières est celui de Nicole Muller. Relâchée, elle est retrouvée morte le lendemain chez elle : durant la nuit, on lui a tordu le cou. Tout le monde s'empresse à attribuer ce meurtre au Diable, prétexte légitimant l'économie d'une enquête. Cette quasi-inexistence de lynchage ne sous-entend-elle pas que le *Malefizgericht* n'ose s'opposer aux demandes de la communauté villageoise d'extirper l'ivraie sorceleuse du bon grain ? Ou, à l'inverse, transgresser la loi heurte-t-il l'esprit alsacien ?

Si les XVIe et XVIIe siècles correspondent au temps de la grande chasse aux sorcières dont le paroxysme, en Alsace, est atteint durant la décennie 1621-1630, des condamnations ont eu lieu en dehors de cette période de chasse. Celles-ci sont isolées, c'est-à-dire que, contrairement à celles que venons d'évoquer, elles ne résultent pas d'une traque organisée où chasseurs (démonologues et juges) et rabatteurs (villageois) s'acharnent sans pitié sur le gibier de bûcher.

En Alsace, le procès de sorcellerie qui paraît être le plus ancien est celui de Tyne de Richeshochven, dite la Brantreiten, jugée à Sélestat le 9 février 1403 ; elle est « bannie à perpétuité par-delà le Rhin pour sorcellerie ». Quant au plus récent, il pourrait être celui d'Anna-Maria Meyer, de Bischwiller, prétendue maîtresse de sorcières, condamnée le 3 octobre 1856 à cinq ans de prison et cinquante francs d'amende pour escroquerie en recourant à des pratiques magiques ; durant son audition, elle menace de transformer en dragon rouge l'huissier de justice. Mais peut-on encore parler de sorcellerie au sens de la définition donnée quelques pages plus loin ?

Toutefois, demeure une énigme non encore résolue à ce jour : le total réel des victimes alsaciennes identifiées et anonymes de la grande chasse aux sorcières. Essayons pour le moins d'en évaluer le potentiel. S'appuyant sur la notice qu'un miséreux poète alsacien, J. Theiler, aurait rédigée « sur les procédures criminelles intentées aux sorciers dans l'ancien évêché de Strasbourg », Louis Levrault cite dans son article « Procès de sorcellerie en Alsace (1615-1635) » des chiffres qui méritent d'être commentés. Cet auteur a également eu accès aux archives de la préfecture du Bas-Rhin. C'est ainsi qu'il indique que, de 1615 à 1635, 5 000 sorciers furent brûlés dans le seul évêché de Strasbourg, d'autres historiens incluent dans ce total la république de Strasbourg. Comme nous l'avons déjà relevé, ce chiffre, repris par la suite par bon nombre d'auteurs, nous paraît excessif ; d'une part, aux archives de l'évêché, quelque 300 liasses de procédures contre des sorciers alsaciens ont été dénombrées, cela ferait, dans l'hypothèse d'un procès par liasse, plus de 16 brûlés par procès, proportion bien trop considérable ; d'autres part, dans la page qui suit celle mentionnant les liasses, l'auteur signale la tenue de 2 000 interrogatoires ; d'où nous pouvons présumer que 2 000 inculpés au plus ont été entendus. En outre, le total de 5 000 brûlés a été acté par des bénédictins du XVIIIe siècle ; sans vouloir mettre en cause leur probité intellectuelle, nous savons qu'au moment de la grande chasse aux sorcières et au cours du siècle qui suivit, le bilan des condamnations fut surestimé afin d'accentuer la nuisance de l'engeance sorceleuse ; par ailleurs, l'accès aux archives officielles n'était pas aussi aisé qu'aujourd'hui. Si, en définitive, nous retenons le chiffre de 2 000 individus poursuivis auquel nous ajoutons 500, pour la république de Strasbourg – cette entité compta très peu de procès – et le reste de la Basse Alsace, nous atteignons un chiffre de 2 500 victimes pour l'ensemble de ce territoire. Le bilan des victimes de la Haute Alsace approchant les 1 000, le total général des victimes alsaciennes de la sorcellerie s'établirait ainsi aux environs de 3 500. Le pourcentage des non-identifiées se situant en général dans l'intervalle de 20 à 30 %, rapport comparable à celui des terres lorraines, le nombre de victimes connues pourrait donc avoisiner les 2 600. Or, le *Mémorial* compte 1 606 noms. Pourquoi une telle différence ? La plupart des noms ont été extraits à partir des Archives départementales et communales, tout en sachant que le dépouillement complet de ces dernières reste à faire ; cette liste, corroborée ou enrichie par les travaux des historiens contemporains et des auteurs de monographies locales, est, nous en convenons, imparfaite. Nous invitons donc tous les investigateurs de ce passé « brûlant », particulièrement les généalogistes, à la parfaire.

Nous n'ignorons pas non plus qu'une partie des archives a été détruite. Rodolphe Reuss jamais ne se consola du bombardement de Strasbourg dans la nuit du 24 au 25 août 1870 par l'artillerie allemande ; outre les morts et les destructions que causa ce bombardement, bien des trésors manuscrits et imprimés de la Bibliothèque de Strasbourg disparurent dans les flammes. Dans cet immense brasier, des centaines de sorcières furent brûlées une seconde fois, les procès avec ; cet anéantissement était réservé, nous l'avons vu, aux auteurs de « crimes abominables », notamment ceux qui s'étaient commis avec des animaux. Bien triste fin pour des innocentes qui ne pourront être réhabilitées, faute de connaître leur identité.

Le total réel des victimes alsaciennes demeurera bien longtemps une énigme. Jamais résolue, sans doute...

TROISIÈME PARTIE

# L'après-grande chasse

CHAPITRE 10

# Le regard des historiens

Nombre d'historiens ont tenté d'expliquer cette traque humaine, et leur point de vue a évolué au fur et à mesure du dépouillement des archives, mais également en fonction du sentiment qu'elle leur inspire. Une constante apparaît toutefois : plus on s'éloigne de cette période, moins les jugements sont favorables aux démonographes des XVI^e^ et XVII^e^ siècles. Comme si le temps, telle une longue-vue, grossissait l'intolérance de ces derniers, à moins qu'il donne suffisamment de recul pour avoir une vision plus objective... Des historiographes approuvant sans réserve les démonologues à ceux qui les abominent, en passant par les modérés, relevons au fil des siècles leurs arguments, tout en ayant conscience que l'expression forcément synthétique des thèses en présence reflète de manière imparfaite ou parfois réductrice la pensée de leurs auteurs.

## *Les silences du XVIII^e^ siècle*

Singulièrement, ce siècle, pourtant connu comme celui de l'éveil philosophique avec Voltaire, Montesquieu, Diderot, Rousseau, Beaumarchais et bien d'autres penseurs, n'a pas donné lieu à de grands débats, ni à force exégèses sur la sorcellerie. Ce silence s'explique-t-il par la volonté d'oublier au plus vite une tragédie jugée peu glorieuse ou, au contraire, par le choc émotionnel qui nous laisse sans réaction tel un traumatisme important ?

Rares, bien rares sont les auteurs du XVIII^e^ siècle qui ont osé parler de la flambée sorcellique du temps de la flamboyante Renaissance. La quasi-totalité d'entre eux sont des ecclésiastiques. Dans le cercle bien restreint des laïcs, on relève tout de même le nom de Saint-André, conseiller médecin ordinaire du roi ; à quelques-uns de ses amis avec lesquels il correspond, il n'hésite pas à parler des sorciers et à écrire en 1725 que les effets surprenants de la magie maléfique qu'on attribue ordinairement aux démons sont naturels et n'ont rien à voir avec les arguments terrorisants de l'Église.

Parmi les grands esprits du siècle des Lumières, seul Voltaire a évoqué le tragique épisode de la chasse aux sorcières ; le bon seigneur de Ferney, qui n'a jamais hésité à dénoncer les abus de la Justice ou de l'Église, pensait que les bûchers jouèrent le rôle d'un contrefeu allumé pour circonscrire un incendie d'ordre social, déclarant même en 1756 : « Il n'y a plus de sorciers depuis qu'on ne les brûle plus. » Cette remarque est à rapprocher d'un mémoire rédigé en 1670 par Pierre Lalemant, chancelier de l'université de Paris, dans lequel on peut lire : « Nous voïons par expérience, que dans les provinces de France où on ne parle poinct de sorciers et où on s'en mocque, il ne s'en trouve presque poinct. » Analogie fortuite ou coïncidence d'opinion ?

Quant aux démonographes religieux, la plupart n'ont repris que les faits se rapportant aux possessions démoniaques du siècle écoulé ; ce phénomène, que Jean Palou désigne dans l'un des paragraphes de son ouvrage *La Sorcellerie* sous le titre « Le Diable dans les couvents », a fortement occupé les prêtres exorcistes du XVII^e siècle, particulièrement ceux d'Aix-en-Provence et de Loudun confrontés à des ursulines diablement excitées. Mais peut-on parler vraiment de sorcellerie quand on évoque cette emprise satanique ? Ne devrait-on parler plutôt de diablerie ou, mieux, de sexorcisme ?

Encore faut-il s'entendre sur ce qu'est la sorcellerie. À la lumière des connaissances acquises sur ce sujet, je propose la définition suivante : « La sorcellerie est l'art de nuire à l'homme, en s'attaquant directement à lui ou indirectement, par des moyens occultes, naturels ou surnaturels ; le recours à cet art, qui implique la servitude au Diable, a toujours lieu à des fins criminelles. Son usage peut être volontaire ou sur injonction du Diable. » Il s'ensuit que toute personne qui use de moyens maléfiques d'origine diabolique – ce pouvoir de nuire étant la contrepartie de sa soumission à Satan – sera considérée comme sorcier ou sorcière. Au vu de cette acception, force est de constater que les condamnés de

COLL. PART.

*En Alsace, les exorcismes étaient souvent pratiqués lors de l'interrogatoire afin d'expulser le Diable pour que celui-ci ne puisse plus empêcher sa protégée de répondre aux juges.*

la grande chasse des XVIe et XVIIe siècles étaient pour la plupart de simples individus qu'on a sciemment catalogués sorciers et sorcières afin de pouvoir les juger coupables du crime mixte de sorcellerie. Des « Malgré-Eux » de la sorcellerie, en somme.

De même, peut-on qualifier de sorciers les possédés du Démon ? La réponse est à l'évidence négative. Pour l'Église, ils sont les instruments du Diable, et seul le prêtre exorciste viendra à bout du satanique squatteur ; pour d'autres, ce sont seulement des malades en proie à des dérèglements mentaux.

Avant la description et l'analyse plus rationnelle des médecins, aliénistes et autres spécialistes des siècles suivants, les cas de possession donnent lieu à des procès de sorcellerie, non pas contre les possédés, mais contre ceux qui sont soupçonnés d'avoir provoqué l'ensorcellement. Il faut des coupables. Et le brave docteur Poirot, amoureux platonique de la mystique Élisabeth de Ranfaing, Tremblecourt, le galant chevalier de l'intouchable Catherine de Lorraine, ou Urbain Grandier, le sémillant curé de Loudun, fantasme sexuel d'une couvée de nonnes en chaleur, sont sacrifiés sans pitié aucune. En Alsace, les exorcismes sont souvent pratiqués lors des interrogatoires de sorciers et sorcières afin d'expulser l'intrus diabolique pour l'empêcher d'insensibiliser ses protégés au moment de la question, grâce au « charme de la taciturnité ». Dans l'ancienne province des *Hexen*, un vrai cas de possession reste encore en mémoire : celui des deux enfants d'Illfurth, Thibaut et Joseph Burner ; les jeunes possédés endurèrent cette satanée présence intracorporelle de 1868 à 1869. Une vieille femme de mauvaise renommée d'Illfurt fut accusée de cet « endiablement » ; jugée, elle fut condamnée au bannissement.

Parmi les religieux qui ont écrit sur la démonologie, n'oublions pas dom Calmet, l'un des plus illustres historiens de la Lorraine ; sa position mérite d'être rappelée. Érudit et d'un abord agréable – Voltaire fut très heureux d'être son commensal durant son séjour à l'abbaye de Senones –, il a, pour son époque, un jugement clairvoyant mais, chrétien sincère, il croit vraiment au Diable ; aussi n'est-il pas surprenant qu'il accepte sans réserve le dogme en la matière. Dans ces conditions, on peut comprendre son attitude conciliante vis-à-vis de la chasse aux sorcières, qui le conduit à écrire dans son *Histoire de Lorraine* :

> On ne peut nier que les princes, les évêques et les juges n'aient tenu en poursuivant les sorciers une conduite très-sage et très-louable, puisqu'il était question d'arrêter le cours d'une impiété

> dangereuse et d'un culte sacrilège, ridicule, abominable rendu au démon, qui séduisait et perdait une infinité de personnes et causait dans l'État mille désordres.

De même, il s'interdit de supposer « qu'une infinité de procédures faites avec tant de soin et de maturité par de graves magistrats, par des juges très éclairés, soient toutes fausses ». Par ailleurs, dans le même ouvrage, le studieux bénédictin, à propos de la pollution sorcellique des terres de l'Est, prétend que c'est Albert de Hohenzollern, margrave de Brandebourg – un religieux défroqué – et ses troupes qui ont « donné cours à la magie et à la sorcellerie dans le pays de Trêves et dans la Lorraine ». Les Brandebourgeois avaient donc la connaissance des arts magiques et les auraient révélés aux Allemands et aux Lorrains. Cette assertion nous semble bien hasardeuse. À défaut d'avoir été un historiographe libéré de toutes croyances superstitieuses, le bénédictin de l'abbaye de Senones a toutefois été le regard « honneste » de son temps.

## *Le scientisme du XIX^e^ siècle*

À l'inverse du siècle précédent, comme si on assistait à l'éveil printanier de l'esprit, bon nombre d'auteurs s'intéressent à l'épidémie sorcellaire de la Renaissance. Il est à noter que la fonction qu'ils exercent forge en partie leur opinion ; cette espèce de tropisme conduit à les classer en trois grandes catégories : les ecclésiastiques, les gens de médecine et les autres lettrés (écrivains, historiens, magistrats et hauts fonctionnaires).

À l'image de leurs prédécesseurs, les ecclésiastiques de ce siècle, tenu pour être celui de la raison scientifique, croient toujours au Diable. L'abbé Olivier, auteur de nombreuses monographies vosgiennes, affirme ainsi :

> La possibilité de phénomènes résultant exclusivement de la puissance et de la malice du démon, constitue en théologie une thèse parfaitement démontrée [...] Pour nous simples chrétiens, il est de foi qu'il y a des démons, qu'ils jouissent d'un pouvoir occulte extraordinaire et qu'avec la permission de Dieu ils en ont plusieurs fois usé dans le monde visible. Rien ne s'oppose à ce que l'homme puisse devenir l'intermédiaire du malin esprit et dans ce cas il faut admettre l'existence possible de véritables sorciers.

Toutefois, l'abbé atténue sa croyance en pensant que, la « science n'ayant pas dit son dernier mot, on peut encore espérer la voir un jour nous étonner par ses découvertes qui, aujourd'hui, nous sembleraient merveilleuses ».

# DÉPLORABLES RÉSULTATS

## DE LA SUPERSTITION ET DE L'IGNORANCE.

**Tourmens inouis que des paysans ont fait souffrir à une pauvre femme qu'ils ont placée sur un tas de fagots, auquel ils ont mis le feu, croyant qu'elle étoit sorcière.**

Une femme de Dinant passant pour Soroière, faisant un jour quelque commission, ella passer par Castillon, et entra dans une ferme pour y demander l'aumône, et s'y reposer. Quelques tems après un des enfans tombe malade, et meurt : sa mort est attribuée à un sort jeté par la prétendue Sorcière. Depuis cet événement, un autre enfant de la même ferme tombe malade aussi, et pendant sa maladie cette femme revient de nouveau dans ce pays, pour y faire de nouvelles commissions; aussitôt les apostrophes les plus grossières, les plus violentes lui sont adressées ; on lui reproche et la mort de l'enfant et la maladie du second ; et il lui est ordonné de défaire à l'iostant même, le sort qui tient au lit celui-ci. Elle a beau protester de son innocence, de son impuissance : elle est sorcière ; il faut qu'elle guérisse l'enfant ou qu'elle périsse par les flammes Un espèce de bûcher est élevé dans la cour, avec quelques fagots : on la place dessus, on l'entoure de gens armés de fourches, dont les dents sont dirigées vers elle. Dans cette position elle reçoit une nouvelle sommation d'anéantir le sort qu'on lui attribue ; sur sa protestation qu'elle est sans pouvoir pour cela, le feu est mis aux fagots, la flamme s'élève autour d'elle, embrâse ses vêtemens, qui étant heureusement de laine en partie, ne font que rôtir, sans jeter de flammes. A plusieurs reprises, poussée par d'affreuses douleurs, elle cherche à s'élancer hors du feu, mais chaque fois les fourches l'y repoussent; enfin, épuisée par sa torture, elle tombe sans connaissance, et ses bourreaux la jettent sur le grand chemin. Un fermier charitable chez lequel elle parvient à se trainer, la ramena chez elle sur un chariot. On craint vivement pour ses jours. La justice informe.

*Extrait de la Gazette des Tribunaux.*

### COMPLAINTE.

Air : *De Joseph....*

Ecoutez le récit d'un crime
Qui fait frémir le genre humain,
Et vous plaindrez une victime
Qui demanda pardon en vain.
Par une coupable ignorance,
Lui supposant mauvais dessein,
Des paysans par des souffrances,
A sa vie voulurent mettre fin.

Une pauvre femme en voyage
Demanda l'hospitalité
Dans une ferme du village :
L'asile lui fut accordé ;
Mais par malheur dans cette ferme
La maladie subitement
Des deux enfans qu'elle renferme
S'empare, l'un meurt à l'instant.

Aussitot les gens du village,
Fanatiques autant qu'ignorans,
Disent qu'une sorcière dans sa rage
Leur jeta un sort en passant.
Sitôt cette erreur s'accrédite.
On dit que la femme en mendiant,
Le jour qu'elle demanda un gite,
jeta un sort à ces enfans.

Cette malheureuse au village
Revint au bout de quelque tems
On profère des cris de rage,
On se saisit d'elle à l'instant,
Et dans une cour on prépare
Un bûcher avec des fagots,
Et toute la foule barbare
Semble mépriser ses sanglots.

Sur ce bûcher ils la percerènt,
Et lui disant qu'au même instant
Elle ôte le sort que naguère
Elle jeta sur l'autre enfant.
Elle crie, elle gémit, elle proteste
qu'elle est sans pouvoir pour cela,
On met le feu, et pour qu'elle reste,
Des fourches la retiennent là.

Prête d'expirer elle tombe,
Ils la jettent sur le chemin.
Elle est sur le bord de la tombe,
Rien n'arrete ses assassins.
Mais un paysan charitable
Dans sa voiture la plaça,
Et dans un état déplorable
Dans son pays la ramena.

O vous ; furieux, dont l'ignbrance,
Vous fait encore croire aux sorciers ;
Vous insultez à la clémence
Du Dieu qui nous a tous créés.
Sachez que lui seul sur la terre
Peut diriger notre destin.
Soyez vertueux et sincere
Et ne croyez plus aux devins.

Imp. de V. Poussin, rue Mignon, 2

Ancienne maison Julienne, rue Saint-Jacques, n 31, Affranchir.

L'abbé Vairel est, lui, beaucoup moins œcuménique ; dans son *Essai historique sur Nompatelize* écrit en 1896, il affirme que les procès de sorcellerie ont été exploités par nos historiens modernes qui n'y voient que de pauvres victimes de la crédulité publique exploitée par le fanatisme religieux. L'abbé admet qu'il y a eu des erreurs judiciaires, mais ce serviteur du Christ regrette qu'on rouvre ces procès. À le lire, nous comprenons fort bien son courroux :

> À part quelques infortunés, victimes des passions aveugles de la foule, les sorciers étaient généralement des gens tarés, ayant ce qu'on appellerait aujourd'hui un casier judiciaire. Aussi le crime de sorcellerie se complique très souvent de plusieurs autres qui sont de droit commun et qui suffisent à motiver la rigueur des lois, par exemple attentats contre les mœurs, la propriété ou la vie du prochain. Nous pourrions ajouter que ce n'était pas seulement la société qui avait à se défendre contre les pratiques abominables de la sorcellerie, mais aussi l'Église car elles n'étaient pas moins antireligieuses qu'antisociales.

Quant aux écrivains-médecins, on ne sera pas surpris d'apprendre au travers de leurs ouvrages et articles que les causes de la sorcellerie sont de nature pathologique, et plus spécialement psychiatrique. Le docteur Hippolyte Bernheim, grand patron de l'école de Nancy dans le domaine de l'hypnotisme, puis de la psychothérapie, écrit notamment :

> À la lumière de la doctrine de la suggestion s'explique le culte du Diable et des sorciers. Les accusations de sorcellerie qui ont fait tant de victimes et allumé tant de bûchers, les procès mémorables du prêtre Gaufridi, d'Urbain Grandier, des ursulines de Loudun, tout cela éclairé par la psychophysiologie moderne, montre que toutes ces scènes diaboliques, toute cette histoire de succubes, d'incubes, etc., ne sont que des suggestions, hallucinations collectives, auxquelles l'angoisse ajoute souvent des réactions émotives psychonerveuses et hystériques, mélange d'hallucination et d'hystéricisme [...] Que d'erreurs judiciaires eussent été épargnées à la pauvre humanité si la vérité scientifique avait pu se faire jour.



*Cette feuille engagée du début XIX^e siècle dénonce les « Déplorables résultats de la superstition et de l'ignorance ». Elle fait le récit des « tourmens inouis que des paysans ont fait souffrir à une pauvre femme qu'ils ont placée sur un tas de fagots, auquel ils ont mis le feu, croyant qu'elle étoit sorcière ».*

Sentiment partagé par le docteur Legué, auteur en 1884 d'une étude sur *Urbain Grandier et les possédées de Loudun*. Pour lui, grâce aux travaux de la science, « Satan, l'être imaginaire a complètement disparu. Les hystériques, comme les autres malades, relèvent du médecin, non plus du prêtre ou du moine exorciste ».

Dans le même ordre d'idée, Albert Giraud, aliéniste du XIX<sup>e</sup> siècle, analyse le phénomène de la sorcellerie comme « une grande épidémie de délire, la folie se retrouvant à toutes les époques de l'histoire ; aujourd'hui, on ne voit plus que des êtres souffrants là où l'on croyait voir d'abominables sorciers ».

Les autres intellectuels ont des positions plus diverses. Du côté des historiens reconnus comme tels, Michelet, dénonçant en un style hugolien l'effroyable injustice dont a été victime la Sorcière, infère que la sorcellerie est le fruit de la misère et de l'oppression. Voilà une appréciation bien marxiste ! La sorcellerie aurait-elle été la maladie infantile des Temps modernes ? Près de deux siècles plus tard, Robert Muchembled défend plus subtilement :

> Les bûchers de sorcellerie peuvent être considérés comme la négation de la lutte des classes : il est probable que la plupart des condamnés n'avaient pas eu conscience de s'attaquer à la société établie, mais les gouvernants et les paysans aisés brûlaient aussi symboliquement leur peur d'une subversion sociale généralisée.

À l'opposé, Auguste Digot, autre historien éminent de la Lorraine, considère plus prosaïquement que les condamnés de la sorcellerie étaient en général mal famés et bien capables d'autres crimes ; pour lui, « beaucoup d'ailleurs se livraient à la magie et s'imaginaient jouir de la puissance qu'on leur attribuait et se persuadaient qu'ils pouvaient à leur gré atteindre leurs ennemis ». En ce sens, l'opinion de ce laïc est proche de celle de l'abbé Vairel. Bien plus proche encore celle d'A. Dorlan, l'auteur de *Notices historiques sur l'Alsace et principalement sur la ville de Schlestadt*, pour qui « un grand nombre de condamnés ne méritait pas un meilleur sort : peu d'entre eux excitent la pitié. C'étaient des femmes et des hommes perdus de mœurs qui se faisaient un jeu de l'adultère, de l'empoisonnement, de l'inceste, de l'infanticide, et qui rejetaient sur les instigations du Diable les tristes effets de leurs viles passions ». Le pourfendeur de ces âmes damnées était pourtant un excellent avocat. En revanche, l'opinion de Jules Baissac, le spécialiste du Diable, en est bien éloignée ; dans *Les Grands Jours de la sorcellerie* qu'il dédie « À la Mémoire sainte et vénérée de la plus illustre des Sorcières mortes sur le bûcher », en l'occurrence Jeanne d'Arc, il ne craint pas d'écrire :

> Quand on voit des juges provoquer les dénonciations meurtrières des enfants contre leurs parents, ceux-ci livrer leurs enfants au bourreau ; quand on voit de petits marmots inconscients, quelquefois à peine sortis du sevrage, condamnés froidement et sans colère par des tribunaux religieux ou civils, et périr par le glaive ou le bûcher, on ne peut raisonnablement arguer de cet adage : « Autres temps, autres mœurs ! » [...]
>
> Cette perversion, qui l'a amenée ? Qui ou qu'est-ce qui en est responsable ? [...] L'ignorance y a sa part, assurément ; mais si elle ne se fût étayée sur une foi autorisée, qui, non seulement entretenait son délire, mais le lui imposait comme un devoir et lui eût fait un crime de douter d'elle-même et de se mettre en question, elle fût restée simple ignorance et n'aurait pas été jusqu'à jeter hors de sa voie naturelle la pauvre espèce humaine : « Donnez-moi un peuple de brutes » a dit quelque part Mirabeau, « et je vous en aurai bientôt fait un peuple de tigres. » C'est précisément ce que la foi a fait de l'ignorance : elle en a fait un levier de monstrueuses déviations de l'ordre divin sous couleur de le venger du diable.

Rodolphe Reuss, brillant animateur de l'école historique alsacienne et militant actif d'une Église protestante profondément humaniste, adopte une attitude à mi-chemin :

> La sorcellerie n'est point une réalité comme pour nos crédules ancêtres, mais elle n'est pas non plus un assemblage de mythes absurdes nés uniquement de la torture comme le veulent certains ; elle est le résultat d'une hallucination quelquefois naturelle, mais le plus souvent artificielle et volontaire. Les visions fantastiques créées par des breuvages et des onguents magiques se précisent et s'amplifient sous l'influence du juge et du bourreau.

Autre Alsacien, Louis Schneegans, archiviste-bibliothécaire de la ville de Strasbourg, a un point de vue bien inattendu sur le pourquoi de la sorcellerie. Dans son article sur un *Document relatif à l'histoire des procès de sorcellerie dans le Haut-Rhin*, il conclut :

> [La sorcellerie] est un système inventé tout exprès, dans le but d'effrayer et d'éblouir le genre humain à l'aide de ces caricatures et de ces fantômes hideux d'un monde invisible, pour le

> diriger sans peine et le mener comme en lisière, ainsi isolé et paralysé dans ses nobles facultés, partout où l'on voulait.

Pour les autres représentants de la société civile, Louandre, archiviste de la Sarthe, proclame en 1853 dans *La Sorcellerie* que « malgré son impuissance et sa folie, la sorcellerie n'en a pas moins dominé longtemps avec l'autorité des choses les plus vraies et les plus saintes ; elle a tenté de supplanter la science. » Et le chartiste de conclure : « Elle s'est révoltée contre Dieu. » Plus prudent, Gabriel Thomas, substitut du procureur général à la Cour d'appel de Nancy dans les années 1885, admet que la sorcellerie n'est qu'une forme d'aliénation mentale et que ses œuvres n'ont d'autres réalités que celles d'un impuissant délire ; mais bon sang ne saurait mentir, l'honorable magistrat ne peut s'empêcher de penser qu'« avec les poisons, bien des crimes ont été commis dans l'ombre de la sorcellerie ».

## *L'approche sociologique contemporaine*

À l'instar du siècle précédent, la sorcellerie de la Renaissance suscite l'attention d'un grand nombre de chercheurs contemporains. Comme pour parachever le siècle écoulé, la première moitié du XX^e^ siècle voit se poursuivre la description des sorciers et des sorcières en malades souffrant de pathologie mentale. Auteur en 1910 de *L'Église et la sorcellerie*, J. Français déclare qu'il faudrait pour traiter ce sujet « être à la fois historien, théologien, juriste et médecin. C'est de la pathologie mentale que relève la grande sorcellerie, la sorcellerie épidémique ».

Naturellement, pour expliquer l'embrasement sorcellaire, d'autres auteurs mettent en avant le contexte religieux. Le chanoine Camille-Paul Joignon, dans son ouvrage *En plein cœur du Barrois* paru en 1951, affirme que « c'est l'ignorance religieuse, résultant des guerres incessantes qui désolèrent les duchés et terres évêchoises, qui poussa nombre de personnes à essayer commerce avec le monde des esprits infernaux, en vue d'améliorer leur malheureux sort ». Ce prélat reprend le jugement émis deux cents ans plus tôt par dom Calmet. Autre explication, beaucoup plus surprenante : celle d'Antoine Sutter, également prêtre, qui, dans *Lucy, regards sur le passé d'un village lorrain* qu'il fait paraître en 1957, laisse entendre que « la responsabilité de la sorcellerie en incombe à la Renaissance qui souleva la pierre du tombeau où dormaient depuis près d'un millénaire les divinités païennes et réveilla chez nos ancêtres des souvenirs dont ils ne s'étaient pas entièrement dégagés».

Dans le camp des laïcs, Étienne Delcambre, archiviste en chef de Meurthe-et-Moselle dans les années 1940, développe dans son *Concept de la sorcellerie en Lorraine aux XVI^e^ et XVII^e^ siècles* l'idée suivante: «Transformée par les théologiens, la sorcellerie ne devint plus autre chose au XVI^e^ siècle qu'une mystique inversée; c'est la mystique diabolique se substituant à la mystique divine.» Ah! Cette loi de la dualité universelle! L'ombre et la lumière, le corps et l'âme, le bien et le mal, l'enfer et le paradis, etc.

Tout aussi inattendue est l'analyse d'Anne Denieul qui se demande: «En tout cas, qui pourrait nier que la magie ne fasse intimement partie de la religion catholique?» et donne en exemple la messe qui transforme l'hostie en corps du Christ, les pouvoirs guérisseurs des saints, les visions, stigmates, états de lévitation des grands mystiques et bien d'autres prodiges – les prêtres seraient-ils les magiciens de Dieu, et les sorciers les magiciens du Diable? L'auteure du *Sorcier assassiné* s'interroge:

> [Pourquoi] le christianisme a-t-il, dès le XIII^e^ siècle, transformé la sorcellerie en hérésie démonolâtre, fait du sorcier un maudit? La religion, en s'attribuant le monopole des bienfaits de la magie, a-t-elle voulu la confisquer à son profit pour mieux gagner les âmes? Ou pour mieux les sauver? À moins qu'il ne s'agisse que d'un épisode de plus à ajouter à l'histoire de la lutte de la magie et de la religion, au nom d'une volonté de domination, car la magie – comme la religion – a aussi pour but de gouverner l'homme spirituel.

Outre ces raisons d'ordre psychique ou religieux, apparaissent d'autres explications qui touchent un domaine non exploré jusqu'alors, celui des mentalités. Ce nouvel espace d'études commence tout juste à être défriché, à l'aube du XXI^e^ siècle, non seulement par des historiens, mais aussi par des sociologues. Le premier d'entre eux est Lucien Febvre qui, dès les années 1950, se demande pourquoi des hommes, des savants, des érudits ont pu être aussi des exterminateurs; il répond:

> Il faut que dans sa structure profonde la mentalité des hommes les plus éclairés de la fin du XVI^e^ siècle, du début du XVII^e^ siècle, ait différé, et radicalement, de la mentalité des hommes les plus éclairés de notre temps. Il faut qu'entre eux et nous des révolutions se soient déroulées.

Plus près de nous, Robert Muchembled affirme que « la sorcière n'est que la victime expiatoire d'un affrontement entre la modernité conquérante et la résistance paysanne » :

> La chasse aux sorcières a eu un aspect pathologique. Pathologie des couches supérieures de la société, hantées par la figure du diable, qui combattaient pour imposer aux paysans leur conception du monde. Elles le firent par la terreur, par une pastorale centrée sur l'enfer et l'image d'un Dieu terrible envers ceux qui n'écoutaient pas sa voix, et aussi par les bûchers de la sorcellerie... Pathologie aussi d'une société paysanne en pleine mutation culturelle, religieuse, sociale et politique, qui se laissait pousser à la persécution, qui désirait celle-ci, au moins en ce qui concerne les nantis acculturés et superficiellement alphabétisés pour rejeter au loin ses inquiétudes. Et deux mouvements répressifs, partis du haut et du bas de la société, convergèrent brutalement, bien que leurs objectifs aient été fondamentalement différents, pour anéantir les sorcières.

Ce clivage ville-campagne a été relevé par de jeunes auteurs d'aujourd'hui, notamment la comtoise Brigitte Rochelandet qui n'hésite pas à écrire :

> La répression de la sorcellerie émane d'une invention de l'esprit des élites qui transforme consciemment une partie de la population rurale et féminine en une engeance à abattre pour le bien et l'évolution de l'humanité [...] Ainsi, la chasse aux sorcières, véritable régression mentale, a permis l'émergence de la Modernité, balayant sur son passage des différences culturelles.

Une autre historienne, Janine Garrisson, souligne l'immixtion des juges de la ville dans le monde traditionnel de la nature où jusqu'alors les paysans évoluaient à l'aise, ainsi que la volonté des élites de s'implanter à la campagne et de la mater ; Robert Mandrou avait déjà relevé cet antagonisme.

Denis Leypold, historien de la haute vallée de la Bruche, a consacré à la sorcellerie un chapitre de son ouvrage *Le Ban-de-la-Roche au temps des seigneurs de Rathsamhausen et de Veldenz*. S'éloignant des tenants de la thèse selon laquelle la sorcellerie serait une dérive du mental, l'historien objecte que la grande chasse serait plutôt la conséquence d'une situation d'ordre socio-économique. En tout cas, voici la fin de sa conclusion :

> La complémentarité des ressources offertes par la structure industrielle joua certainement un rôle non négligeable dans la répartition des richesses, mais insuffisamment pour lutter contre la dépression économique et sociale qui s'empare déjà des plus faibles. Une conséquence significative est représentée par la brutale inquisition seigneuriale contre la délinquance qui semble s'être, avec les malheurs du temps, tout à coup intensifiée, mais sous une forme inattendue: la sorcellerie. Mascarade judiciaire ou hermétisme face au rationalisme, la logique de la domination de la nature sur l'homme lui a joué son plus mauvais tour par le sacrifice d'une cinquantaine de personnes. Les pulsions anarchiques de déstabilisation de la société ne seraient-elles pas nées de l'interprétation déformée et toute subjective des gens de justice, comme l'annonce d'une grave crise sociale?

Dans son article «Procès de sorcellerie en Moyenne Alsace au XVII^e^ siècle», Yvette Beck avance comme cause essentielle du phénomène sorcellique la coexistence dans la vie courante du rationnel et de l'irrationnel. Elle écrit notamment:

> Le «non-naturel» était présenté dans la vie quotidienne parallèlement au «naturel», aux faits objectifs. En un sens, on faisait la distinction entre les deux: certains objets, personnes ou événements sont qualifiés de «diaboliques» par opposition aux objets ordinaires. Mais en fait, les deux sont étroitement mêlés et l'un intervient dans l'autre. Ce sont les caractéristiques à la fois de la mentalité magique et religieuse. Ce surnaturel s'introduit dans la vie quotidienne. [...] Cet enchevêtrement du réel et du surnaturel explique la possibilité de la croyance à la sorcellerie [...] Il n'y avait pas de nette séparation dans l'esprit des gens entre le réel et l'imagination, ni entre le rationnel et l'irrationnel.

Bien que le terme de «supraréalité» n'apparaisse pas, il s'agit bien de cette notion que l'auteure évoque dans ces lignes, laquelle conclut:

> Nos ancêtres participaient à cette recherche de l'extranaturel. Ils aspiraient à une solution surnaturelle de leurs problèmes concrets. La société ne leur apportait aucune aide. Même la religion en décevait certains. Le recours à Satan était alors la seule solution. Mais nous avons vu que ce recours à Satan était plutôt imaginaire que réel, et que les sorcières étaient aussi victimes que malfaisantes. Les modestes accusées d'Alsace n'étaient que des victimes lointaines d'une répression dont le sens les dépassait. Elles ont été accusées d'avoir pris part

> concrètement à des événements dont la rumeur publique, participant à l'appétit de surnaturel propre à une grande partie de la société, affirmait l'existence. Elles ont cru ce que leur suggéraient les autorités et la croyance populaire : que les sorcières existaient et qu'elles étaient des sorcières.

L'épidémie sorcellique et la traque humaine qui s'ensuivit auraient donc eu pour causes le fanatisme religieux, l'inculture, la misère, l'évolution sociologique. Bref, l'origine en serait *a priori* multiple et diverse. L'objectivité nous force à reconnaître qu'elle est plutôt, dans bien des cas, fonction des convictions et de la spécialité des auteurs, chacun tendant à défendre sa thèse. Tout compte fait, la répression de la sorcellerie résulterait d'un ensemble de raisons, comme l'a souligné Robin Briggs :

> Dans les affaires de sorcellerie, on y retrouve, mêlées dans des proportions variables, convictions religieuses et facteurs politiques, croyances de l'élite et superstitions populaires, conflits sociaux et crise économique, circonstances générales et antagonismes locaux.

Ce qui a été fort bien traduit à Luxembourg, en l'an 2000, dans les différents colloques organisés lors de l'exposition « Incubi Succubi. Les sorcières et leurs bourreaux ».

Pour clore ce chapitre, n'oublions pas que la grande chasse aux sorcières a été organisée, quel que soit le pays, dans un cadre des plus légaux, ce que nous rappelle l'éminent historien Jean-Michel Bœhler dans son article « Religion et sorcellerie dans la région d'Obernai vers 1630 : contribution à l'histoire de la peur et de la sécurité » :

> Ne considérons pas la chasse aux sorcières comme une totale aberration ou une forme caractérisée de barbarie : replacée dans son époque, elle n'est ni l'une ni l'autre. Elle se réfère, en toute légalité, à cette « science du diable » qu'est la démonologie, les juristes étant, à l'instar des clercs, les instruments dociles de la chasse aux sorcières. Les poursuites sont empreintes de ferveur religieuse et c'est avec les meilleures intentions du monde que la foi et la charité chrétiennes peuvent conduire à la torture et aux bûchers.

Dans le cas présent, l'adage « L'enfer est pavé de bonnes intentions » se vérifie. Malheureusement.

CHAPITRE 11

# Les traces de la grande chasse en Alsace

Les traces matérielles de la chasse aux sorcières des XVI^e^ et XVII^e^ siècles sont aujourd'hui quasiment inexistantes, au point qu'on pourrait douter de sa réalité. Cependant, l'Alsace est une des régions de l'Est de la France qui recèle le plus grand nombre d'indices de cette traque humaine. Les uns concernent la chasse proprement dite, les autres la sorcellerie.

## *Les traces originelles*

Parmi ces indices, il faut distinguer ceux qui datent de l'époque elle-même, et ceux qui sont postérieurs à celle-ci ; n'oublions pas non plus les initiatives qui participent à la conservation du patrimoine historique tels les musées, ou à l'entretien d'une mémoire telles les manifestations folkloriques.

Énumérons d'abord les traces tangibles de cette époque, que l'on peut classer en deux catégories : les traces écrites et les autres. Les premières sont les plus nombreuses ; il s'agit essentiellement des procédures criminelles relatives à la sorcellerie, les dépenses et recettes comptabilisées par les receveurs, notamment les frais d'exécution, les pièces afférentes à la confiscation des biens, sans oublier les instructions officielles des autorités comme l'ordonnance du 10 mars 1623 de l'évêque de Strasbourg réclamant plus de sévérité à l'égard des sorciers et des sorcières. La plus grande partie de ces documents est centralisée aux Archives départementales ; le reste est conservé par les communes, les bibliothèques ainsi que quelques sociétés savantes.

L'Alsace se différencie des régions voisines du fait que les communes y sont plus nombreuses à détenir pareilles archives. D'autres registres tenus au gré de leurs possesseurs évoquent sommairement ces procès tels les livres de raison, les registres paroissiaux, à l'exemple de celui de Diemeringen. Viennent s'ajouter à ces sources manuscrites les ouvrages imprimés à partir de la fin du XVIe siècle; concernant la sorcellerie, le plus connu est le *Malleus maleficarum* paru en 1486, et dont l'un des deux auteurs, Heinrich Krämer, die Institutor, est, répétons-le, alsacien.

En dehors de ces traces scripturales, existent des vestiges plus ou moins visibles. Les plus connus sont les tours dans lesquelles les *Hexen* furent enfermées avant d'être jugées; la plupart d'entre elles sont encore appelées « tours des sorcières » (*Hexenturm*). Citons, entre autres communes possédant une tour de ce genre : Châtenois, Cernay, Herrlisheim, Ingersheim, Kaysersberg, Rouffach, Sélestat, Soultz, Thann, etc. À Mulhouse est encore visible la tour du Diable (*Teufelsturm*) qui servit de prison aux victimes de la sorcellerie.

En Lorraine, bien rares sont ces tours; pourtant, comme ailleurs, les détenus étaient enfermés dans de semblables prisons; or, en 1636, en représailles à l'esprit rebelle des Lorrains, le vindicatif Richelieu ordonna la destruction de tous les châteaux seigneuriaux; d'où la quasi-inexistence aujourd'hui des traces des lieux de détention des genots et des genoches. À Riquewihr, une chambre de torture se situant dans la « tour des Voleurs » présente une dizaine d'instruments et d'appareils de torture dont l'estrapade. À l'entrée de Wintzenheim se trouve un bâtiment appelé la Laube; datant de 1583, il a servi à la fois de tribunal et de cachot. En 1817, la ville de Molsheim décida de mettre des terres en culture. Lors du défrichement, on découvrit une surface circulaire de cinq mètres de diamètre profondément charbonneuse : c'était l'emplacement de l'ancien gibet, ce que confirmait au reste le toponyme de ces terres, Galgenweg. Il fallut une dizaine d'années de culture pour faire disparaître à jamais ce témoignage de l'existence des bûchers. Dommage que l'intérêt du profit immédiat l'ait emporté sur celui de la conservation du patrimoine.

Entre les traces écrites et les vestiges, on trouve un domaine important : celui de la toponymie. Connus de manière orale au départ, les noms des repères géographiques (rues, parcelles de terrain, lieux-dits, etc.) furent repris ensuite par écrit dans les cadastres. Ainsi, sur les tertres désignés par le préfixe *Galgen-* (gibet, potence) – tels Galgenboden à la sortie de la ville d'Altkirch, Galgenacker à Cernay, Galgenrain à Thannenkirch, etc. – ont été dressés, à coup sûr, des bûchers. À Gougenheim, la rue du Galgenberg menait les suppliciés à la colline du Galgenberg sur laquelle trônait le gibet ; de surcroît, les condamnés, au cours de leur ultime trajet, ne manquaient pas d'apercevoir l'emblème du bourreau gravé sur le pilier de clôture de son logement. Les lieux-dits et autres endroits composés de *Hexen-* – tels Hexenacker (champ des Sorcières), Hexenbaum (arbre des Sorcières), Hexenloch (trou des Sorcières), Hexenplatz (place des Sorcières), Hexenstein (rocher des Sorcières), etc. – rappellent des sites fréquentés par les sorcières ou quelquefois des lieux de sabbat. Comme il n'existe pas de terme germanique spécifique au sabbat, ce lieu de rencontre nocturne est indiqué bien souvent par le toponyme originel comme le Bollenberg à Rouffach, le Chesnoy au Ban-de-la-Roche, la colline du Bastberg près de Bouxwiller, qui inspira Goethe lorsqu'il décrivit la nuit de Walpurgis dans son *Faust*, etc. Le lieu-dit Haxelmattel rappelant à Nidernai un lieu de sabbat est sans doute l'exception à ce qui vient d'être énoncé. Nous trouvons également des toponymes désignant des lieux-dits supposés ensorcelés comme In Bösen Wald ou In Bösen Matt. À Cernay, dans le prolongement de la rue du Château, de l'autre côté de la rue du Paradis, s'étire sur une centaine de mètres le « sentier des Sorcières » ; du Paradis à l'Enfer, quel raccourci ! Ces toponymes assez fréquents au XIXe siècle tendent à disparaître avec les réactualisations cadastrales. De plus, certains d'entre eux furent francisés.

## *Les traces postérieures*

Voyons à présent les autres traces évoquant la chasse aux sorcières. Quelques croix ont été érigées pour se préserver des sorcières ; c'est le cas à La Baroche de la croix de Jnach qui était censée éloigner les sorcières, *Jnach* signifiant « genoche » en patois welche. De même, afin d'exorciser le Bollenberg, lieu de sabbat entre Soultzmatt et Orschwihr, une croix ainsi qu'une chapelle furent élevées ; cette dernière dénommée chapelle de Sainte-Croix est aussi appelée localement chapelle aux Sorcières. Par ailleurs, à Illfurt, une statue de la Vierge Marie fut dressée afin de perpétuer le souvenir de la délivrance des deux enfants Burner, de la possession satanique. Sur le Molsheimerberg, les sorcières se rassemblaient autour d'un tilleul, celui-ci fut abattu en 1629 et remplacé

*Parmi les lieux de sabbat alsaciens, la colline du Batsberg, près de Bouxwiller, mérite d'être retenue car elle inspira Goethe lorsqu'il décrivit la nuit de Walpurgis dans « Faust ». Chaque année, dans la nuit du 30 avril au 1er mai, qui précède la fête de sainte Walpurgis, des milliers de sorciers et sorcières s'envolent de part et d'autre du Rhin pour se donner rendez-vous sur le mont du Blocksberg, proche de Göttingen, en Allemagne. Gravure du XVIIe siècle.*

COLL. PART.

par une croix ainsi que l'attestent les comptes communaux de l'époque. Les *Hexen* ne cessèrent pas pour autant de se réunir régulièrement à cet endroit, osant même danser autour de la croix. Aujourd'hui, elle n'est plus ; qui pis est, on ne souvient plus de son emplacement. Enfin, lors de la démolition d'une vieille maison, un instituteur de Balbronn découvrit dans une cavité d'une poutre de la charpente un sachet contenant un bulbe de glaïeul connu des initiés sous l'appellation de « cuirasse contre les traits empoisonnés du malin » : ce talisman, qui était porté sur soi, empêchait la survenue des mauvais esprits, démons et sorcières. Dans une autre maison de la même localité fut découverte dans le pas de porte une cavité identique, mais vide de tout contenu. Dans le même esprit, en Alsace, en particulier dans les vallées de la Moder et du Rotbach, les soupiraux des soubassements étaient munis d'un volet coulissant en grès ou protégés par des grilles en fer, le *Haxebase* (balai de sorcière), contre les incursions de *Hexen*.

Autres traces de la chasse aux sorcières, celles qui, grâce à des associations, sont évoquées par des manifestations folkloriques ou conservées dans les musées. L'Alsace, riche de traditions et de légendes, est fière de rappeler son passé. Chaque année dans les villages où le souvenir des bûchers de la sorcellerie est encore persistant, des spectacles et des animations sont proposés au public. À Rouffach, au mois de juillet a lieu la « fête de la Sorcière » ; l'ambiance carnavalesque du défilé et des déguisements est une des façons d'exorciser le temps des sorcières. Tous les 14 août, à Orschwihr, un énorme bûcher, le « feu de la Sorcière » (*Haxafir*), est allumé en souvenir du sabbat du Bollenberg ; pareillement, jusqu'en 1955, les jeunes gens de Meistratzheim préparaient le *Haxefierel*, le bûcher de la sorcière qu'ils dressaient dans la nuit du 30 avril au 1er mai, cette nuit étant celle de la *Walpurgisnacht*, qui rassemblait sur le mont Brocken, le sommet le plus élevé du Harz en Allemagne, plusieurs centaines de sorcières venant de part et d'autre du Rhin. En 2008, sur le thème des procès de sorcellerie en Val de Lièpvre, un spectacle son et lumière donné la nuit à Lièpvre retraça l'exécution d'Appoline Behr. De même, en 2004, le groupe Patrimoine et Histoire de Châtenois organisa à Kintzheim une soirée durant laquelle une série de procès de sorcellerie du XVIIe siècle furent présentés sous forme dialoguée et illustrés par des documents et des vues anciennes projetées sur écran. À la réflexion, nous pouvons nous demander si certaines de ces manifestations ne constituent pas une sorte de catharsis participant à la purgation de notre subconscient.

Clôturons ce chapitre sur les traces de la chasse aux sorcières en citant une réalisation dont les Alsaciens peuvent à juste titre s'enorgueillir : la maison des Sorcières à Bergheim. Contrairement à d'autres pays, la France compte peu d'établissements de ce genre ; les Français seraient-ils plus enclins à célébrer les victoires qu'à se souvenir d'événements moins glorieux, même si les faits appartiennent à l'Histoire ? Il n'est pas nécessaire d'être masochiste pour tirer leçon d'une tragédie dont les acteurs ne sont autres que nos propres aïeux. La Société d'histoire de Bergheim, à l'origine de ce projet patrimonial, ne désirait pas créer un musée tel qu'on le conçoit habituellement : figé et plein de silence, semblable au château de la Belle au bois dormant. Au contraire, elle ambitionnait de montrer l'histoire des procès d'une quarantaine de *Hexen* jugées à Bergheim entre 1582 et 1683 sous l'aspect d'une exposition permanente et évolutive. Ce vœu est parfaitement réussi : dans les salles, le visiteur, baigné dans une ambiance de clair-obscur, est aussitôt accroché par la scénographie où musique, son, bruitage n'atténuent en rien le cheminement pédagogique de la visite. En un mot, ce lieu ensorcelant mérite le détour.

CHAPITRE 12

# La machine infernale

La pertinence des arguments, la hardiesse de l'attitude de certains hommes, plus lucides ou plus perméables à la souffrance humaine, n'ont pas permis d'instiller le moindre doute dans l'esprit des promoteurs de la traque humaine, encore moins fait trembler le bras des exécutants. En fait, aucune influence n'a pu infléchir l'enchaînement tragique de la chasse aux sorcières. Rien n'a pu enrayer la machine infernale qui, dans certains cas, s'est emballée.

À la lumière de ce qui précède, il est possible de schématiser à présent le mécanisme de la chasse aux sorcières. Au départ, une caste se croit ou se sent menacée et, pour détourner l'objet de cette menace, en provoque une autre dont elle désigne les auteurs à la vindicte populaire ; celle-ci, prenant peur à son tour, réclame l'élimination des fauteurs de trouble, d'où la mise en place d'une juridiction appropriée.

Afin d'illustrer ce processus, reprenons le cas de la grande chasse aux sorcières. D'un côté, nous avons un clergé peu vertueux dont le magistère est contesté et, de l'autre côté, le parti des seigneurs qui craint, à la suite de disettes et d'autres calamités naturelles ou pas, une jacquerie. L'un et l'autre, apeurés, vont susciter un ennemi commun : le Diable. Le Diable, ce ténébreux enjôleur qui promet le bonheur à qui renie Dieu et ses saints, ce suborneur de gamines à peine pubères, qui séduit également sans vergogne femmes mariées et veuves décrépites, abuse même les hommes en se présentant sous les traits d'un succube aguichant, ce silencieux assassin qui trucide hommes et bêtes avec ses poudres et ses breuvages, cet affameur qui détruit récoltes et fruits en provoquant la tempête, le gel ou la grêle. Comme on ne peut s'en prendre directement à ce criminel incorporel, le « malin esprit » ainsi qu'on le nomme, on s'attaquera à ses complices de chair et de sang : les sorciers et les sorcières. Tandis que les démonologues se mobilisent et excitent la population, celle-ci, prenant peur et se sentant menacée à son tour, demande instamment qu'on la débarrasse de la maudite secte de Satan. Les gens de justice ont alors toute latitude pour répondre à cette requête. Enclenché par une oligarchie politico-religieuse, le processus de la malepeur du Diable se démultiplie pour atteindre l'immense masse moutonnière.

Outre la technique du bouc émissaire, connue depuis fort longtemps, le mécanisme de la chasse aux sorcières doit son efficacité essentiellement à ses méthodes inquisitoriales. Primo, une information secrète au préalable : difficile de se défendre lorsqu'on ignore la nature et l'origine des griefs allégués. Secundo, pas de témoignage à décharge : tout est centré sur l'établissement de chefs d'accusation devant conduire à l'élimination de l'inculpé. Tertio, la délation : plus ou moins suscitée, elle multiplie les dénonciations, d'autant qu'elle permet d'assouvir sans danger tout sentiment de haine, vengeance, jalousie, envie. Secret, instruction uniquement à charge, incitation à la délation : voilà les trois ressorts de toute chasse aux sorcières, sans oublier le climat de terreur qu'elle engendre.

La chasse cesse quand ses poursuivants risquent à leur tour d'être poursuivis ou lorsqu'un événement extérieur détourne l'attention, comme ce fut le cas en Lorraine où les saccages de la guerre de Trente Ans désorganisèrent l'appareil judiciaire et provoquèrent des dégâts plus effroyables que les dommages causés par les genoches.

La chasse aux sorcières peut donc être définie comme la réaction d'un pouvoir institutionnel qui, face à des mécontentements pouvant porter atteinte à son autorité, exacerbe des peurs populaires afin de créer une psychose collective ; des groupes sociaux en sont alors rendus responsables, et dénoncés comme étant des factions de la pire espèce dont les membres doivent être, en conséquence, poursuivis et châtiés de manière impitoyable tout en respectant un semblant de justice, quitte à créer une juridiction d'exception. Le phénomène peut prendre une ampleur telle qu'il échappe parfois à ses initiateurs ; ainsi les dénonciations suscitées par les autorités peuvent être comprises comme des « appels au meurtre » et entraîner des lynchages, comme on a pu le constater par ailleurs en Amérique du Nord avec les Indiens ou les Noirs. L'intensité de la chasse est fonction, nous l'avons vu, de la part de supraréalité suscitée par les promoteurs de la traque ou amplifiée à la suite de l'emballement de la machine à traquer les indésirables.

La chasse aux sorcières peut viser tout groupe social ou ethnique. Celle des XVI^e^ et XVII^e^ siècles, qui a causé le plus grand nombre de victimes parmi les femmes, peut être considérée comme la première persécution de type sexiste. Durant la Seconde Guerre mondiale, la chasse aux juifs et aux tziganes a conduit au pire crime : le génocide. Un peu plus tard, le stalinisme pourchassa tout Roubachof osant la moindre critique à l'encontre du Parti : ce mécanisme répressif a été fort bien décrit par Arthur Koestler dans *Le Zéro et l'Infini*. Sûrs de leur innocence au début de leur interrogatoire, les accusés finissent par se convaincre qu'ils sont coupables et qu'ils ont vraiment trahi le Parti, leur Église. Le parcours de ces damnés de la terre, où la part de supraréalité s'accroît au fur et à mesure qu'on approche de la fin du calvaire, est exactement celui des sorcières de la grande chasse. Et cette volonté d'éradication n'est pas seulement l'apanage des régimes totalitaires ; les États constitutionnels n'en sont nullement épargnés. Hier, dans la plus grande démocratie du monde, l'opinion publique, manipulée, crut que des agents subversifs s'employaient à détruire le « rêve américain ». Comme on était au temps de la Guerre froide, l'ennemi fut tout trouvé : les communistes ! Crypto ou pas. Survint alors une grande peur. Cette malepeur, connue sous le nom de maccarthysme, se traduisit par la traque et l'élimination des traîtres.

En ce début de XXI^e^ siècle, force est de s'interroger à nouveau : avec la crise économique, le chômage grandissant peut-il déclencher une nouvelle malepeur ? Plus assez de boulot ! Priorité aux ressortissants nationaux ! Ouste ! Hors d'ici, les étrangers ! Aujourd'hui les charters... mais demain ?

Pour clore ce chapitre, un mot sur l'origine de l'expression « chasse aux sorcières ». Elle est la traduction stricto sensu de *witch hunt* ; son origine est donc anglo-saxonne, américaine pour être plus précis. En effet, elle daterait du XIX^e^ siècle et aurait été utilisée pour rappeler la célèbre affaire des sorcières de Salem. Cette expression a été véritablement consacrée dans les années 1950 à propos des dénonciations abusives que provoqua l'hystérie maccarthyste.

CONCLUSION

# In memoriam

Au terme de cet essai dédié aux victimes alsaciennes de la grande chasse aux sorcières, il est de notre devoir d'évoquer l'attitude courageuse, voire exemplaire, de quelques hommes qui se sont opposés aux pourvoyeurs de la traque. Oublier ces êtres qui n'ont pas hésité à braver l'opinion générale, à dénoncer l'implacable rigueur du système judiciaire et l'absence d'empathie de ses juges, eût été bien ingrat.

Du côté des ecclésiastiques, les plus sages d'entre eux, au risque que la compassion à l'égard des réprouvés soit prise pour de la complaisance, n'ont pu émouvoir, ni même éclairer les pontifes de leur Église. À l'archevêque de Mayence qui s'étonnait auprès de Friedrich von Spee, jésuite allemand et auteur de la *Cautio criminalis*, qu'il fût aussi précocement chenu, ce dernier, âgé d'à peine trente ans, répondit: «De douleur, à cause du nombre de sorciers que j'ai vus condamner à mort sans preuve.» Son opinion sur la validité des aveux obtenus devant le bourreau était tout aussi tranchée: «Souvent, j'ai pensé que la seule raison pour laquelle nous ne sommes pas tous sorciers est que nous n'avons pas tous été torturés.» De plus, il n'hésitait pas à reprocher aux prêtres d'agir en zélateurs des juges séculiers. Paul Layman, autre disciple d'Ignace de Loyola, dans son ouvrage *Du procès contre les sorciers et les sorcières* paru en 1629, contesta avec énergie le recours à la question. De même, dans le camp des prosélytes de la nouvelle confession, Johann Mathaus Meyfart, professeur de théologie luthérienne, dénonça en 1635 dans son *Christliches Erinnerung*, l'arbitraire des *Malefizgericht* allemands.

DR

*Friedrich von Spee, jésuite allemand, fut l'un des rares religieux à dénoncer les abus des procès de sorcellerie.*

COLL. PART.

*Jean Wier, médecin rhénan, considérait les sorcières comme des pauvres égarées qu'il fallait soigner et non punir.*

Quant aux laïques, les Montaigne, Charron, Galilée, Torricelli, Cyrano de Bergerac, penseurs et savants illustres aujourd'hui, n'étaient connus que d'une minorité, certes instruite mais prudemment silencieuse. Distinguons néanmoins Jean Wier. Ce médecin rhénan, admirateur d'Érasme, demeure encore aujourd'hui l'une des figures emblématiques des adversaires des procès de sorcellerie qu'il qualifiait de « massacre des innocents », allant même jusqu'à déclarer qu'« il vaut mieux pardonner à dix coupables que de faire mourir un innocent ». Bel exemple d'humanité !

En Alsace, la chasse aux sorcières fut à ce point impitoyable qu'il était fort périlleux de s'opposer aux démonologues et aux représentants de la justice. Conscients qu'ils ne pouvaient les contrer ouvertement, certains hommes de bonne volonté s'employèrent à adoucir le calvaire des suppliciés ou à obtenir une atténuation de peine, comme Ulrich Schweitzer, receveur du couvent de Saint-Jean qui, à plusieurs reprises, tenta d'amadouer les membres du tribunal de Saverne ou d'obtenir à tout le moins que les sentences ne soient pas lues publiquement pour ne pas ajouter au déshonneur des condamnés et de leurs proches. Le curé de Bergheim, messire Georges Gull, doutant de la culpabilité d'une prétendue sorcière, sollicita sa grâce. En vain. Son geste le conduisit même à se démettre de sa cure.

## *Un devoir de mémoire*

Des hommes comme Bodin, Boguet, De Lancre et Remy, reconnus pour leur vive intelligence, ont prôné en toute bonne foi l'extermination de milliers de personnes, tout en étant convaincus d'accomplir leur devoir en bons chrétiens et serviteurs loyaux de l'État.

Semblable tragédie peut donc se reproduire, ainsi que nous l'avons souligné ci-avant, à propos du génocide des juifs. Aussi rappelons-nous cette mise en garde du philosophe américain George Santayana : « Ceux qui ne se souviennent pas du passé sont condamnés à le revivre. »

N'oublions pas en conséquence de lire et de relire les pages du grand livre de notre passé, *a fortiori* les plus sombres d'entre elles.

Pour ce qui concerne la période des XVI^e^ et XVII^e^ siècles, le *Mémorial des « sorcières » d'Alsace,* qui liste *in fine* de cet ouvrage le nom des victimes, peut constituer, entre autres actions de sensibilisation, un témoignage concret et durable.

Le 25 juin 2008, le parlement cantonal de Glaris en Suisse prononça la réhabilitation d'Anna Göldi. Servante de son état, elle fut la dernière femme exécutée en Suisse pour sorcellerie. C'était le 18 juin 1782. Ni le gouvernement ni les Églises, réformée et catholique, ne s'opposèrent à sa réhabilitation. Outre cette reconnaissance d'innocence, la commune de Mollis où elle avait vécu baptisa un chemin de son nom.

En Alsace, la dernière condamnation à mort pour crime de sorcellerie fut prononcée en 1683 à Bergheim. Au mois de juin de ladite année, le tribunal de cette localité décréta la mort par le feu de deux sorcières : l'une, Ursule Semeler, une septuagénaire aveugle, devait être brûlée vivante ; l'autre, Madeleine Baumeyer, orpheline de douze ans, et qui lui servait de guide, devait, en raison de son âge, être étranglée avant que les flammes commencent à rôtir son corps. Lors de l'interrogatoire *peinlich* – toutes les deux ont été durement torturées –, on accusa la vieille sorcière d'élever des puces à seule fin de harceler ses voisins ou d'épandre dans leurs jardins des chenilles pour qu'elles dévorent les légumes. On se demande bien pourquoi les juges n'ont pas songé un instant que les puces peuvent déménager d'une façon tout à fait naturelle et changer ainsi de logis au hasard des visites. Quant à la jeune fille, elle parlait trop du sabbat, confiant à quiconque qu'elle s'y rendait dans un carrosse attelé de quatre chats ; là encore, les juges eurent peine à imaginer que cette gosse ressassait en fait un rêve qui l'emportait en un monde enchanteur, bien loin de son horizon terrestre.

La sentence du tribunal de Bergheim ne fut pas exécutée : le Conseil souverain de Colmar à qui le dossier avait été entre-temps communiqué décida qu'Ursule serait seulement pendue, et Madeleine longuement fouettée. Cette commutation de peine, accordée par la nouvelle juridiction d'appel de Haute Alsace, peut apparaître comme une mesure de mansuétude – la fillette a été épargnée – mais, en réalité, elle procède simplement de l'édit proclamé en juillet 1682 par le roi Louis XIV – n'oublions pas que l'Alsace était à présent partie intégrante du royaume de France –, édit qui stipule en son article 3 que « s'il se trouvait à l'avenir des personnes assez méchantes pour ajouter et joindre à la superstition l'impiété et le sacrilège, sous prétexte d'opérations magiques et autres prétextes de pareille qualité, nous voulons que celles qui s'en trouveront convaincues soient punies de mort». En quoi Ursule, avec ses puces savantes, avait pu commettre un tel crime de lèse-majesté divine ? Elle ne méritait donc pas la mort. De même, Madeleine ne méritait pas d'être fouettée car, en matière sorcellerie et en dehors du crime précité, ledit acte royal ne visait que les devins et devineresses et les pratiques superstitieuses qui «abusent des termes de l'Écriture sainte et des prières de l'Église». Rêver, fût-ce du sabbat, n'est pas faire œuvre de voyance, ni faire concurrence aux saints guérisseurs.

Ursule Semeler et Madeleine Baumeyer étaient innocentes. L'une et l'autre auraient dû être acquittées. Ne serait-ce pas notre devoir de leur rendre officiellement leur dignité en les réhabilitant ? Les deux pauvresses, dans les dernières années de leur existence, avaient vécu de mendicité. Si tardive soit-elle, notre aumône en leur donnant un peu d'amour vaudrait bien son pesant d'or. Un peu d'amour qui se transmue en or, ne serait-ce pas là le véritable secret de la pierre philosophale que tant d'alchimistes ont vainement cherché ?

MUSÉE HANSI

*«Tour des sorcières» de Bergheim. De 1582 à 1683, une cinquantaine de sorcières furent enfermées dans ses cachots humides et obscurs. Gravure de Hansi.*

# Notes

1 Le *Mémorial des « sorcières » d'Alsace* annexé à ce livre complète les renseignements se rapportant aux victimes citées dans le texte.

2 Il ne s'agit pas de la ville haut-rhinoise, mais de la capitale de l'ancienne province de Westphalie en Allemagne ; aujourd'hui, elle fait partie du land de la Rhénanie-du-Nord-Westphalie.

3 Cette torture est connue sous le nom de l'âne ou du cheval, selon que la poutre sur laquelle le supplicié est à califourchon se termine par une tête d'âne ou de cheval, les quatre supports verticaux de la poutre rappelant les pattes de l'animal.

4 Date à partir de laquelle le royaume de France, en vertu du traité de Münster (Westphalie), commence à prendre possession de l'Alsace.

5 En Alsace catholique, le cultivateur de confession anabaptiste-mennonite passait pour sorcier, à tout le moins pour guérisseur.

6 Traduction française figurant en regard du texte original en allemand (pp. 178-179 de l'ouvrage précité).

7 Certains arrêts des tribunaux séculiers ou de l'Inquisition, tout en ordonnant de brûler vivant le condamné, prescrivaient discrètement au bourreau d'abréger les souffrances. Ce *retentum*, écrit au pied de l'arrêté, précisait la portée de la mesure de clémence ; l'essentiel était que le supplice conservât son effet terrorisant.

8 Total au 1er janvier 2009 de la France métropolitaine : environ 62,5 millions d'habitants.

# Glossaire

Termes repérés dans le texte par un astérisque (*)

**Barbier-chirurgien :** artisan barbier ; possédant des outils tranchants, il était souvent requis pour les saignées et autres interventions chirurgicales de l'époque.
**Bêtes rouges (ou rouges bêtes) :** ce terme désigne les vaches de race vosgienne et, aussi, par extension, tout bovin.
**Bichet :** ancienne mesure de capacité pour le blé et autres grains valant, selon les contrées et provinces, vingt-quatre pintes, soit une trentaine de litres.
**Blanc** : ancienne monnaie représentant quatre deniers ou le cinquième du gros de Lorraine.
**Bourgeoisie (droit de) :** droit que devait payer toute personne désirant s'installer dans un autre village ; ce droit était soumis à l'accord du conseil municipal.
**Brouche :** terme désignant une sorcière dans le Béarn et le Pays basque.
**Décharger (un accusé) :** disculper après coup celui qu'on a accusé de telle ou telle charge. Dans les procès de sorcellerie, ce revirement se rencontrait fréquemment, d'autant que l'accusation portée contre un soi-disant complice l'avait été sous la torture.
**Forfuiance :** droit féodal se rapportant à l'assujettissement du serf à son seigneur. Le serf ne pouvait quitter la seigneurie sans l'accord monnayé de son maître.
**Formariage :** droit féodal se rapportant au mariage entre deux personnes appartenant à deux seigneuries différentes ou entre une personne soumise à la seigneurie et une personne franche. Le droit de formariage était le droit payé au seigneur par le serf pour obtenir la permission d'épouser une personne franche ou appartenant à une autre seigneurie.
**Fustiger :** vieux terme signifiant corriger à coups de bâton et, par extension, à coups de verges ou de fouet.
**Genot, genoche :** terme désignant, en Lorraine, le sorcier, la sorcière. Selon le patois, on peut lire aussi « genaux, genauxe » ou « guenot, guenoche ».
**Heurchat :** lampe à huile.
**Hexen :** dans les pays de langue germanique, ce terme désigne les sorcières. Proviendrait du vieil allemand *hagzissa* signifiant : qui chevauche les haies. Il n'y a pas de terme masculin correspondant pour les sorciers.
**Hoirie :** terme médiéval correspondant à « héritage ».
**Immédiateté impériale :** les biens et les personnes jouissant de cette qualité relevaient directement de l'empereur du Saint-Empire romain germanique et, de ce fait, n'étaient pas assujettis à un seigneur local.
**Incube :** démon mâle.
**Là-bas :** terme désignant l'enfer, au XVIe siècle.
**Linceul :** drap de lit.
Magistrat : corps élu chargé de l'administration d'une ville.
**Mainmorte :** droit seigneurial par lequel les biens d'une personne décédée sans héritiers revenaient au seigneur.
**Malefizgericht (tribunal des maléfices) :** tribunal laïc, composé en général de douze à vingt-quatre membres. Sa dénomination pourrait laisser croire que seuls les sorciers et

les sorcières étaient déférés devant ce tribunal; en fait comparaissaient devant lui tous les criminels passibles de la peine de mort; ce qui n'exclut pas qu'il ait été installé dans certains cas spécialement pour juger les inculpés de sorcellerie.

**Manouvrier:** ouvrier manuel.

**Meix:** désignait ordinairement le jardin potager attenant à la maison.

**Moitrier:** métayer de l'Ancien Régime.

**Mouchotte:** abeille. On dit aussi «mouchette».

**Poêle:** pièce principale, chauffée essentiellement par l'étable voisine.

**Question:** torture appliquée en toute légalité.

**Rondier:** danser en rond.

**Senestre:** signifie «à gauche»; dérive du latin *sinister* (qui est à gauche).

**Succube:** démon femelle.

**Tabellion:** fonction qui s'apparente à celle du notaire d'aujourd'hui.

**Tempestaire:** désigne celui qui a le pouvoir de contrôler la météorologie par la magie; si ce pouvoir est d'origine diabolique, le sorcier, appelé aussi «meneur de nuées», est à même de provoquer des catastrophes naturelles.

**Teufel:** terme allemand désignant le Diable.

**Tribunal du Change:** tient son nom de l'hôtel dans lequel se tenaient les audiences. Ce tribunal siégeant à Nancy était la plus haute instance criminelle du duché de Lorraine. En matière de sorcellerie, ce tribunal ne constituait pas une chambre d'appel, mais plutôt un organisme de contrôle veillant au respect de la procédure: les tribunaux locaux devaient lui soumettre les pièces de tout procès de sorcellerie avant toute décision importante. En définitive, le tribunal du Change, appelé aussi tribunal des Échevins, a été l'instrument par lequel les ducs de Lorraine ont harmonisé la justice criminelle et conforté leur pouvoir. Instauré avant la seconde moitié du XVIe siècle, le tribunal du Change fut supprimé en 1633.

**Toise:** ancienne mesure de longueur valant plus ou moins trois mètres. À l'époque de la grande chasse aux sorcières, il n'existait pas de système de mesure normalisé: d'une contrée à l'autre, voire d'une ville à l'autre, chaque entité territoriale avait des références de mesure qui s'écartaient peu ou prou de la moyenne.

**Urphed:** serment écrit par lequel les inculpés ayant été libérés (parce qu'ils avaient résisté à la torture ou parce que les charges n'étaient pas suffisantes pour les condamner à mort) renonçaient à tout dédommagement pour les lésions corporelles subies lors des interrogatoires et à tout acte de vengeance envers les dénonciateurs et les juges. Dans les textes germaniques, ce terme est orthographié *Urfehd.*

**Welche:** pour les Alsaciens parlant le dialecte germanique, les Welches sont des protestataires qui, par opposition à leur langue, jargonnent un patois roman.

# Repères chronologiques

1231 – Faisant suite à la constitution *Excomunicamus* du pape Grégoire IX, laquelle codifie la répression des hérétiques, l'Inquisition dispose de tribunaux spéciaux.
1252 – Le pape Innocent IV, en promulguant la bulle *Ad extirpanda*, autorise le tribunal inquisitorial à faire appliquer la torture au coupable présumé par un représentant du pouvoir civil.
1326 – Le pape Jean XXII promulgue la bulle *Super illius specula*, qui fait de la sorcellerie une hérésie.
1354 – Dix villes alsaciennes (Colmar, Haguenau, Kaysersberg, Mulhouse, Munster, Obernai, Rosheim, Sélestat, Turckheim, Wissembourg) s'unissent pour former la Décapole. Au sein de cette ligue, les grandes familles détiennent le pouvoir absolu jusqu'au début du XVII^e^ siècle. Par la suite, les différents métiers s'organisent en corporations et constituent des conseils dirigeants.
1418 – L'empereur du Saint-Empire romain germanique reconnaît la Décapole.
1482 – Avec la fondation de la Banque de Strasbourg naît le capitalisme en Alsace ; les bourgeois déposent leur argent pour percevoir des intérêts au lieu d'acheter des terres pour en recevoir le cens.
1484 – Avec la bulle *Summis desiderantas affectibus*, le pape Innocent VIII déclenche officiellement la chasse aux sorcières.
1486 – Parution de *Malleus maleficarum*, œuvre des inquisiteurs Institoris et Sprenger. Dans cet ouvrage, qui a fortement inspiré les pourvoyeurs des bûchers, la femme est véritablement diabolisée.
1516 – Luther affiche ses *Quatre-vingt-quinze Thèses*.
1520 – À partir de cette date, les crimes de sorcellerie ne relèvent plus de l'Inquisition, mais de la justice séculière. Luther rompt avec Rome et brûle la bulle pontificale *Exsurge Domine*.
1524 – Soulèvement paysan en Allemagne.
1525 – Guerre des Paysans en Alsace (avril-mai).
1530 – Diète d'Augsbourg où fut élaborée la *Confession d'Augsbourg*, texte fondamental de la foi luthérienne.
1531 – Rupture officielle en Alsace entre catholiques et luthériens.
1538 – Création à Strasbourg du Gymnase protestant, lequel devient académie en 1566, puis université en 1621.
1539 – L'ordonnance de Villers-Cotterêts introduit la procédure inquisitoriale dans la juridiction française. Elle prévoit l'usage de la torture pour obtenir l'aveu du coupable.
1555 – Traité de paix de la religion d'Augsbourg, qui stipule que les sujets doivent accepter la confession de leurs seigneurs, selon le principe *cujus regio, ejus religio*.
1561 – La cathédrale de Strasbourg est remise aux protestants qui y célébreront leur culte jusqu'en 1681.
1576 – Création d'un séminaire catholique à Ensisheim.
1580 – Les jésuites s'établissent en Alsace et se voient confier le collège de Molsheim. Ce collège deviendra une université en 1617.
1618-1648 – Guerre de Trente Ans. Reprise de la guerre entre les catholiques et les protestants.

## REPÈRES CHRONOLOGIQUES

1620 – Rome édicte des instructions qui encadrent et limitent la pratique judiciaire en matière de magie et de sorcellerie.

1621 – Les troupes de Mansfeld pénètrent en Alsace.

1623 – L'évêque de Strasbourg, frère de l'empereur et seigneur de Molsheim, adresse le 10 mars une lettre qui ordonne d'éradiquer la sorcellerie. Au début de l'année, Léopold d'Autriche avait donné des consignes de sévérité aux juges à l'encontre des sorciers et sorcières.

1626 – Parution du *Compendium maleficarum*, manuel pour démasquer les sorcières.

1626-1628 – Peste, famine, mauvaises récoltes sévissent ; autant de calamités imputées au Diable et à ses suppôts.

1627 – Publication par l'empereur Ferdinand II de l'Édit de restitution par lequel les protestants se voient obligés d'abandonner tous les territoires enlevés aux catholiques depuis 1552.

1630 – Les communautés de Hilsenheim, Wittisheim et Binderheim demandent à la Régence épiscopale de Saverne de faire brûler les sorcières.

1632-1634 – Les Suédois occupent une partie de l'Alsace.

1634 – Battus à Nördlingen le 6 septembre, les Suédois sollicitent l'intervention française. Richelieu, désireux de contrecarrer la politique habsbourgeoise, accepte la demande à condition que les places occupées par les Suédois soient placées sous la protection française, ce qui est accepté.

1641 – Ordonnance de la Régence de Brisach du 4 mai, défendant au juge criminel d'instruire des procédures de sorcellerie sans ordre exprès émanant de l'autorité supérieure.

1648 – La France et la Suède victorieuses forcent l'empereur Ferdinand III à signer les traités de Westphalie ; ces traités donnent à la Couronne de France tous les biens territoriaux et les droits que la Maison de Habsbourg possédait en Alsace.

1652 – Les troupes du duc de Lorraine, auquel les traités de Westphalie n'ont pas permis de récupérer ses terres, pillent une partie de l'Alsace.

1656 – Fondation du Conseil supérieur d'Alsace, Cour de Justice suprême installée à Ensisheim à la place de la Régence habsbourgeoise.

1659 – Traenheim est le théâtre d'une crise sorcellique tardive.

1674 – Le Conseil supérieur d'Alsace devient le Conseil souverain d'Alsace.

1678 – L'Alsace est annexée au royaume de France, sauf Strasbourg qui le sera en 1681.

1679 – Début d'une série d'édits antiprotestants.

1682 – Sur les conseils de Colbert, un édit du roi Louis XIV stipule que le crime de sorcellerie n'est plus reconnu comme tel et doit être instruit dans le seul cadre des crimes et délits de droit commun.

1685 – Révocation de l'Édit de Nantes.

1686 – Dès cette année, le principe du *simultaneum* permettant aux deux communautés confessionnelles chrétiennes d'utiliser un même lieu de culte est proposé.

1698 – Le Conseil souverain d'Alsace est transféré à Colmar.

1702 – Transfert à Strasbourg de l'université épiscopale de Molsheim.

1715 – Dernier bûcher dressé en Alsace, précisément à Turckheim.

# Sélection bibliographique

Cette sélection de titres, laquelle vise à mieux connaître le domaine de la sorcellerie, reprend essentiellement des ouvrages imprimés. Les sources manuscrites, quant à elles, se trouvent avant tout aux Archives départementales ou municipales. Les « Inventaires sommaires des archives antérieures à 1790 », qui récapitulent les cotes et résument pour chacune d'elles les affaires en cause, sont d'indispensables instruments de recherche ; les séries B (autorités civiles), G et H (autorités ecclésiastiques) sont les plus intéressantes.

*Abréviations (se rapportant notamment aux revues et périodiques) :*
Ann. : Annuaire.
Bull. : Bulletin.
SHA : Société d'histoire et d'archéologie.

BIBLIOGRAPHIE GÉNÉRALE


BAISSAC Jules, *Les Grands Jours de la sorcellerie*, Paris, 1890.
BASCHWITZ Kurt, *Procès de sorcellerie*, Paris, 1973.
CAUZONS Thomas de, *La Magie et la Sorcellerie en France*, Paris, 1910-1912, 4 tomes.
CRISTIANI L. (chanoine), *Actualité de Satan*, Paris, 1954.
DENIEUL Anne, *Le Sorcier assassiné*, Paris, 1980.
FEBVRE Lucien, *Au cœur religieux du XVI*e *siècle*, Paris, 1957.
FRANÇAIS J., *L'Église et la Sorcellerie*, 1910.
GARRISSON Janine, *Guerre civile et compromis (1559-1598)*, Paris, 1991.
GEORGEOLIN Jean, *La Crise climatique de 1565-1628 et son impact sur la chasse aux sorcières*, Paris, 1992.
GIRAUD Albert, *Fragments d'histoire de la folie (La sorcellerie du Moyen Âge, une épidémie de délire de nos jours)*, 1883.
HALQUIN L., « La cruauté des supplices de l'Ancien Régime », *Revue historique de droit*, 1937.
HUIZINGA Johan, *L'Automne du Moyen Âge*, Paris, 1932.
INSTITORIS Heinrich et SPRENGER Jakob, *Malleus maleficarum*, Cologne, 1486.
LEA Henry-Charles, *Histoire de l'Inquisition au Moyen Âge*, Paris, 1900.
LEGUÉ Gabriel (Dr), *Urbain Grandier et les possédées de Loudun*, 1884.
LEVACK Brian P., *La Grande Chasse aux sorcières en Europe aux débuts des Temps modernes*, Champ Vallon, 1991.
LOUANDRE Charles, *La Sorcellerie*, Paris, 1873.
MANDROU Robert, *Magistrats et sorciers en France au XVII*e *siècle*, Paris, 1968.
MICHELET Jules, *La Sorcière*, Paris, 1862.
MUCHEMBLED Robert (présenté par), *La Sorcière au village (XV*e*-XVIII*e *siècles)*, Paris, 1979.
–, *Société, cultures et mentalités dans la France moderne, XVI*e*-XVIII*e *siècles*, Paris, 1994.

– (sous la dir. de), *Magie et sorcellerie en Europe du Moyen Âge à nos jours*, Paris, 1994.
PALOU Jean, *La Sorcellerie*, Paris, 1971.
ROCHELANDET Brigitte, *La Sorcellerie autrefois*, Lyon, 1996.
SAVAGE Candace, *Sorcières*, Paris, 2000.
SOMAN Alfred, *Sorcellerie, justice criminelle et société dans la France moderne*, 1993.
VERBEEK Yves, *La Sexualité dans la magie*, Genève, 1978.
VILLENEUVE Roland, *L'Univers diabolique*, Paris, 1972.
–, *Le Musée des supplices*, Paris, 1973.
–, *Les Procès de sorcellerie*, Paris, 1974.
WIER Jean, *Histoires, disputes et discours des illusions et impostures des diables...*, Genève, 1579.

BIBLIOGRAPHIE RÉGIONALE

ADONETH Luc et DUSSOURD Jean-Philippe, *Les Sorcières de Châtenois*, Patrimoine et Histoire de Châtenois, 2002.
BAPST Edmond, *Les Sorcières de Bergheim*, Paris, 1929.
BARTH E., *La Sorcellerie à Colmar et ses environs Quarante-huit exécutions à Colmar, Ensisheim, Herrlisheim* , Colmar, 1869.
BARTHELEMY Gaston, *Histoires médicales, épizootiques et agricoles du pays de Vôge, Lorraine, Alsace et frontière des Allemagnes*, Épinal, 1932.
BARTHOLDI C., *Petronille la sorcière (1617)*, Curiosités d'Alsace, 1863.
BECK Yvette, « Procès de sorcellerie en Moyenne Alsace au début du XVII^e siècle », *Ann. de la SHA de Dambach-la-Ville, Barr, Obernai*, 1974.
BEEMELMANS Wihelm, *Der Hexenprozess gegen die Grossmutter des Dichters Jacob Balde*, 1905.
BIRCKEL Alfred, « La Sorcellerie à Riquewihr et dans les environs », *Ann. de la SHA de Colmar*, 1976-1977.
BISCH R., « Les Sorcières de Rosheim au XVII^e siècle », *Bull. du Cercle généalogique d'Alsace*, 1976.
–, « Sorcellerie à Boersch », *Ann. de la SHA de Dambach-la-Ville, Barr et Obernai*, 1982.
BLUM Françoise, *La Chasse aux sorcières dans une ville libre d'Empire d'Alsace du Nord Étude des procès de sorcellerie à Haguenau aux XVI^e et XVII^e siècles*, Strasbourg, 1994.
–, « Les procès de sorcellerie à Haguenau (XVI^e-XVII^e siècles) », *Études haguenoviennes*, 1995.
BOEHLER Jean-Michel, « Religion et sorcellerie dans la région d'Obernai vers 1630. Contribution à l'histoire de la peur et de la sécurité », *Ann. de la SHA de Dambach-la-Ville, Barr et Obernai*, 1996.
–, *Une société rurale en milieu rhénan : la paysannerie de la plaine d'Alsace (1648-1789)*, Presses universitaires de Strasbourg, 1994.
REMY Nicolas, *La Démonolâtrie* (trad. par Jean Boes), Nancy, 2000.
BOUR Anne-Lise, « Réflexions sur la sorcellerie aux XVI^e et XVII^e siècles en Alsace : le procès de sorcellerie d'Ottilia Ensminger (et de cinq autres femmes) à Diemeringen en 1673 », *Bull. de la Société d'Histoire de l'Alsace bossue*, 1997.
BRIGNON Marc, « La sorcellerie dans le Pays de Salm aux XVI^e et XVII^e siècles », *L'Essor*, 1983-1984.
–, *Sorciers et guérisseurs des Pays du Donon*, Raon-l'Étape, 1995.
BRULÉ André, *Sorcellerie et emprise démoniaque à Metz et au pays messin (XII^e-XVII^e siècles)*, Paris, 2006.
BURGER Louis, *Procès de sorcellerie à Balbronn de 1659 à 1663*, SHA de Molsheim et environs, 1991.
COLE Roger L., « Les documents relatifs aux procès de sorcellerie dans les Archives de

Munster: une étude sommaire de la sorcellerie sur le plan local», *Ann. de la Société d'histoire du val et de la ville de Munster*, 1984.
DANGEL Stéphane et STADLER Jean-Luc, *Il était une croix, six cents histoires de croix d'Alsace*, Éd. du Signe, 2004.
DELCAMBRE Étienne, *Le Concept de la sorcellerie en Lorraine aux XVI^e et XVII^e siècles*, Nancy, 1948-1951, 3 tomes.
DIETRICH J.-J., *La Sorcière de Munster (Catherine Huger) sa torture à Wihr-au-Val et son exécution à Gunsbach*, Colmar, 1869.
DORÉ Stéphanie, *Étude de la chasse aux sorcières dans les bailliages alsaciens du comté de Hanau-Lichtenberg aux XVI^e et XVII^e siècles*, thèse de doctorat, Strasbourg, 2003-2004.
–, *Die Hexenverfolgung in der länderlichen Gesellschaft im Elsass*, Université de Strasbourg, 1996-1997.
–, *Superstitions dans la société paysanne en Alsace aux XVI^e et XVII^e siècles*, Université de Strasbourg, 1997-1998.
DORLAN A., *Notices historiques sur l'Alsace et principalement sur la ville de Schlestadt*, Colmar, 1843.
DUMONT Charles-Emmanuel, *Justice criminelle des duchés de Lorraine et de Bar*, Nancy, 1848.
DUSSOURD Jean-Philippe, «Les procès de sorcellerie de Châtenois: le procès Gröber en 1619», *Ann. de la Société d'Histoire du Val-de-Villé*, 2001.
EHRET L., «Liebeszauber», *Annuaire de Colmar*, 1937.
FERRENBACH V., «Hexenglaube und Hexenverfolgung im alten Zabern», *Bull. de la SHA de Saverne et de ses environs*, 1947.
FISCHER Dagobert, «Exécutions de sorciers et de sorcières en 1615 dans les possessions de Murbach et le Haut-Mundat», *Revue d'Alsace*, 1870.
–, *Geschichte der Stadt Zabern im Elsass seit ihrer Entsehung bis auf die gegenwärtige Zeit*, Saverne, 1874.
–, «Exécution d'un jeune sorcier à Saverne», *Curiosités d'Alsace*, 1863.
FISCHER Marie-Thérèse et Gérard, *La Broque, terre de Salm*, Strasbourg, 1988.
FRANÇOIS Monique-Marie, «Les sorcières nous parlent», *L'Essor*, 2000.
GEHIN Philippe, «Confession d'une sorcière de Fréland», *Bull. de la Société d'histoire du canton de Lapoutroie, val d'Orbey*, 1993.
GUERBER Victor, *Histoire politique et religieuse de Haguenau*, Lafitte Reprints, Marseille, 1978.
GYSS Auguste, *La Sorcellerie à Obernai et dans les cantons limitrophes*, La Petite Lanterne, 2000.
HEIDER C., *Un procès de sorcellerie à Thann en 1623*, Les Amis de Thann, 1990.
HERR Florence, *Traenheim, dix siècles d'histoire*, Wasselonne, 2007.
HIEGEL H., *Le Bailliage d'Allemagne de 1600 à 1632*, Sarreguemines, 1961.
IRSIGLER Franz et VOLTMER Rita, *Incubi, Succubi. Les sorcières et leurs bourreaux, hier et aujourd'hui*, Luxembourg, 2001.
JEHIN P., «Libertin ou sorcier, un drôle de paroissien au XVII^e siècle», *Revue d'Alsace*, 1997.
KASZUK Cyrille, *Les Sorciers du Sundgau et autres souvenirs*, Mulhouse, 1993.
KINTZ J.-P., *La Sorcellerie en Alsace aux XVI^e et XVII^e siècles État actuel de la recherche*, 1999.
KIPP Antoine, *Le Procès des sorcières de Matzenheim en 1630*, 1998.
KLEINKNECHT Nadine, *Les sorcières de Bergheim Analyse d'un comportement collectif*, Strasbourg, 1988.
KLÉLÉ J., *Hexenwahn und Hexenprozesse in der ehemaligen Reichstadt und Landvogtei Haguenau*, Haguenau, 1893.
LEBEAU Jean et VALENTIN Jean-Marie (textes et documents présentés par), *L'Alsace au siècle de la Réforme*, Presses universitaires de Nancy, 1985.

LECHNER François, « Sept procès de sorcellerie à Haguenau en 1627 et 1628 », *Bull. du Cercle généalogique d'Alsace*, 1988.

LESER Gérard (traduit et adapté par), *Le Bouclier spirituel*, Strasbourg, 1990.

LEVRAULT Louis, « Procès de sorcellerie en Alsace (1615-1635) », *Revue d'Alsace*, 1835.

LEYPOLD Denis, *Le Ban-de-la-Roche au temps des seigneurs de Rathsamhausen et de Veldenz, 1489-1630*, Strasbourg, 1989.

LINGELSER Jean-Paul, « Le messager seigneurial de Fegersheim victime d'un procès de sorcellerie », *Diligence d'Alsace*, 1993.

–, « Un procès de sorcellerie à Fegersheim au XVIIe siècle », *Ann. de la Société d'histoire des Quatre-Cantons*, 1991.

LUTZ Reinhard (curé), *Wahrhaftige Zeitung*, Francfort-sur-le-Main, 1571.

MERKLEN (abbé), *Histoire de la ville d'Ensisheim*, Colmar, 1840.

MASSING Camille (trad. par), *La Guerre des Paysans (Rustauds) sous le duc Antoine de Lorraine*, Forbach, 1890.

MŒDER Marcel, « La justice criminelle à Mulhouse au XVe siècle », *Bull. du musée historique de Mulhouse*, 1926.

MUNCH Paul-Bernard, « Procès de trois sorcières de Fulleren », *Sundgau Week-end*, 1999.

PARAYRE-KUNTZEL Marguerite, *L'Église et la vie quotidienne du paysan d'Alsace au Moyen Âge*, Strasbourg, 1975.

PFISTER Christian, « Nicolas Remy et la sorcellerie à la fin du XVIe siècle », *Revue historique*, 1907.

PONS Jean, « Le tragique destin des sorcières de Sélestat », *Ann. des Amis de la Bibliothèque humaniste de Sélestat*, 1998.

RAPHAËL Freddy, « Juifs et sorcières dans l'Alsace médiévale », *Revue des sciences sociales de la France de l'Est*, 1974.

REINHARDT H., « Über die Hexenprozesse in Ensisheim (Aus dem dortigen Stadtarchiv) », *Ann. de la Société d'histoire du Sundgau*, 1940.

REUSS Rodolphe, *La Justice criminelle et la police des m urs à Strasbourg au XVIe siècle et au XVIIe siècle*, Strasbourg, 1885.

–, *La Sorcellerie au XVIe et au XVIIe siècles, particulièrement en Alsace*, Strasbourg, 1871.

–, *L'Alsace au XVIIe siècle*, Paris, 1898.

RITTER F., *Histoire de l'imprimerie alsacienne aux XVe et XVIe siècles*, Paris-Strasbourg, 1955.

ROCHELANDET Brigitte, *Sorcières, diables et bûchers en Franche-Comté aux XVIe et XVIIe siècles*, Besançon, 1997.

RŒHRIG Jacques, *À mort, la sorcière  Sorcellerie et répression en Lorraine, XVIe-XVII[e] siècles*, Strasbourg, 2007.

RUDOLF Émile, *La Femme dans le droit pénal en Alsace à l'orée de la modernité*, Université de Strasbourg, 1984-1985.

SAUVÉ L.-F., *Le Folk-lore des Hautes-Vosges*, Paris, 1889.

SCHLAEFLI Louis, « La sorcellerie à Molsheim (1589-1697) », *Ann. de la SHA de Molsheim et environs*, hors série, 1993.

–, « Particularités des procès de sorcellerie intentés aux enfants à Molsheim au XVIIe siècle », *Revue d'Alsace*, 2008.

–, « Les aveux d'un sorcier de neuf ans originaire de Saverne », *Pays d'Alsace*, 1998.

SCHNEEGANS Louis, « Document relatif à l'histoire des procès de sorcellerie sans le Haut-Rhin, dans la seconde moitié du XVIe siècle », *Revue d'Alsace*, 1837.

SCHWIEN Jacques, *Ensisheim, le lieu du Glaive (essai sur la mémoire d'une ville)*, thèse de doctorat, 1984.

SIMON Maryse, *Les Affaires de sorcellerie dans le Val de Lièpvre (XVIe et XVIIe siècles)*, Publications de la Société savante d'Alsace, 2006.

SITTLER Lucien, *L'Alsace, terre d'Histoire*, Colmar, 1973.

SOLERE-STINTZY Emmanuel de, *Alsace, terre de sorcellerie*, En Alsace, 2004.

SPACH Louis, *Lettres sur les Archives départementales du Bas-Rhin (Actes d'un procès criminel contre Appolonie, veuve de Michel Spener, et contre Dorothée, femme de Jacques Pfister)*, Strasbourg, 1862.

STEINMETZ Joseph, «Un drame de sorcellerie à Vendenheim : condamnation au bûcher de la femme Schoot en 1596», *L'Écho fédinois*, 1998.

STŒBER Auguste, «Die Hexenprozesse im Elsass, besonders im 16. und im Anfange des 17. Jahrhunderts», *Ann. Alsatia*, 1856-1857.

SÜSS Louis, *Hexenprozesse in der Herrschaft Rappolstein*, Elsässiche Monatschrift für Geschichte und Volkskunde, 1912.

TEXIER Pierre, «Quelques mots sur les sorcières de Turckheim», *Généalogie-Rail*, 2009.

TRUTTMANN Joseph, «Der Hexenwahn in Geispolsheim im 17. Jahrhundert», *Almanach Saint-Joseph*, 1983.

TSCHAMSER Malachie (père), *La Chronique de Thann*, Colmar, 1864.

ÜBEL Rolf, «Procès pour une sorcière de Birlenbach», *L'Outre-Forêt*, 2007.

–, *Wegen vielgeübter Zauberei und Hexenwerk. Hexenverfolgung im Süden der Pfalz und im Nord-Elsass*, Landau, 2003.

VARIOT Jean, *Légendes et traditions orales d'Alsace*, Strasbourg, 1920.

VOEGTLIN Mathias, *Le Livre des procès de sorcellerie de Sélestat*, registre manuscrit (1629-1642).

WEISS Paul, *1516-1700. Heurs et malheurs d'une ville et d'une province*, Boofzheim, 2000.

WETTERWALD Charles, «Von Hexenprozessen in Guebwiller», *Ann. de la Société d'histoire des régions de Thann-Guebwiller*, 1954.

WIMMER Joseph, «Histoire de Grendelbruch et de la seigneurie de Girbaden», *Ann. de la SHA de Molsheim et environs*, hors série, 1975.

WIEDENHOFF Philippe, «Les liens de Philippe Schramm avec la sorcellerie savernoise», *Pays d'Alsace*, 1998.

WOLFF Jacques, «Les procès de sorcellerie en Alsace bossue», *Bull. de l'Association d'histoire de Sarre-Union*, 1991.

## REMERCIEMENTS

Il m'est très agréable d'exprimer ici ma reconnaissance à Germaine Braun, historienne et cheville ouvrière de la «maison des Sorcières» à Bergheim, Jean-Luc Eichenlaub, directeur des Archives départementales du Haut-Rhin, Louis Schlaefli, bibliothécaire du Grand Séminaire de Strasbourg, Jean-Jacques Schwien, maître de conférences en archéologie médiévale à l'université de Strasbourg, qui m'ont témoigné spontanément leur confiance et n'ont pas hésité un instant à partager leur savoir.

Mes remerciements visent également le personnel des Archives départementales du Bas-Rhin et du Haut-Rhin ainsi que celui de la Bibliothèque nationale et universitaire de Strasbourg (BNUS). Le dévouement dont il a fait preuve à mon égard a grandement facilité mes recherches.

*J. Roehrig*

# Le Mémorial des « sorcières » d'Alsace

Liste alphabétique des 1 600 *Hexen* condamnées aux XVI$^{e}$ et XVII$^{e}$ siècles

*Mise à mort d'une sorcière accusée d'avoir brûlé son village. Gravure rhénane de 1533.*

Illustré avec des cartes postales anciennes extraites de la collection de Vincent Kauffmann.

*La «Tour des sorcières» à Châtenois.*

Puisse cette stèle, en simple papier imprimé, maintenir malgré tout en éveil notre conscience. Certes, cette liste recèle des condamnés, auteurs de vrais forfaits, mais doit-on pour autant les rayer de celle-ci alors qu'ils ont été jugés, non pas en raison de leurs actes, mais pour des considérations purement circonstancielles ? Quitte à recourir aux fausses accusations, ce qui, hélas ! est l'ordinaire procédé de toute justice d'exception... Au demeurant, le nombre de ces larrons est bien infime.

Par ailleurs, il se peut qu'à la lecture de cet ouvrage, d'aucuns éprouvent le désir d'en savoir davantage sur l'un ou l'autre des noms publiés et décident d'entreprendre des recherches plus fines. Ce serait là une autre façon de ne pas oublier.

## A

ABBT ANNA, femme de Caspar Abbt, potier, brûlée à Sélestat en 1629.

ABBT CHRISTINA, 19 ans, célibataire, fille de Caspar Abbt, potier, brûlée à Sélestat en 1631 après avoir été décapitée.

ABT JOHANN, valet, jugé à Mulhouse en 1679, sentence non connue.

ADA (ou ADAM) CATHARINA, dite la Heimburgerin, 30 ans, femme de Simon Adam, de Surbourg, jugée à Haguenau en 1628, assignée à résidence à Surbourg.

ADAM DE HARDHAUSEN, dit le Noir, fermier de l'hôpital d'Haguenau, jugé avec sa femme et son fils âgé de 14 ans à Haguenau, suicidé dans son cachot en 1628.

ADOLF MARGARETHA, femme de Philipp Adolf, de Diemeringen, brûlée à Diemeringen en 1673 après avoir été décapitée.

AGATHA, die alt Müllerin, d'Ergersheim, jugée à Molsheim, brûlée vive en 1621.

AGATHE, arrêtée à Wintzenheim, morte en prison à Kaysersberg, en 1572.

AGATHE, 13 ans, de Huttenheim, brûlée en 1629.

AGNÈS, femme du *Schultheiss* de Bossendorf, jugée à Haguenau en 1631, libérée sous serment.

AMMAN GEORG, sculpteur sur bois, jugé à Haguenau en 1616, expulsé sous serment.

AMMAN N., femme de Georg Amman, jugée à Haguenau en 1616, expulsée sous serment après avoir été fouettée.

AMMELEY N., femme poursuivie à Sélestat en 1570.

ANDERWERT CATHARINA, 9 ans, de Molsheim, jugée à Molsheim, brûlée en 1629.

ANDREAE JOANNES, 15 ans, élève des jésuites de Molsheim, brûlé à Molsheim en 1630.

ANDRES ANNE, dite Wesch, de Rhinau, poursuivie en 1630.

ANDRÈS CATHERINE, femme de N. Andrès, de Benfeld, brûlée à Benfeld en 1630.

ANDRÈS MATHIAS, dit le vieux péager, de Rhinau, brûlé à Benfeld en 1630.

ANNA DE LEUTOLSHEIM, dite Schweizerin ou Nodlerin, 40 ans, brûlée à Haguenau en 1628 après avoir été décapitée.

ANNA DIE SCHMIDT(IN), de Masmünster (aujourd'hui Masevaux), jugée à Haguenau en 1593, expulsée sous serment avec son enfant.

ANNA H., femme de Rosheim, brûlée en 1576.

ANNA, dite Wurzel Anna, jugée à Molsheim, brûlée en 1589.

ANNA, fille de Breüszgawerin, jugée à Boersch vers les années 1617-1619, sentence non connue.

ANNÉ (ou AUNÉ) CATHERINE, veuve de Demange Anné, de Saulxures, brûlée à Badonviller (Meurthe-et-Moselle) en 1617.
ANNE, femme de Georges von Brumpt, aubergiste «Au bœuf» à Benfeld, brûlée à Benfeld en 1630.
ANNE, femme de Steffen d'en Haut, de Neuviller-la-Roche, brûlée en 1613.
ANNE, fille de Petronille, 7 ans, d'Oberhaslach, fustigée à Oberhaslach en 1617.
ANSTETT BARBE, veuve de N. Fritsch, de Niedernai, jugée en 1631, sentence non connue.
ANSTETT MADELEINE, femme de Thiébault Anstett, brûlée à Marlenheim en 1630.
ANTOINE DIMANCHE, brûlé à Belmont vers 1620-1621.
ANTOINE N., femme de Dimanche Antoine, brûlée à Belmont vers 1620-1621.
APPOLONIA, dite des Sawhieters fraw (la femme du porcher), veuve de Wolxheim remariée au porcher de Molsheim, jugée à Molsheim, morte sur le chemin du bûcher en 1624.
ARBOGAST ANNE, femme de Mathias Arbogast, de Matzenheim, brûlée en 1630.
ARBOGAST ANNE, gardienne de vaches à Kunheim, brûlée à Horbourg-Wihr en 1630.
ARBOGAST EVA, dite Wettermannin, 44 ans, femme de Jerg Arbogast, de Surbourg, brûlée à Haguenau en 1627 après avoir été étranglée.
ARBOGAST OTHILIA, dite die Bischoffsmüllere, fille d'Ursula Reiss et femme de Simon Arbogast, de Molsheim, poursuivie en 1620-1621.

## B

BADER BENEDICT, dite Anna, femme du briquetier-tuilier d'Ensisheim, brûlée vers 1600.
BAFAREY CATHERINA, de Turckheim, brûlée en 1571.
BALDUNG APPOLONIA, poursuivie à Ensisheim en 1616.
BALLAY CATHERINE, veuve d'Anthoine Gablé, de Rombach-le-Franc, brûlée en 1592.
BALTHASAR (ou BALTHAZAR) ANNA (ou ANNELE), femme de Klaus Freyburger, de Fulleren, jugée à Altkirch en 1589, libérée sous condition.
BALTZER BRIGITTE, de Westhoffen, jugée en 1659, sentence non connue.
BALTZER CATHARINA, femme de Georg Baltzer, jugée à Schnersheim, brûlée en 1631.
BALTZINGER AGNÈS, femme de Georges Tudel (ou Dute), brûlée à Colmar en 1637 après avoir été décapitée.
BALZIN ANNE, femme de Dietrich le maçon, brûlée à Guebwiller en 1615.
BAMBERGER CATHARINA, dite la Haubtmännin, 66 ans, veuve de N. Bamberger, capitaine de la milice d'Haguenau, brûlée en 1627 après avoir été étranglée.
BAND ANNA, 66 ans, brûlée à Ensisheim en 1571.
BANGERT (ou LAMPERT) MARGARETHA, veuve de Hans-Martin Bangert, charpentier, morte dans son cachot à Diemeringen en 1672.
BANZET N., veuve de Nicolas Banzet, brûlée à Bellefosse vers 1620.
BAPST ANNE, femme de Jean Bapst, de Benfeld, brûlée à Benfeld en 1614.
BAPST JEAN, menuisier de Westhouse, poursuivi à Westhouse en 1630.
BARBARA die alte Haussbecker(in), femme du boulanger à domicile de Wittisheim, libérée sous serment en 1594, emprisonnée de nouveau en 1596.
BARBARA die Schulmeisterin, emprisonnée à Haguenau en 1578, suite du procès non connue.
BARBARA N. (ou BARBE N.), femme torturée au château du Hohnack, écart de Labaroche, libérée sous condition en 1617.
BARBARA, femme de Rorschwihr, brûlée vive à Thannenkirch en 1588.
BARBARA, native de Châtenois, brûlée à Sélestat en 1630.
BARBARA, sage-femme d'Ernolsheim-Bruche, jugée à Molsheim, brûlée vive en 1621 après avoir été tenaillée au fer rouge.
BARBE D'OTTENHEIM (ou BARBEL), compagne de Jacques de Lichtenberg, seigneur de Bouxwiller, trouvée pendue dans son cachot à Haguenau en 1484.
BARBEL, sage-femme d'Ergersheim, jugée à Molsheim, brûlée en 1621.
BARBIER CATHERINE, femme de Claudon de Roville, de Lièpvre, brûlée en 1571.

BÄRINGER(IN) URSULA, de Westhalten, jugée à Guebwiller en 1615, sentence non connue.
BARLIER (ou BORLIER) COLADE, fils de Jeannon Barlier, de Fréland, torturé en 1631, suite du procès non connue.
BARLIER (ou BORLIER) JEANNON, dite la Genon, veuve de Nicolas Barlier, de Fréland, brûlée vive à Lapoutroie en 1631.
BARTH ODILE, femme de Sébastien Barth, pêcheur, de Werde, hameau de Matzenheim, poursuivie en 1630.
BARTLER(IN) DOROTHÉE, dite la vieille Tietschlerin, brûlée à Westhalten en 1615.
BASSLER CATHERINE, 60 ans, servante du curé de Kientzheim, femme de Michel Ochs, charpentier à Rodern, brûlée à Bergheim en 1630 après avoir été décapitée.
BASTIAN, joueur de violon, de Sundhouse, brûlé vers 1629-1630.
BASTIEN ÉTIENNE, de Saulxures, brûlé à Badonviller (Meurthe-et-Moselle) en 1601.
BAUMANN BARBE, de Traenheim, décapitée en 1662.
BAUMER ANNA, femme de Hanns Baumer, jugée à Schnersheim, brûlée en 1631.
BAUMEYER MADELEINE, 12 ans, de Bergheim, fouettée et emprisonnée en 1683.
BAUR RODOLPHE, mort en prison à Mulhouse en 1630 après avoir été torturé.
BECHER(IN) SUSANNE, veuve de Walther Dideney, brûlée à Rouffach en 1615.
BECHT BARBARA, de Bischoffsheim, poursuivie en 1563.
BECHTEL MARTIN, 16 ans, étudiant, fils de Peter Bechtel, de Willgottheim, poursuivi à Molsheim en 1630, s'est enfui.
BECHTOLD AGNÈS, 52 ans, de Fénétrange (Moselle), brûlée à Westhoffen en 1663 après avoir été étranglée.
BECK (ou BECKH) WALBURGA, veuve de Jean Beck, brûlée à Sélestat en 1630 après avoir été décapitée.
BECK ANNA, d'Ensisheim, brûlée en 1616.
BECK ANNA, de Ruelisheim, poursuivie à Ensisheim en 1615.
BECK GRÉGOIRE, tuilier, de Niederhaslach, brûlé à Molsheim en 1621 après avoir été décapité.
BECK HANS, vacher, poursuivi à Ensisheim en 1621.
BECK MARIA, de Ruelisheim, poursuivie à Ensisheim en 1616.
BECK MARIA, de Wolxheim, jugée à Molsheim, brûlée en 1621 après avoir été décapitée.
BECK MARIA, femme de Lienhard Beck, de Still, brûlée à Molsheim en 1620 après avoir été décapitée.
BECK(IN) CHRISTINA, de Ruelisheim, poursuivie à Ensisheim en 1616.
BECK(IN) URSULE, dite la Rüdennägerin, brûlée à Rouffach en 1615.
BECKH ANNA, cuisinière, femme d'Anton Beckh, recluse à domicile à Saverne en 1629, puis bannie en 1630.
BED ANNA, femme d'un maître-cuisinier épiscopal, jugée à Saverne, bannie en 1628.
BEHR APPOLLINE, 40 ans, guérisseuse, femme de Walter Behr, mineur, de Sainte-Marie-aux-Mines, brûlée vive en 1580.
BEISSER JACQUES, gardien de chevaux à Wittisheim, brûlé en 1629.
BEITZEN APPOLONIE, femme de Georges Beitzen, de Benfeld, brûlée à Benfeld en 1629.
BELMANN ANNE-MARTHE, de Dachstein, poursuivie en 1628.
BELMER N., femme de Nicolas Belmer, brûlée à Colmar entre 1561 et 1610.
BELS N., femme de Deng Bels, brûlée à Colmar entre 1561 et 1610.
BÉNISTE, la fille «moyenne» à Béniste, brûlée dans le Bas-Rhin vers 1620.
BENTEL(IN) N., veuve de Joerg Bels, brûlée à Colmar entre 1561 et 1610.
BENTZER CATHERINE, de Stotzheim, poursuivie en 1628.
BENZ N., veuve de Georges Benz, de Biesheim, brûlée vers les années 1630.
BERBERGER BARBARA, de Vieux-Thann, brûlée en 1616.
BERGER MARGUERITE, femme de Nicolas Berger, maire de Saulxures, brûlée à Badonviller (Meurthe-et-Moselle) en 1617.

BERGMANN BARBARA, appelée die Schulmeisterin, veuve de Heinrich Bergmann, jugée à Haguenau en 1573, sentence non connue.
BERINGER AGNÈS, brûlée à Cernay en 1573.
BERNARD CATHERINE, femme de Jean Bernard, du Ban-de-la-Roche, brûlée vers 1620.
BERNARD CLAUDE, brûlé à Waldersbach vers 1620.
BERNARD JEAN (ou BUNTZ HANS), du Ban-de-la-Roche, brûlé vers 1620.
BERNARD N., femme de Claude Bernard, brûlée à Waldersbach vers 1620.
BERNHART URSULE, femme de Martin Bernhart, brûlée à Bergholtz en 1615.
BERNHARTEN HANS, d'Andlau, brûlé à Boersch vers les années 1617-1619.
BERNHARTEN N., femme de Hans Bernharten, d'Andlau, brûlée à Boersch vers les années 1617-1619.
BERSCHATT MARGARETHA, veuve de N. Berschatt, de Kruth, jugée à Munster, brûlée en 1608.
BESSEI, dite Golderlin, femme de Klaus Kleinbub, de Soultzeren, jugée à Munster, brûlée en 1623.
BETZ CATHERINE (ou ANNA-KATHARINA), née Linck, veuve de N. Betz, brûlée à Ensisheim en 1621.
BEUTELSTÄDER (ou BEUTELSTAETTER) CATHERINE, femme de Baltzer Beutelstäder, de Balbronn, brûlée en 1659 après avoir été décapitée.
BEYER N., femme de Beyer, de Soultz, brûlée en 1527.
BEYERLIN DANIEL, garçon-meunier à Dorlisheim, emprisonné à Molsheim en 1697.
BEYHURST JEAN, de Limersheim, brûlé à Benfeld en 1630.
BIEWAND THÉOBALD, de Kaysersberg, poursuivi en 1661.
BIEWAND N., femme de Théobald Biewand, de Kaysersberg, poursuivie en 1661.
BILEX MARIE, 14 ans, fille de Henri et Rosine Bilex, de Sélestat, brûlée à Sélestat en 1629 après avoir été décapitée.
BILEX ROSINE, née Beckh, femme de Henri Bilex, tenancier de l'auberge du Bœuf à Sélestat, brûlée à Sélestat en 1629 après avoir été décapitée.
BINDER N., femme de Bischoffsheim, poursuivie en 1631.
BINSCHI N., femme de Dimanche Binschi, brûlée à Wildersbach vers les années 1620-1621.
BISCHOFF CATHERINE, femme de Veltin Bischoff, de Sand, brûlée à Benfeld en 1629.
BITTEROLFF ANNE, veuve de Jacques Bitterolf, conseiller de Benfeld, brûlée à Benfeld en 1630.
BLANCK BARBARA, de Molsheim, brûlée à Molsheim en 1623.
BLANCKENBURGER (ou PLANKENBURGER) APPOLONIE, femme de Hans Blanckenburger, de Balbronn, suicidée dans son cachot en 1659.
BLANCKHEL (ou BLINCKHEL) ALEXANDRE, joueur de harpe, brûlé à Sélestat en 1630 après avoir été décapité.
BLAW MARIA, dite die Kremerin, femme de Hans Blauw, appelé Hans Kraemer, de Molsheim, brûlée à Molsheim en 1624.
BLICK HENRI-GUILLAUME, de Lichtenberg, poursuivi vers les années 1560-1578.
BLIND (ou BLINDT) JEAN, dit Langhans, tailleur de pierre, reclus à domicile à Saverne en 1629.
BLIND PETRONILLE, poursuivie à Oberhaslach en 1596.
BLINTZ ANNA, sœur de Louis Blintz, jugée à Molsheim, brûlée à Dahlenheim en 1620 après avoir été décapitée.
BLINTZ LOUIS, frère d'Anna Blintz, jugé à Molsheim, brûlé à Dahlenheim en 1620 après avoir été étranglé.
BLINTZ MARTHA, femme de Louis Blintz, mère d'Anna et de Louis Blintz, de Dahlenheim, jugée à Molsheim, brûlée en 1620 après avoir été étranglée.
BOCK JACOB, aubergiste à Molsheim, brûlé à Molsheim en 1621.
BOCK JOANNES, brûlé à Molsheim vers les années 1615-1620.

La « Tour des sorcières » à Thann.

BOECKER (ou BOECKLER) MARIE, femme de Wendling Kirssner, jugée à Colmar, en 1577, sentence non connue.
BOEHLER CATHERINE, veuve de Matthis Jaeckel (ou Jaecklin), de Molsheim, brûlée à Molsheim en 1647.
BOEHLER LORENTZ, adolescent, frère de Mathias Boehler, de Molsheim, en fuite en 1630.
BOEHLER MATHIAS, 11 ans, frère de Lorentz Boehler, de Molsheim, jugé à Molsheim en 1630, relâché.
BOESPFLUG MICHEL, prévôt de Werde, hameau de Matzenheim, brûlé en 1629.
BOHN (ou BONN) BARBARA, femme de Claus Bonn le charron, de Sélestat, brûlée à Sélestat en 1630 après avoir été décapitée.
BÖHRER ANNE, femme de Nicolas Böhrer, brûlée à Sélestat en 1630.
BOMMERT ANNE, femme de Jean Bommert, de Huttenheim, brûlée à Benfeld en 1631.
BONIS MAGDELEINE, servante, fille de Jean Bonis, de Rodern, brûlée à Sélestat en 1629 après avoir été décapitée.
BORHARD MARIA, femme de Michel Borhard, de Hindisheim, jugée à Molsheim en 1624, sentence non connue.
BOSCHELL DIMANCHE, brûlé à Fouday vers 1620.
BÖSS CHRISTINA, femme de Theobald Böss, berger à Dehlingen, brûlée à Diemeringen en 1673.
BOTZLER AGATHA, veuve jugée à Munster en 1539, libérée sous serment.
BOULLENGIER NICOLLE, femme de Nicolas Boullengier, de Sainte-Croix-aux-Mines, brûlée en 1595.
BOURTRAN (ou BEURTRIN) BABILON, femme de Bourtran, de la Haute-Goutte, écart de Neuviller-la-Roche, brûlée à Rothau en 1621.
BRACKH(IN) CATHERINE, dite la vieille Spanerin, brûlée à Soultz en 1615.
BRAESCH OTTILIE, mariée, de Sondernach, brûlée à Munster en 1600.
BRAESCH N., fille d'Ottilie Braesch, de Sondernach, jugée à Munster, s'est enfuie en 1600.
BRAUN MADELEINE, femme de Jérôme Braun, de Huttenheim, brûlée à Benfeld en 1614.

BRAUN MARTIN, 13 ou 14 ans, fils d'Euchaire Braun, brûlé à Sélestat en 1638.
BRAUN N., femme du bourgeois Braun, de Dambach-la-Ville, jugée en 1589, sentence non connue.
BRAUN, mère du bourgeois Braun, de Dambach-la-Ville, jugée en 1589, sentence non connue.
BRÄUNIGER (ou BREUNINGER) URSULA, veuve de Johann-Ulrich Wittembach, *Hofsadvocat* et *Procurator* auprès de la Régence, brûlée vive à Ensisheim en 1613.
BREI (ou BREYER) MARIE, femme de Georges Brei, de Bergbieten, jugée à Molsheim en 1630, sentence non connue.
BREIT APPOLONIE, femme de George Breit, de Benfeld, poursuivie en 1629.
BRENNER N., femme de Jean Brenner, de Bergbieten, brûlée en 1631.
BREYER MICHEL, 5 ans et demi, de Dambach-la-Ville, jugé en 1629, sentence non connue.
BRIGITTA, femme de Leonhardt le préposé, poursuivie à Vendenheim en 1596.
BRIQUEL JENON, femme de Jean Briquel, maréchal à Bréhagotte, écart de Sainte-aux-Mines, poursuivie en 1616.
BROCART AGNÈS, femme de Hans Brocart, potier à Urmatt, brûlée à Molsheim en 1621.
BRUCKER JACOB, 11 ans, fils de Dieboldt Brucker, mercier, et de Lucia, brûlé à Molsheim en 1630.
BRUCKER MAGDALENA, femme de N. Brucker, de Dachstein, jugée à Molsheim, brûlée en 1621 après avoir été décapitée.
BRUCKLEIN BARBE, femme mariée d'Osthouse, poursuivie en 1630.
BRUMLER(IN) ANNE, femme de Nicolas Aeplin, brûlée à Soultzmatt en 1615.
BRUSTARDTER N., femme de Martin Brudstardter, de Bergholtz, jugée à Guebwiller en 1615, sentence non connue.
BUCHFELDER OTTILIA, veuve de Hans Buchfelder, de Surbourg, brûlée en 1616 après avoir été étranglée.
BUCHOFFER (ou BUOCHHOFFER) IRMEL, veuve de Gaspard Buchoffer, de Molsheim, brûlée à Molsheim en 1631.
BUCKEL APPOLONIA, veuve de Burckardt Buckel, de Wolxheim, jugée à Molsheim, brûlée en 1620 après avoir été étranglée.
BUCKENTHALER C., mariée, de Metzeral, jugée en 1588, sentence non connue.
BUDES N., veuve de Pierre Budes, brûlée à Colmar vers 1585.
BUECKGEL ANNE, de Memmingen (Allemagne), jugée à Colmar, bannie en 1564.
BUEG(IN) VERENA, brûlée à Ensisheim en 1616.
BUELER URSULA, brûlée à Turckheim dans les années 1571-1575.
BÜRCKLI(IN) N., femme de George Bürckl(in), brûlée à Thann en 1593.
BÜRGER ANNA, brûlée à Odratzheim en 1630.
BÜRGL(IN) BARBARA, brûlée à Ensisheim en 1571.
BÜSCHEL N., veuve de Romain Büschel, de Thann, brûlée en 1583 après avoir été tenaillée tous les mille pas.
BUNTZING N, veuve, brûlée à Dahlenheim en 1620.
BUR BARBARA, veuve de Hans Bur, de Marckolsheim, bannie «au-delà du Rhin» en 1559.
BUR CHRISTINA, fille de Barbara Bur, de Marckolsheim, bannie «au-delà du Rhin» vers les années 1555-1559.
BURAY HANS, poursuivi à Sainte-Marie-aux-Mines en 1615.
BURCKHARDT ANNA-MARIA, 22 ans, fille de Conradt Burckhardt, célibataire, brûlée à Sélestat en 1631 après avoir été décapitée.
BURCKLE DOROTHEA, femme de Peter Burckle, de Dachstein, jugée à Molsheim, brûlée en 1647.
BURGER (ou BURGON) FRANÇOIS, 9 ans, neveu de l'organiste de l'église des Jésuites de Molsheim, brûlé à Molsheim en 1630.
BURKHAS(IN) OTTILIA, dite die alte Uttel, jugée à Haguenau, libérée sous serment en 1617.
BURST (ou BRUST) MARGUERITE, de Dinsheim-sur-Bruche, brûlée à Molsheim en 1621

après avoir été étranglée.
BURST CATHERINE, femme de Jean Burst, de Sand, brûlée à Benfeld en 1629.
BUTSCH CASPAR, alias Brigida Caspar, se pend dans son cachot à Haguenau en 1627.
BUTZER(IN) MARIA, servante, de Ruelisheim, poursuivie à Ensisheim en 1616.
BUTZLER(IN) MARGUERITE, brûlée à Guebwiller en 1615.

## C

CASTNER ANNA, de Fribourg (Allemagne), emprisonnée à Sélestat en 1570, suite du procès non connue.
CASTNER ANNE, 60 ans, de Châtenois, brûlée en 1630.
CATHARINA DE HÄGEN, poursuivie à Saverne en 1625.
CATHARINA, fillette, belle-fille de Jérôme Dillger, maître d'école de Molsheim, poursuivie à Molsheim en 1623, relâchée.
CATHERINE N., femme d'Ammerschwihr, brûlée en 1571.
CATHERINE, sage-femme, femme du vieux forgeron (Alten Schmitt), de Kogenheim, brûlée à Benfeld en 1630.
CATHILLON CATHERINE, 52 ans, femme de Nicolas, dit Nicolas de la Goutte-de-Paradis, de La Broque, brûlée à Badonviller (Meurthe-et-Moselle) en 1622.
CHAPONEY (ou CHAPEREY) BARBELLINE, 35 ans, fille de Guillaume-Jean Chaponey, de Sainte-Croix-aux-Mines, brûlée en 1604.
CHAPPIER JACQUOTTE, dite la Devineresse, femme de Claude Chappier, de Sainte-Croix-aux-Mines, bannie en 1571.
CHEVILLART N., femme de Jeandon Chevillart, de Sainte-Croix-aux-Mines, brûlée avant 1594.
CHRIST ODILE, de Huttenheim, jugée en 1629, sentence non connue.
CHRISTEN ANNE, de Hagenbach, brûlée en 1614.
CHRISTEN SONNTAG, brûlé à Bergheim en 1624.
CHRISTINE DE BITSCH, servante, jugée à Saverne en 1624, sentence non connue.
CHRISTINE, fille de Petronille, 5 ans, d'Oberhaslach, interrogée à Oberhaslach en 1617.
CHRISTMANN AGATHE, femme d'Étienne Christmann, de Kogenheim, brûlée à Benfeld en 1630.
CHULLOT N., femme de Claude Chullot, jugée à Ensisheim en 1621, sentence non connue.
CLAUDE NICOLAS, 57 ans, de Bellefosse, brûlé en 1622.
CLAUDE NICOLAS, de Saint-Dié (Vosges), brûlé à Bergheim en 1609.
CLAUDON MARIE, femme de Claudon, de Le Hang, écart de Bourg-Bruche, brûlée en 1613.
CLAUS ANNA, de Metzeral, jugée à Munster, brûlée en 1603.
CLAUS APPOLINE, jugée à Haguenau, bannie en 1531.
CLAUS SOPHIE, veuve de Simon Claus, de Huttenheim, brûlée à Benfeld en 1614.
CLAUSER(IN) MARIA, de Ruelisheim, poursuivie à Ensisheim en 1616.
CLAUSS MARTZLOFF, poursuivi à Schnersheim en 1630.
CLAUSS N., serrurier de Jetterswiller, expulsé de Saverne en 1629.
CLEEN N., femme de Martin Cleen, brûlée dans le Ban-de-la-Roche vers 1620-1621.
CLEMENS MAGDALENA, femme de Hans Clemens, d'Oberottrott (Ottrott aujourd'hui), jugée à Molsheim, brûlée en 1620.
COLAT N. (ou COLLAT N.), femme emprisonnée au château du Hohnack, écart de Labaroche, torturée en 1617, n'a pas avoué, suite du procès non connue.
COLIN DIMANCHE, brûlé à Waldersbach vers 1620.
COLLIN JEAN, jugé dans le Bas-Rhin en 1621, sentence non connue.
CONRAD MARIA, poursuivie à Guebwiller en 1618.
COST GALL, d'Uttenheim, messager, poursuivi en 1630.
CRAFFT (ou KRAFFT) CATHARINA, femme de Hans Crafft, sellier, fille de Maria Feissler, jugée à Saverne en 1631, sentence non connue.

FEISSLER MARIA, femme de Lienhard Feissler, potier, brûlée à Saverne en 1615.
FELS (ou FELSZ) MARIA, dite la Spenerin, femme de Sébastian Fels le Jeune, brûlée à Sélestat en 1641.
FELTEN N., femme de R. Felten, brûlée à Saverne en 1615.
FENDER OTHILIA, femme de Basche (ou Sébastien) Fender, boulanger et *Stettmeister* à Molsheim, brûlée à Molsheim en 1625.
FENGER MARGUERITE, 58 ans, femme de Laurent Fenger, brûlée à Balbronn en 1659 après avoir été étranglée.
FENGER URSULA, de Bischoffsheim, poursuivie en 1628.
FERBER MAGDALENA, originaire de Worms (Allemagne), jugée à Haguenau en 1580, sentence non connue.
FERBER SUSANNA, veuve de Marx Ferber, brûlée à Sélestat en 1629 après avoir été décapitée.
FEUCHTER ÉLISABETH, de Vieux-Thann, brûlée vers 1616.
FEUCHTNER JACOB, poursuivi à Ensisheim en 1616.
FEUMRICH CATHERINE, femme de Hans Feumrich, de Rombach-le-Franc, renvoyée jusqu'à rappel en 1597.
FEYERTAG(IN) (ou FREYTAG) AGNÈS, femme de Thiébaut Keller, brûlée à Soultz en 1615.
FIDERLIN ANNA, de Riquewihr, suicidée dans son cachot en 1572.
FILRINGER MARIE, fillette jugée en 1651 dans le Bas-Rhin, sentence non connue.
FISCH MARIE, de Soultz, brûlée en 1615.
FISCHER (ou VISCHER) MARGARETHA, femme de Lienhard Fischer, potier, brûlée à Saverne en 1615.
FISCHER N., femme de Pancrace Fischer, de Bergbieten, jugée en 1630, sentence non connue.
FISCHER N., femme poursuivie dans le Bas-Rhin en 1624.
FISCHER N., veuve d'Offrian-Henri Fischer, brûlée à Westhalten en 1615.
FISCHER(IN) MADELEINE, femme de Michel Guntzmann, prévôt, brûlée à Soultzmatt en 1615.
FIX (ou VIX) SALOMÉ, femme de Daniel Fix, orfèvre de Molsheim, brûlée à Molsheim en 1630 après avoir été décapitée.
FLACH ANNA, veuve de Mathis Rönner, de Bergheim, enfuie en 1627.
FLECK (ou FLESCH) ANNETTE, brûlée à Mulhouse en 1481.
FLECKENSTEIN CLARA, femme de Marcel Fleckenstein, d'Ernolsheim-Bruche, jugée à Molsheim en 1623, sentence non connue.
FLICK AGNÈS, femme de Christmann Flick, de Still, brûlée à Molsheim en 1621 après avoir été étranglée.
FLÖSS BARBARA, veuve de Marzolf Meyer, brûlée à Bergheim en 1627 après avoir été décapitée.
FLÖSS CATHERINE, femme de Jean Flöss, prévôt de Bergheim, brûlée vive en 1586.
FRÄNKEL N., femme de Mathis Fränkel, jugée à Haguenau, bannie en 1621.
FRANTZ JANETTA, femme de Nickel Frantz, brûlée à Diemeringen en 1671.
FRANTZ NICKEL, dit Nickel le Vacher, brûlé à Diemeringen en 1671.
FRATZ ANNE, mendiante de Sand, poursuivie en 1629.
FRAWEL (ou FREWEL) la Bouchère, veuve d'un maître-serrurier, recluse à domicile à Saverne en 1618.
FREIBURGER N., veuve de Jacques Freiburger, brûlée à Colmar.
FREN ANNA, brûlée à Ensisheim en 1571.
FREYBURGER MARIA-GABRIEL, veuve de N. Petterschmidt, brûlée à Guebwiller en 1615.
FRICK(IN) MARIE, fille de la Nodler(in), arrêtée à Haguenau en 1641, puis relâchée.
FRIDERICH N., femme de Georges Friderich, soldat, de Molsheim, brûlée à Molsheim en 1599.
FRIDIN MADELEINE, 80 ans, d'Ammerschwihr, morte en prison en 1512.

FRIDLE MARGUERITE, femme de Syttler Fridle, brûlée à Colmar après avoir été décapitée.
FRIESS ANNE, femme de Sixte Friess, brûlée à Sélestat en 1630.
FRIESS DOROTHEA, mère de Columbia Pfehlerin, de Ruelisheim, brûlée à Ensisheim, brûlée en 1606.
FRIESS(IN) MARGRED, de Ruelisheim, poursuivie à Ensisheim en 1615.
FRINDEL ODILE, femme de Sixte Frindel, de Meistratzheim, jugée en 1630, sentence non connue.
FRITSCH APPOLONIE, femme de Christmann Fritsch, de Kogenheim, brûlée à Benfeld en 1630.
FRITSCH AURÉLIE, sage-femme, femme de Jean Fritsch, de Matzenheim, brûlée en 1630.
FRITSCH BARBARA, femme de Max (ou Lux) Müllerich, brûlée à Bergheim en 1630 après avoir été décapitée.
FRITSCH URSULE, sage-femme, femme de Martin Fritsch, de Rhinau, brûlée à Benfeld en 1630.
FRITZ SALOMÉ, femme de Hans Fritz, de Bischoffsheim, jugée à Molsheim, brûlée en 1621.
FROELICH N., femme de Maurice Froelich, de Blodesheim, brûlée en 1580.
FROMM ANNA, veuve de Marx Fromm, de La Wantzenau, recluse à domicile en 1656.
FRUOG N., femme de Bartlein Fruog, brûlée à Colmar.
FUCHSEN CATHARINA, veuve de Diebold Fuchsen, arrêtée à Saverne en 1629.
FÜHRER ANNE, femme de Hans Führer, tailleur et bedeau du prévôt, de Molsheim, brûlée à Molsheim en 1630.
FÜNKORN (ou FÜRNKORN) CATHARINA, femme de Hans Fünkorn, libérée sous serment à Saverne en 1631.
FÜRDIAN(IN) BARBE, dite la Faiseuse de hotte, brûlée à Guebwiller en 1615.
FÜRDIAN(IN) ÈVE, brûlée à Soultz en 1615.
FULLIER ANNA, femme de Hans Fullier, forestier de Niederhaslach, brûlée à Molsheim en 1621 après avoir été décapitée.
FURCHMULLER ANNE, de Gresswiller, poursuivie en 1631.
FURST N., femme de Günsbach, brûlée en 1631.
FUX MARGUERITE, femme de Sontag Fux, de Rossfeld, brûlée à Benfeld en 1614.

## G

GACK CATHERINE, femme d'Asmann Gack le boulanger, brûlée à Guebwiller en 1615.
GADE N., veuve de Jacques Gade, morte en prison à Colmar.
GALLANT TOUSSAINCTE, femme de Jehan Gallant, de Sainte-Croix-aux-Mines, brûlée en 1571.
GAMS MAGDALENA, femme de Zacharias, pêcheur à Dachstein, jugée à Molsheim en 1624, sentence non connue.
GÄNG MARGRETHA, veuve du bourgeois Lorentz Gäng, poursuivie à Westhoffen en 1663.
GASSMANN CATHERINE, d'Epfig, interrogée en 1630, suite du procès non connue.
GAUCKLER(IN) CHRISTINA, femme de Claus Garnier, de Rammersmatt, jugée à Thann en 1623, sentence non connue.
GAUGLER N., femme d'André Gaugler, brûlée à Colmar.
GEHL(IN) MAGDALENA, veuve de Niclaus Flamm, tailleur, brûlée à Saverne en 1629.
GEISS (ou GIESS) SÉBASTIEN, 10 ans et demi, fils de Hans Geiss, boulanger, et de Maria, de Molsheim, brûlé à Molsheim en 1630.
GENGLINGER SINNCHEN (ou SINNEL), femme de Hans Genglinger, maître-tanneur, jugée à Saverne, bannie en 1632.
GENTER MARGUERITE, brûlée à Mulhouse en 1492.
GEORG DE ZITTERSDORFF, pâtre, jugé à Saverne en 1618, sentence non connue.
GEORG GEORG-CLAUS, de Neuviller-la-Roche, brûlé à Neuviller-la-Roche en 1674.
GEORGE JEANNE, femme de Dimanche George, brûlée à Neuviller-la-Roche en 1621.

GUYARTH (ou GUYATH) ADAM, fabricant d'huile, brûlé à Guebwiller en 1615.
GWINNER ANNA, veuve, brûlée à Munster en 1596.

# H

HAASS (ou HAUSS) GEORGE, 46 ans, de Balbronn, brûlé en 1658 après avoir été décapité et tenaillé.
HABENE (ou HABERER) ANNA, fille de Christman (ou Chrétien) Habene, femme de Théobald (ou Tobie) Rösch, de Sélestat, brûlée à Sélestat en 1630 après avoir été décapitée.
HABERBÖSCH(IN) AGNÈS, poursuivie à Vendenheim en 1596.
HABERER ÉLISABETH, femme de Jean Haberer, de Semersheim, brûlée à Benfeld en 1631.
HABERER MARIA, femme de Marx Haberer, de Saint-Pierre, jugée à Molsheim, brûlée en 1621 après avoir été décapitée.
HABERKERN (ou HABERKORN) HENRI, conseiller à Benfeld, brûlé à Benfeld en 1630.
HABEY CATHARINA, mère de Georg Habey, de Soultzeren, recluse à domicile en 1632.
HABEY GEORG, 18 ans, de Soultzeren, relâché à Munster en 1632, frais de procès à sa charge.
HADER GEORGES, boucher, d'Epfig, poursuivi en 1630.
HADEY ANNA, mariée, de Munster, jugée à Munster, brûlée en 1617 après avoir été décapitée.
HAERTEL N., femme de Georges Haertel, de Hindisheim, jugée en 1630, sentence non connue.
HAFFNER ANNA, brûlée à Turckheim dans les années 1571-1575.
HAFFNER MADELEINE, femme de Jacques Schissel, cultivateur, de Rodern, brûlée à Bergheim en 1630 après avoir été décapitée.
HAFNER ÉLISABETH, brûlée vive à Obernai en 1495.
HAGER(IN) MARGUERITE, femme d'Antoine Gall, de Ballersdorf, brûlée à Soultz en 1615.
HAGUENAWER MAGDALENA, femme de Valentin Haguenawer, de Bergbieten, jugée à Molsheim, brûlée vive en 1621.
HAIMGÄRTNER (ou HEIMGARTNER) LUX, tisserand de Soultz, poursuivi en 1615.
HALL GEORGES, poursuivi à Dachstein en 1567.
HALLER(IN) BARBE, femme d'Adam Guyarth, brûlée à Guebwiller en 1615.
HALTER CATHARINA, 8 ans, fille de Jacob et Marguerite Halter, de Molsheim, brûlée à Molsheim en 1630.
HALTER N., sœur de Catharina Halter, de Molsheim, brûlée à Molsheim en 1629 après avoir été décapitée.
HAMÄN(IN) URSULA, femme de Georges Schwester, charron, jugée à Saverne en 1629, sentence non connue.
HAMER GÉNOPHÉE, poursuivie dans le bailliage de Wihr-au-Val dans les années 1620.
HAMMERER MICHEL, 9 ans, fils de Hans et Maria Hammerer, brûlé à Molsheim en 1629.
HAN CATHARINA, veuve de Mühlbach-sur-Munster, brûlée en 1583.
HANCK EVA, femme de Lorentz Hanck, maître d'école, poursuivie à Ensisheim en 1586.
HÄNEL ELSBETH, femme de Niclass Hänel, de Diemeringen, brûlée à Diemeringen en 1673 après avoir été décapitée.
HANS DIDIER, dit Didier le Moictrier, de Belmont, brûlé à Rothau en 1620.
HANS NICOLAS, d'Epfig, poursuivi en 1628.
HANS ODILE, femme de Jacques Hans, de Biblenheim, ancien village proche de Soultz-les-Bains, brûlée à Molsheim en 1621.
HANSEN OTTILIA, femme de Peter Hansen, poursuivie à Saverne en 1628.
HANSEN N., fille de Dimanche Hansen, brûlée à Bellefosse vers 1620.
HAPF MARX, 15 ans, poursuivi à Ensisheim en 1618.
HARNIST MARIE, femme de Léonard Harnist, greffier du bailliage de Benfeld, brûlée à Benfeld en 1630.
HARTMANN CATHARINA, poursuivie à Strasbourg en 1593.
HASSLER(IN) KATHARINA, brûlée à Ensisheim en 1615.
HATTLER JEAN, brûlé à Stotzheim en 1621.

HAUCK (ou HUCK) MARGARETHA, femme de Sebastian Hauck, sage-femme de Wittisheim, acquittée en 1598.
HAUG(IN) CATHARINA, poursuivie à Ensisheim en 1616.
HAUPRECHT, femme de Dimanche Hauprecht, brûlée à Waldersbach dans les années 1620-1621.
HAUPT BASTIEN, de Wittisheim, poursuivi en 1598.
HAUPT N., femme de Friedrich Haupt, de Châtenois, poursuivie en 1641.
HAUSLER(IN) URSULA, veuve de Georg Mänlin, brûlée à Ensisheim en 1598.
HAUSS MARIE, de Benfeld, poursuivie en 1629.
HAUSSER CATHERINE, femme de Michel Schuehmacher (ou Schumacher), brûlée à Guebwiller en 1615.
HAUTMAIRE MARGUERITE, veuve de Pierrat Hautmaire, de Grandfontaine, morte en prison en 1605.
HECHINGER BRID, jugée à Colmar, bannie.
HECKER(IN) SALOMÉE, femme de Jacques Thomann, brûlée à Pfaffenheim en 1615.
HECKMÄNN(IN) CATHARINA, brûlée à Riedseltz en 1602.
HEFFTER CATHERINE, jugée dans le Bas-Rhin en 1630, sentence non connue.
HEID MARGUERITE (ou MARGARETH, ou GRETEL), fille de Christina Wettermann, de Surbourg, brûlée à Haguenau en 1627 après avoir été étranglée.
HEID MARTIN, 18 ans, fils de Christina Wettermann, de Surbourg, brûlé à Haguenau en 1627.
HEID OTTEL (ou OTTILIA), dite la Krempin, 24 ans, fille de Christina Wettermann, femme de Georg Förster, de Surbourg, brûlée à Haguenau en 1627.
HEIDEN HANS, jugé à Haguenau, sentence non connue.
HEIDLER (ou HEYDLER) CATHERINE, veuve de Mathis Dederlin, brûlée à Bergheim en 1630 après avoir été étranglée.
HEILIG N., femme de Bischoffsheim, poursuivie en 1631.
HEILINGENSTEIN N., femme de Gall Heilingenstein, jugée à Obernai en 1630, sentence non connue.
HEIM CATHERINE, femme du maître d'école de Dorlisheim, suicidée dans son cachot en 1660.
HEIMBURGER N., femme d'André Heimburger, brûlée à Colmar.
HEINRICH MARGARETHA, 13 ans, fille de Frédéric Heinrich, gardien de chevaux à Altorf, jugée à Molsheim, brûlée à Altorf en 1630.
HEIRIAT (ou HÉRIAT) AGNÈS, de Cernay, brûlée à Cernay dans les années 1655-1699.
HEITZ CHRISCHON, femme de Polloronus Heitz, *Schultheiss* de Niffer, brûlée en 1628.
HEITZ N., femme de Claus Heitz, de Traenheim, poursuivie à Westhoffen en 1659.
HEITZIGER ANNE, de Soppe-le-Haut, brûlée en 1588.
HEITZMANN ANTOINETTE, du Haut-Rhin, recluse et enchaînée à domicile à perpétuité en 1623.
HELBERGER MARTHE, femme de Nicolas Helberger, de Benfeld, brûlée à Benfeld en 1630.
HELBERGER NICOLAS, conseiller, de Benfeld, brûlé à Benfeld en 1630.
HELGENSTEIN DOROTHÉE, fille de Jacques et Viviane Helgenstein, brûlée à Sélestat en 1629 après avoir été décapitée.
HELGENSTEIN JACQUES, suicidé dans son cachot à Sélestat en 1630.
HELGENSTEIN VIVIANE (ou WIBIANA), femme de Jacques Helgenstein, brûlée à Sélestat en 1629 après avoir été décapitée.
HELLER(IN) OTTILIA, femme de Hans Nagel, torturée à Vendenheim en 1596, suite du procès non connue.
HELLGAST MARGUERITE, de Ballersdorf, brûlée en 1607.
HEMMERT MARGARETHA, femme d'Anstett Hemmert, de Dehlingen, brûlée à Diemeringen en 1673 après avoir été décapitée.
HENCK (ou HENCH) APPOLONIE, veuve de Marzolph Feitz, originaire de Molsheim, brûlée à Benfeld en 1617.

HENCK JEANNE, femme de Jean Henck, messager du Conseil, de Rhinau, brûlée à Benfeld en 1630.
HENCK MADELEINE, 11 ans, fille d'André et de Marie Henck, de Rhinau, brûlée à Benfeld en 1630.
HENCK MARIE, femme d'André Henck, de Rhinau, brûlée à Benfeld en 1630.
HENNICH ANNA, femme de Sonntag Hennich, coupeur de paille à Oberottrott (Ottrott aujourd'hui), jugée à Molsheim, brûlée en 1621.
HENNING MARGARETHA, dite la vieille Welckerin, femme de Bartholomaeus Hennig, tailleur à Molsheim, brûlée à Molsheim en 1589.
HEPP BARBARA, veuve de Jacob Heppe, messager, de Wittisheim, brûlée en 1630.
HERLEIN ANNE, femme d'Antoine Beck, bannie de Saverne et de l'évêché de Strasbourg en 1630.
HERMANN(IN), dite Golle, femme d'Ulrich Beyer, de Bergheim, torturée à Bergheim en 1683, suite du procès non connue.
HERR ANNE, brûlée à Cernay en 1573.
HERTEL N., femme de Valentin Hertel, de Hindisheim, poursuivie en 1573.
HERTZOG BARBARA, femme d'Urban Hertzog, de Semersheim, brûlée à Benfeld en 1631.
HERZOG MARIA-EVA, dite la vieille Oberschaffnerin, née Laurin, femme de Laurent Herzog, originaire de Molsheim, brûlée à Sélestat en 1629 après avoir décapitée.
HESS(IN) MARIA, sage-femme, veuve de Hans Hasenhor, poursuivie à Saverne en 1630.
HEUMÄN(IN) CATHARINA, veuve de Hans Dick, brûlée à Ensisheim en 1598.
HEUMÄN(IN) ÉLISABETH, veuve de Michel Stab et mère de Gertrud Stab, brûlée à Ensisheim en 1598.
HEUMÄN(IN) MAGDALENA, poursuivie à Ensisheim en 1598.
HIERONIMUS MADELEINE, sage-femme à Benfeld, jugée en 1614, sentence non connue.
HIGELIN PIERRE, charpentier, brûlé à Soultzmatt en 1615.
HILGG(IN) N., femme de Châtenois, brûlée en 1630.
HILTZ (ou HILTZEN) MARIE, appelée Merg, de Werde, hameau de Matzenheim, poursuivie en 1629.
HIRNBORN (ou VIERHORN) URSULA, sage-femme d'Ingwiller, brûlée à Lützelstein (La Petite-Pierre aujourd'hui) en 1575.
HIRT GERTRUDE, jugée à Thann dans les années 1643-1658, sentence non connue.
HIRTZ ANNA-MARIA, femme d'Urban Mening, brûlée à Sélestat en 1641.
HOCHSTETTER HANS, 15 ans, de Wingersheim, jugé à Haguenau, brûlé en 1617 après avoir été étranglé.
HŒTZEL N., femme de Barthel Hoetzel, de Westhoffen, relâchée en 1659.
HOFFMANN (ou HOHMANN) MARGUERITE, femme de Hans Hoffmann, de Niederhaslach, brûlée à Molsheim en 1620 après avoir été décapitée.
HOFFMANN BARBARA (ou BARBEL), dite la grosse Barbel, torturée à Rideseltz en 1602, échappée.
HOLTZ CATHERINE, femme de Michel Holtz, de Sand, brûlée à Benfeld en 1630.
HÖLTZLER(IN) URSULA, dite Vischerin, femme de Michel Niderlander, brûlée à Ensisheim en 1598.
HOLTZWART HANS-JAKOB, apprenti de 13 ans, de Molsheim, jugé à Molsheim, brûlé en 1629.
HÖLZ(IN) ANNA, diseuse de bonne aventure, poursuivie à Saverne en 1613.
HOLZWEILER N., femme de Jörg Holzweiler, appariteur de Bischoffsheim, brûlée vive dans les années 1600.
HOMANN MARGRETHA, femme de Simon Homann, poursuivie à Schnersheim en 1630.
HOMMAN N., veuve de Hannsen Homman, brûlée à Schnersheim en 1631.
HOPFF (ou HOPFFEN) LE JEUNE MARX, d'Ensisheim, brûlé vif à Ensisheim en 1617.
HÖRNINGER ANNA, jugée à Obernai en 1518, sentence non connue.
HORNUNG CATHARINA, appelée aussi femme d'Adam Peter, 60 ans, veuve de Peter Hornung, de Surbourg, brûlée en 1627 après avoir été étranglée.

HUBER(IN) MARGRED, poursuivie à Ensisheim en 1616.
HUCK N., 10 ans, de Bischoffsheim, poursuivi(e) à Molsheim en 1621, relâché(e).
HUEBER HANS-WENDLING, de Traenheim, poursuivi à Westhoffen en 1659.
HUEBER N., femme de Hans-Wendling Hueber, de Traenheim, poursuivie à Westhoffen en 1659.
HÜGEL BARBE, dite Barbe la Boulangère, veuve d'Ulrich Hügel, brûlée à Sélestat en 1630, après avoir été décapitée.
HÜGEL(IN) MARGARETHA, jugée à Obernai en 1582, sentence non connue.
HÜGL(IN) N., sage-femme de Soultzeren, jugée en 1596, sentence non connue.
HÜGLER(IN) AGNÈS, femme de Beat Saltzmann (ou Salzmann), brûlée à Guebwiller en 1615.
HUG KUNIGUNDE, mariée, de Soultzeren, brûlée en 1596.
HUG MELCHIOR, poursuivi à Dachstein en 1567.
HUGELMAN EVA, poursuivie à Ensisheim en 1613.
HUGER CATHERINE, 21 ans, femme de Michel Fürth (ou Fürst), brûlée à Günsbach en 1631.
HUGG (ou HUG) MARGARETHA, veuve de Mathis Hugg, brûlée à Sélestat en 1631 après avoir été décapitée.
HUINS ANNA, mariée, de Soultzeren, jugée à Munster, brûlée en 1617 après avoir été décapitée.
HULD(IN) BARBARA, poursuivie à Vendenheim en 1596.
HUMBERT DEMENGE-COLAS, 50 ans, de Sainte-Croix-aux-Mines, brûlé à Lièpvre en 1607.
HUMBERT DENISATTE, 70 ans, femme de Nicolas Humbert, de Grand Rombach, écart de Sainte-Croix-aux-Mines, brûlée vive à Lièpvre en 1581.
HUMBERT JEANNE, femme d'Allois Humbert, de Grand Rombach, écart de Sainte-Croix-aux-Mines, brûlée vive à Lièpvre en 1581.
HUMELER URSULA, femme de Hans Schmitt, de Ribeauvillé, jugée en 1614, sentence non connue.
HUNDERTGULDEN N., femme de Bernhard Hundertgulden, expulsée sous serment de Saverne en 1629.
HUOFF MARGUERITE, femme de Diebolt Huoff, de Semersheim, brûlée à Benfeld en 1628.
HUPFERER OTHILIA, femme de Jeörg-Anthoni Hupferer, d'Avolsheim, jugée à Molsheim en 1623, sentence non connue.
HURST N., femme de Bischoffsheim, poursuivie en 1631.
HURSTLIN JEAN, dit le Docteur, de Sand, brûlé en 1629.

# I

ILLINGER CHRISTINE, 70 ans, femme de Geörg Illinger, brûlée à Sélestat en 1630 après avoir été décapitée.
ILTHISS BARBARA, femme de Jean Vogt l'Aîné, soldat, de Rodern, brûlée à Bergheim en 1630 après avoir été décapitée.
IMBS N., femme de Jonas Imbs, prévôt du Hanau-Lichtenberg, poursuivie à Westhoffen en 1659.
IMBS N., mère de Jonas Imbs, de Traenheim, poursuivie à Westhoffen en 1659.
INGWEILER HANS-DIETRICH, fils mineur de Balthasar Ingweiler le vitrier, relâché à Saverne en 1630.
ISENHARD URSULA, veuve de Claus Isenhard, de Hindisheim, jugée à Molsheim en 1625, sentence non connue.
ISENHART BARBARA, femme de Hans Isenhart, de Hindisheim, jugée à Molsheim, brûlée en 1625.

# J

JÄCKLER (ou JOECKLER) BARBARA, dite la Vieille Adlerwirthin, brûlée à Sélestat en 1629 après avoir été décapitée.
JÄCKLER ANNA, veuve de Mathias Heyer, puis remariée à Sixt Friesz, brûlée à Sélestat en 1630 après avoir été décapitée.

JÄCKLIN MARIA, veuve de Jacob Jäcklin, relâchée à Saverne en 1631.
JACOB OTHILIA, femme de Hans Jacob, de Biblenheim, village aujourd'hui disparu proche de Soultz-les-bains, jugée à Molsheim, brûlée vive en 1621.
JACOB SCH., habitant de Rosheim, brûlé en 1576.
JACQUEMIN MANGEOTTE, femme de N. Noël, de Sainte-Marie-aux-Mines, brûlée en 1582.
JAEGER MARGUERITE, femme de Conrad Jaeger, jugée à Buhl en 1615, sentence non connue.
JANDON VALENTINE, fille de Valentin Jandon, brûlée à Bellefosse vers 1620.
JANDURU CLAUDETTE, de Wildersbach, femme de Vincent Janduru, brûlée à Wildersbach vers 1620.
JANS JACQUES, mercier savoyard, d'Epfig, poursuivi en 1628.
JANS MARIE, femme de Jacques Jans, d'Epfig, poursuivie en 1628.
JAUCH MARIE, d'Obernai, brûlée à Obernai en 1619.
JEANROY (ou ROY) BASTIENNE, femme de Jeanroy, de Sainte-Marie-aux-Mines, brûlée en 1613.
JECKEL MAGDALENA, femme de Claude Jeckel, de Natzwiller brûlée à Molsheim en 1621.
JEHEL (ou JEHL, ou JESEL) OTILIA, femme de Bartlin (ou Bartholomé) Jehel, brûlée à Sélestat en 1630 après avoir été décapitée.
JENIN (ou JONIN) GERTRUD, femme de Ludwig Jenin, charpentier à Dehlingen, brûlée à Diemeringen en 1673 après avoir été décapitée.
JOCKLIN, violoniste, brûlé à Ensisheim en 1616.
JOERGENHANS ANNE, de Pfullendorf (Allemagne), jugée à Colmar, bannie en 1564.
JOESEL (ou JOESSEL) JOANNES, 9 ans, fils de Hans Joessel, métayer, et de Catherine Koenig, brûlé à Molsheim en 1630.
JORDAN N., femme d'Henri Jordan, d'Altenach, suicidée en prison en 1612.
JÖRGER(IN) KATHARINA, jugée à Obernai en 1594, sentence non connue.
JUDEN N., femme d'Ilman Juden, d'Ottmarsheim, brûlée en 1587.
JUNG ÉLISABETH (ou ELSBETH), femme de Heinrich Jung, forgeron, libérée sous serment à Saverne en 1629.

## K

KAEUFFER (ou KAUFFER) ROSINE, veuve de Wolff Kaeuffer, de Biblenheim, ancien village proche de Soultz-les-Bains, poursuivie en 1617.
KAG (ou KOG) ANNE, dite Kleiners Schneiders, femme de Georges Kag, de Sand, brûlée à Benfeld en 1629.
KAH (ou KOCH) CLARA, femme d'Anton Kah, poursuivie à Saverne en 1630.
KAMMER ANNA, femme de Jean Ochsenwedel, de Rorschwihr, brûlée à Bergheim en 1630 après avoir été décapitée.
KARRER CATHERINE, de Hochstatt, brûlée en 1610.
KARRER CHRISTINA, femme de Georg Karrer, brûlée à Ensisheim en 1581.
KATHARINA N., sage-femme d'Offwiller, brûlée à Bouxwiller en 1602, après avoir été étranglée.
KAUFF MARGRETHA, femme de Diebolt Kauff, jugée à Schnersheim, brûlée en 1631.
KECK LORENTZ, 9 ans, fils de Marx Keck, cuvelier, de Molsheim, brûlé à Molsheim en 1630.
KELLER MARGRED, de Ruelisheim, poursuivie à Ensisheim en 1612.
KELLER MARGUERITE, de Sand, jugée en 1615, sentence non connue.
KELLER PETER, de Bischoffsheim, jugé à Molsheim en 1623, sentence non connue.
KELLER N., femme de Laurent Keller, brûlée à Colmar.
KELLING N, femme de Pfastatt, jugée à Mulhouse en 1454, sentence non connue.
KEMPF JACOB, de Soultzeren, banni en 1632.
KEMPF KATHARINA, âgée de moins de 10 ans, fille de Jacob Kempf, de Soultzeren, bannie avec son père en 1632.

*La « Tour des sorcières » à Mulhouse, communément appelée « Tour du Diable » ou « Teufelsthurm ».*

KEMPF N., femme de Jacob Kempf, de Soultzeren, jugée à Munster en 1623, sentence non connue.
KEMPFF APPOLONIE, veuve de Jacob Kempff, brûlée à Sélestat en 1629 après avoir été décapitée.
KENTZINGER CATHARINA, dite die Ruoben Catharina, femme de Sebastian Kintzinger, aubergiste de Sélestat, brûlée à Sélestat en 1629.
KENTZINGER URSULE, femme de Laurent Kentzinger, aubergiste de Sélestat, brûlée à Sélestat en 1629 après avoir été décapitée.
KERLEN N., veuve de Jost Kerlen, de Traenheim, poursuivie à Westhoffen en 1659.
KERTZ MELCHIOR, *Senator* (magistrat), de Molsheim, brûlé à Molsheim en 1620 après avoir été étranglé.
KESSLER ANNE, femme de Michel Kessler, bourgeois, d'Oberbergheim, aujourd'hui Bergheim, morte en prison en 1586.
KETSCH (ou KETSCHLIN) VÉRONIQUE, de Hagenbach, emprisonnée à Hagenbach, jugée en 1611, sentence non connue.
KETZ GASPARD, de Hilsenheim, poursuivi dans les années 1560-1578.
KEU(IN) ANNA-MARIA, femme de Johann Keu, jugée et relâchée à Bergheim en 1683.
KEUTT MARGRETHA, femme de Diebolt Keutt, de Lichtenberg, brûlée à Bouxwiller en 1617 après avoir été étranglée.
KEYSER ÉVA, femme de Paul Keyser, tonnelier, brûlée à Boersch en 1630.
KIEFFER APPOLONIA, femme d'Ulrich Kieffer, de Dehlingen, brûlée à Diemeringen en 1673 après avoir été décapitée.
KIEFFER AURÉLIA, dite die Goldschmidtin, née Reiss, femme de Ludwig Kieffer, orfèvre, de Molsheim, jugée à Molsheim, libérée sous condition en 1621.
KIEFFER MARGRETHA, femme de Hannsen Kieffer, poursuivie à Schnersheim en 1630.
KIEFFER URSULE, de Benfeld, jugée en 1629, sentence non connue.
KIENZEN GERTRAUT, femme de Mathis Kienzen, jugée à Schnersheim, brûlée en 1631.
KIFFER GERTRUD, femme de Clauss Kiffer, de Schwindratzheim, brûlée à Bouxwiller en 1629 après avoir été décapitée.
KILLIAN N., femme de Jean Killian, de Barr, brûlée en 1631.
KIND (ou KÜNDLEIN) ANNA, de Bergholtzzell, jugée à Guebwiller en 1615, sentence non connue.
KINTZ MARIA, femme de Michel Riegardt (ou Riegert), brûlée à Sélestat en 1641 après avoir été décapitée.
KIPP FRONICA, dite Müllerin, 60 ans, femme de Michel Kipp, d'Haguenau, se pend dans son cachot à Haguenau en 1628.
KIRIN (ou KIRN) VÉRONIQUE, femme d'André Kirin, bûcheron, de l'ancien hameau de Weil, proche de Bergheim, brûlée vive à Bergheim en 1586.
KIRMAN CUNÉGONDE, femme de Georges Kirman, de Niedernai, poursuivie en 1631.
KIRSTETTER BARBARA, de Kogenheim, jugée en 1620, sentence non connue.
KITTEL MARGARETHA, femme de Hans Kittel, de Bischoffsheim, jugée à Molsheim, brûlée en 1621 après avoir été décapitée.
KITTER ANNE, de Rhinau, jugée en 1629, sentence non connue.
KLAUS JEAN, d'Epfig, poursuivi en 1629.
KLEIN ANNA, femme d'Arbogast Klein, brûlée à Sélestat en 1631.
KLEIN ANNELIN, torturée à Bergheim en 1683, suite du procès non connue.
KLEIN ANSTETT, de Bischoffsheim, jugé à Molsheim, brûlé en 1621.
KLEIN CATHARINA, femme de Martin Kolb, brûlée à Sélestat en 1630 après avoir été décapitée.
KLEIN CATHERINE, veuve de Marx Klein, tonnelier, de Molsheim, jugée à Molsheim, brûlée à Dachstein en 1630 après avoir été décapitée.
KLEIN DIEBOLT, fils mineur de Dieboldt Klein, tonnelier du grand chapitre de Strasbourg, jugé à Molsheim en 1630, sentence non connue.

KLEIN N., enfant de Caspar Klein, gardien de porte, de Molsheim, jugé à Molsheim en 1630, sentence non connue.
KLEIN(IN) ANNA, brûlée à Ensisheim en 1621.
KLEIN(IN) ANNA, veuve de Wolff Renner, de Ribeauvillé, brûlée en 1622.
KLEINSBERG(ER) JOANNES, 16 ans, élève des jésuites de Molsheim, brûlé à Molsheim en 1630.
KLEINWEHRLER(IN) AGNÈS, dite Buzerin, brûlée à Soultz en 1615.
KLINGER SARA, femme d'un prévôt, torturée à Niederentzen, brûlée à Bertswiller en 1618.
KLOTZ CATHERINE, femme de Christlin Klotz, de Musloch, écart de Lièpvre, bannie en 1592.
KNAUER N., femme de Michel Knauer, brûlée à Colmar.
KNEISCH (ou KNELSCH) ANNA, veuve de Hans Pfeiffer, de Châtenois, brûlée à Sélestat en 1642.
KOCH URSULE, femme de Martin Keller, brûlée à Bergheim en 1630 après avoir été décapitée.
KOCH N., femme d'Epfig, poursuivie en 1630.
KÖCH(IN) ROSINA, brûlée à Ensisheim en 1599.
KOENIG HANS (ou JOANNES), 7 ans, fils de Marcel Koenig, chapelier, et de Pétronille Gehalt, de Molsheim, brûlé en 1630 après avoir été décapité.
KOEPPEL WALBURGA, femme de Johannes Koeppel, aubergiste de Dehlingen, brûlée à Diemeringen en 1673 après avoir été décapitée.
KOERBER BRIGITTE, de Westhoffen, brûlée en 1659 après avoir été étranglée.
KOERTZ NICOLAS, receveur de l'Ordre de Saint-Jean à Dorlisheim, brûlé à Molsheim en 1621.
KOHLER ÉLISABETH, de Riquewihr, sentence non connue.
KOHLER MARIA, 11 ans, d'Altorf, jugée à Molsheim, brûlée en 1630.
KOLLER LUCIE, de Lutterbach, brûlée à Mulhouse en 1481.
KÖNIG ANNA, jugée à Rouffach, brûlée vive en 1585.
KOPFF ÉLISABETH, femme de Martin Kopff, de Châtenois, brûlée à Sélestat en 1630 après avoir été décapitée.
KORMANN N., femme de Claus Kormann, jugée à Guebwiller en 1615, sentence non connue.
KORMESSER N., femme de Lienhardt Kormesser, jugée à Colmar, bannie.
KRAEMER N., femme de Paul Kraemer, de Traenheim, poursuivie à Westhoffen en 1659.
KRANCH (ou KRAUCH) PETER, interrogé à Saverne en 1629, relâché.
KRAUS (ou KRAUSS) CATHERINE, veuve de Jacob Kraus, de Balbronn, brûlée en 1659 après avoir été étranglée.
KRAUSS MARGRETHA, femme du tisserand de Bouxwiller, brûlée à Bouxwiller en 1617 après avoir été étranglée.
KREMER AGATHA, brûlée à Turckheim dans les années 1571-1575.
KREMER APOLLONIE, 70 ans, veuve de Nicolas Kremer, de Sélestat, brûlée vive en 1630.
KREMER MATHIS, 5 ans, de Soultzeren, jugé à Munster en 1632, sentence non connue.
KRETZ (ou KRETZER) MARIE, femme de Mathias Kretz, de Sand, brûlée à Benfeld en 1629.
KRETZ MARGUERITE, femme de Martin Kretz, de Semersheim, brûlée à Benfeld en 1631.
KREÜTER MAGDALENA, femme d'Erhard Kreüter, de Dinsheim-sur-Bruche, brûlée à Molsheim en 1625.
KREUTER (ou KREUTTER) AGNÈS, 11 ans, fille du cordonnier Christophe Kreutter, de Châtenois, placée à l'hôpital de Châtenois en 1623.
KREUTLIN BRIGITTE, veuve de Breitenbach, brûlée en 1583.
KREUTLIN MARTIN, de Soultzeren, jugé à Munster en 1617, sentence non connue.
KREUTTER MARGRED, poursuivie à Ensisheim en 1586.
KRIEGER FRAWEL, veuve de Simon Krieger, de Gottesheim, brûlée à Bouxwiller en 1612 après avoir été étranglée.
KROESSLER MARGARETA, d'Appenwihr, brûlée à Horbourg-Wihr en 1574.

KRUCH CHRISTINA, 60 ans, femme de Valentin Kruch, brûlée à Sélestat en 1641 après avoir été décapitée.
KRUCH CLARA, femme de Balthasar Kruch, brûlée à Sélestat en 1631.
KRUCH MARIA, fille de Valentin Kruch, femme de Martin Wild, brûlée à Sélestat en 1641 après avoir été décapitée.
KRUMPF APPOLONIE, de Dambach-la-Ville, brûlée en 1622.
KUBLER (ou SIBLER) CHRISTINE, femme de Nicolas Kubler, d'Oberhaslach, brûlée à Molsheim en 1620 après avoir été décapitée.
KÜBLER (ou KUEBLER) HANS, de Marlenheim, jugé à Westhoffen, banni à vie du comté de Hanau-Lichtenberg en 1659.
KÜBLER URSULA, femme de Peter Kübler, forestier et maire à Dehlingen, brûlée à Diemeringen en 1673.
KÜE (ou KUW) ANNA, femme de Claus Kuë, poursuivie à Haguenau en 1578.
KUEFFER BRIGITTA, femme du Petit Kueffer, de Dachstein, jugée à Molsheim en 1623 ou 1624, sentence non connue.
KUEGEL (ou KÜGEL) WOLFF, originaire de Benfeld, jugé à Molsheim, brûlé en 1630 après avoir été décapité.
KÜHHANS N., de Marmoutier, berger à Salenthal, jugé en 1611, sentence non connue.
KUEHLMAN (ou KUEHMANIN) BARBARA, veuve de Barthel Schneider, de Goldbach-Altenbach, brûlée vive à Guebwiller en 1616.
KUENTZ (ou KÜNTZ) BARBE, de Huttenheim, brûlée à Benfeld en 1614.
KÜNZEN MARGRETHA, femme de Dieboldt Künzen, dit le Vieux Bott, poursuivie à Schnersheim en 1630.
KÜRSEN ANTOINETTE, de Bettendorf, jugée à Mulhouse en 1454, sentence non connue.
KÜRSSNER ANNA, fille des Alten Kürssner, de Molsheim, brûlée en 1630.
KÜRZER(IN) CATHARINA, poursuivie à Ensisheim en 1598.
KUGEL N., veuve d'André Kugel, jugée à Colmar, bannie.
KUHN BRIGITTE, 60 ans, femme de Matz Kuhn, de Balbronn, brûlée à Westhoffen en 1663 après avoir été décapitée.
KUNIGUND, dite die Wuerthin, brûlée à Turckheim dans les années 1571-1575.
KUNIGUNDE W., de Bischoffsheim, brûlée vive à Obernai dans les années 1600.
KUNTZ (ou KUENTZ) N., femme de Barthélémy Kuntz, de Niederentzen, brûlée en 1611.
KUOLMANN N., femme d'Epfig, poursuivie en 1630.
KURST MATHIS, paysan de Lüttelshausen (*Landvogtey* d'Haguenau), jugé à Haguenau en 1630, libéré sous serment.
KURTZ GEORG, tanneur, mari de Petronell, jugé à Saverne en 1615, libéré sous serment.
KURTZ MARIE, femme de Mathieu Kurtz, d'Osthouse, poursuivie en 1630.
KURTZ PETRONELL, femme de George Kurtz, jugée à Saverne, brûlée en 1614.

## L

L'AUBERGISTE DU CHÊNE, dite die Eichenwirthin, femme de Hans-Jacob Moser, d'Haguenau, poursuivie à Haguenau en 1629.
LA BELLE-MÈRE de Bénédict Schenrichardt, bourgeois et arquebusier de Thann, brûlée à Thann vers les années 1588.
LA BELLE-MÈRE de Jean Führer, messager du prévôt, de Molsheim, poursuivie en 1630.
LA BOSSIGER (ou LA VIEILLE BOSSINGERIN), 90 ans, brûlée à Thann en 1597.
LA BOULANGÈRE DE WITTISHEIM, de Wittisheim, poursuivie en 1590.
LA FEMME de l'aubergiste de la Licorne, à Haguenau, trouvée morte à Haguenau dans son cachot en 1629.
LA FEMME de Laurent Hamler, poursuivie à Ensisheim vers 1586.
LA FEMME DE MATHIS DE VENDENHEIM, jugée à Haguenau en 1619, suicidée en prison.
LA FEMME DILLER, brûlée à Saint-Hippolyte dans les années 1617-1618.

LA FEMME du gardien de la porte supérieure de Turckheim, brûlée à Turckheim dans les années 1571-1575.
LA FEMME du prévôt de Surbourg, jugée en 1616, libérée sous condition.
LA FEMME du tuilier de Saint-Martin, lieu-dit entre Hombourg et Petit-Landau, brûlée dans les années 1620-1628.
LA FILLE DE GROS URI, meunier à Trouchy, hameau de Fouday, brûlée en 1620.
LA FILLE de l'aubergiste de l'Aigle à Sélestat, brûlée à Sélestat en 1626.
LA FILLE du gardien de la porte supérieure de Turckheim, relâchée à Turckheim dans les années 1571-1575.
LA GRANDE BARBELINNE, poursuivie dans le Val de Lièpvre en 1581.
LA MASSONNATTE JEHENNON, veuve de Georges Michel, de Saulxures, bannie en 1618.
LA MÈRE de Catherine le Maréchal, du Ban-de-la-Roche, morte en prison vers 1620.
LA MÈRE de Catherine Stoffer, de Soultzbach-les-Bains, pendue en 1631.
LA MÈRE de Jean Scherer, receveur du grand chapitre de Molsheim, condamnée à Molsheim en 1623, sentence non connue.
LA MÈRE du prévôt Jean Hug, brûlée à Brunstatt en 1629 après avoir été décapitée.
LA RIBEL, brûlée à Thann en 1608.
LA SAGE-FEMME de Lichtenberg, s'est pendue en prison en 1617.
LA SAGE-FEMME de Munster, brûlée à Munster en 1596.
LA SAGE-FEMME de Roderen, brûlée à Thann en 1598.
LA SAGE-FEMME de Traenheim, poursuivie à Westhoffen en 1659.
LA SŒUR DE CONRAD GRAF, jugée à Haguenau, libérée sous condition en 1616 après avoir été fouettée.
LA STRENTAIN, brûlée à Haguenau en 1629.
LA TIXATTE JEANNE, sage-femme, femme de Jean Griffon, de Sainte-Croix-aux-Mines, brûlée en 1594.
LA VEUVE CLAUDATTE, sujette de la seigneurie de Ribeaupierre, brûlée à Taintrux (Vosges) en 1612.
LA VEUVE TRAREL, dite la vieille Pfarrin, jugée à Bergheim, en 1586, meurt sous la torture.
LA VIEILLE MÜSCHLER(IN), de Rothau, brûlée en 1620.
LAMEY CATHARINA, de Soultzeren, jugée à Munster, brûlée en 1623.
LAMEY JOHANNA, mariée, de Mühlbach-sur-Munster, brûlée en 1583.
LAMPERTIN AGNÈS, dite die Landwehrlerin, brûlée à Wuenheim en 1615.
LAMPRECHT CATHERINE, fille de Nicolas Lamprecht, de Ribeauvillé, poursuivie et incarcérée en 1612.
LAMPRECHT MARIE, d'Ammerschwihr, brûlée en 1572.
LANDTMANN(IN) APPOLONIA, de Dambach-la-Ville, poursuivie en 1587.
LANDWERLER(IN) DOROTHEA, de Ruelisheim, jugée à Ensisheim, brûlée à Ensisheim en 1606.
LANDWERLIN MARGRED, d'Ensisheim, brûlée à Ensisheim en 1615.
LANDWERLIN MARGRED, de Ruelisheim, poursuivie à Ensisheim en 1616.
LANG (ou LANGEN) ANNA, femme de Hans Lang, berger communal de Rodern, brûlée à Bergheim en 1618 après avoir été étranglée.
LANG (ou LANGHANS) PETRONELL (ou PETRONILLA), sage-femme, femme de Hans Lang, potier, brûlée à Saverne en 1614.
LANG MARGARETHA, femme de Hans Lang, de Rosenwiller, jugée à Molsheim, brûlée en 1625 après avoir été tenaillée au fer rouge.
LANGHEE MARGUERITE, veuve de Claude Langhee, de Sainte-Marie-aux-Mines, renvoyée jusqu'à rappel en 1595.
LAPPER(IN) AFFRA, de Ruelisheim, brûlée à Ensisheim en 1612 après avoir été tenaillée.
LAPPER(IN) CATHERINA, de Ruelisheim, poursuivie à Ensisheim en 1606.
LAU MELCHIOR, 7 ans, d'Ampfersbach, hameau de Stosswihr, jugé à Munster en 1632, sentence non connue.

*La « Tour des sorcières » à Riquewihr, communément appelée « Tour des Voleurs ».*

LAUER MARIE, poursuivie dans le Bas-Rhin en 1629.

LAUFFENBERGER JEAN, jugé dans le Bas-Rhin en 1617, sentence non connue.

LAWEL Gud, femme de Hans Lawel, poursuivie à Rosheim en 1628.

LE CHARPENTIER JANNE, femme d'Ysible Le Charpentier, de Sainte-Croix-aux-Mines, brûlée en 1571.

LE MARÉCHAL (ou MARÉCHAL, ou SCHMIDT) CATHERINE, de Rothau, femme de Philippe Le Maréchal, brûlée à Rothau en 1620.

LE PARMENTIER DIDIÈRE, femme d'Erwan Le Parmentier, de Sainte-Marie-aux-Mines, renvoyée jusqu'à rappel en 1571.

LE PARMENTIER ÉLISABETH, 20 ans, fille de Lienard Le Parmentier, de Sainte-Croix-aux-Mines, brûlée en 1594.

LE PÂTRE de Richwiller et sa femme, jugés à Mulhouse en 1481, sentence non connue.

LE PORCHER de Wasselonne, banni avec sa femme en 1585 du territoire de la république de Strasbourg.

LE PRÉVÔT de Gerstheim, jugé en 1630, sentence non connue.

LEBER ANASTASIUS, 14 ans, fils de Mathis Leber, boucher, et de Marguerite Artzheim, brûlé à Molsheim en 1630.

LEGRIMPE MOUGEOTTE, femme de Claude Le Grimpe, de Neuviller-la-Roche, brûlée à Neuviller-la-Roche en 1623.

LEHEMANN (ou LEHMANN) ANNE, femme de Jean Lehemann, de Sand, brûlée à Benfeld en 1629.

LEHN N., veuve de Jean Lehn, de Russ, bannie sous serment du territoire épiscopal de Strasbourg en 1571.

LEHRFUSS SARA, femme d'André Lehrfuss, bourgeois de Sand, brûlée à Benfeld en 1629.

LEICHINGER BARBARA, femme de Martin Leichinger, emprisonnée à Rosheim en 1628, suite du procès non connue.

LEIHALLS BARBARA, veuve de Paulus Leihalls, menuisier, enfuie de Munster en 1583.

LEININGER (ou LINNINGER) MARGUERITE, femme de Michel Leininger, de Kogenheim, brûlée à Benfeld en 1630.
LEININGER (ou LINNINGER) MICHEL, de Kogenheim, brûlé à Benfeld en 1631.
LEITERER URSULA, veuve de Lorentz Leiterer, brûlée à Sélestat en 1641.
LENTZ HANS, de Schirrhein, brûlé à Haguenau en 1630 après avoir été décapité.
LENTZ MARGARETHA, femme de Paul Lentz, de Westhoffen, bannie à vie en 1659 du comté de Hanau-Lichtenberg.
LENTZELL CUNÉGONDE, femme d'André Lentzell, de Châtenois, brûlée en 1630.
LENZENFELDER (ou LINGENFELDER) GEORGES, de Dambach-la-Ville, jugé en 1620, sentence non connue.
LES ENFANTS DE LA PETITE MOUGEOTTE, de Neuviller, condamnés vers 1620, sentence non connue.
LES FILLES BENEDICT, brûlées à Thann en 1608 après avoir été étranglées.
LETSCHER Barbe, brûlée à Marlenheim en 1630.
LEUFFER(IN) BRIGITTE, brûlée à Ensisheim en 1616 après avoir été tenaillée.
LEY LUCIA, dite la Baderin, 43 ans, d'Haguenau, brûlée en 1628 après avoir été décapitée.
LEYTTERER CASPAR, de Hunawihr, jugé à Riquewihr, expulsé avec sa femme Anna Spielmänn(in) de la seigneurie en 1602.
LICHTENAUER BARBARA, 9 ans, fille de Peter Lichtenauer, aubergiste à l'Ours à Molsheim, jugée à Molsheim, brûlée en 1630.
LICHTENAUER CHRISTINA, 10 ans, fille Diebolt Lichtenauer, drapier, et d'Othilia Becker, brûlée à Molsheim en 1630.
LICHTENAUER PIERRE LE JEUNE, 11 ans, fils de Peter Lichtenauer, aubergiste à l'Ours à Molsheim, brûlé à Molsheim en 1630.
LIECHTENAUER BARBARA, veuve d'Urbain Herman, berger, de Wittisheim, brûlée en 1594.
LIEDLIN ANNA-MARIA, femme de Conrad Liedlin, poursuivie à Saverne, relâchée en 1631.
LIEDLIN CONRAD, cordonnier, relâché à Saverne en 1631.
LIENARD BABILLON, femme de Bertrand Lienard, de la Haute-Goutte, hameau de Neuviller, brûlée vers 1621.
LIENHARDT MARGARETHA, femme de Dietrich Lienhardt, de Dangolsheim, jugée à Haguenau en 1618, morte après avoir été torturée.
LINDENMEYER Jean, brûlé à Marlenheim en 1630.
LINDER MARGUERITE, veuve de Marc Klein, stettmestre de Molsheim, brûlée en 1630.
LINGELSHEIM MICHAEL, messager seigneurial, d'Ohnheim, brûlé à Fegersheim en 1654 après avoir été décapité.
LINGENFELDER MARIE, de Dambach-la-Ville, jugée en 1620, sentence non connue.
LISBETH, de Wilwisheim, poursuivie à Saverne en 1630.
LŒFFLER (ou LÖFFLERIN) ANNA, veuve de Salomon Trautwein, brûlée à Saverne en 1630.
LOGLER(IN) SUSANNA, cuisinière, bannie de Molsheim en 1634.
LOHMULLER APPOLONIE, veuve de Jean Lohmuller, de Kogenheim, brûlée à Benfeld en 1630.
LOHNER MARGUERITE, de Boersch, jugée à Molsheim, brûlée en 1629 après avoir été décapitée.
LOOS APPOLONIE, veuve de Jean Loos, de Kogenheim, brûlée à Benfeld en 1630.
LOOS MARIE, femme de Christmann Loos, de Kogenheim, brûlée à Benfeld en 1630.
LORENS ANNA, femme de Mathis Lorens le Jeune, de Boersch, brûlée en 1618.
LORENTZ N., veuve de Christian Lorentz, brûlée à Rothau vers 1620.
LÖSCHEN MARIA, de Soultz, jugée à Guebwiller en 1615, sentence non connue.
LOTHER(IN) MARGRED, poursuivie à Ensisheim en 1618.
LÖW(IN) GERTRUDE, dite Ruferin, brûlée à Soultzmatt en 1615.
LOYS ANNA, mariée, de Sondernach, brûlée en 1630 après avoir été décapitée.
LUCIE, la boulangère de Buhl, poursuivie à Buhl en 1615.

LUDI ÈVE, veuve de Jean Ludi, charron, de Rhinau, brûlée à Benfeld en 1630.
LUDMAN MATHIEU, d'Ergersheim, brûlé en 1629.
LUDMAN N., femme de Mathieu Ludmann, d'Ergersheim, brûlée en 1629.
LUDWIG DOROTHEA, de Ruelisheim, poursuivie à Ensisheim en 1606.
LUMELL LUCIA, veuve de Jacob Ostringer, brûlée à Sélestat en 1634 (ou 1635) après avoir été décapitée.
LUTINGER (ou LUTHRINGER) ÉLISABETH, brûlée à Cernay en 1573.
LUTTRINGER CHRISTINE, jugée à Guebwiller en 1616, sentence non connue.
LUTZ (ou LUZEN) VÉRONIKA, femme de Marx Lutz, originaire de Guebwiller, brûlée à Bergheim en 1630 après avoir été décapitée.
LUTZ N., femme de Guémar, poursuivie en 1592.
LUX JACOBÉ, femme d'Adolph Lux, de Bouxwiller, brûlée à Bouxwiller après avoir été étranglée.
LUX MADELEINE, veuve d'André Cammerer (ou Kammerer), brûlée à Sélestat en 1641 après avoir été décapitée.
LYS(IN) MARGUERITE, de Turckheim, brûlée dans les années 1571-1575.

# M

MAGDALENA N., adolescente, jugée à Molsheim, brûlée à Dangolsheim.
MAGELER(IN) (ou MŒGLER) ANNE, dite la Wasserweiblin, brûlée à Rouffach en 1615.
MAHLER COLOMBE, de Ruelisheim, jugée à Ensisheim, brûlée à Ensisheim en 1606.
MAIGRAT GŒRY, de Grand-Rombach, écart de Sainte-Croix-aux-Mines, enfui en 1582.
MAIRE (ou MAREI, ou MARIE) ANNE, de Munster, brûlée en 1596.
MAISTER(IN) (ou MEISTER) MADELEINE, brûlée à Soultz en 1615.
MALSCHEN MADELEINE, brûlée à Saint-Hippolyte dans les années 1617-1618.
MALSCHEN MARIE, brûlée à Saint-Hippolyte dans les années 1617-1618.
MAN (ou MANN) AMMON (ou HAMMON), boucher de Saverne, enchaîné à vie à son domicile en 1618.
MARCHANT CATHERINE, femme de Jean Marchant, de Petit-Rombach, écart de Sainte-Croix-aux-Mines, renvoyée jusqu'à rappel en 1595.
MARÉCHAL CLAUDE, brûlé dans le Ban-de-la-Roche vers 1620-1621.
MARÉCHAL SALOMÉ, fille de Philippe Maréchal, brûlée à Rothau vers 1620.
MARGARETHA, de Waldoltzen (Waldolwisheim aujourd'hui), domestique de Hanssen Michel, arrêtée à Saverne en 1629.
MARGARETHA, veuve d'Érasme von Sarburg, de Dachstein, jugée à Molsheim en 1624, sentence non connue.
MARGRAF AGNÈS, mariée en troisièmes noces à Thomas Moter, de Gries, brûlée avec son fils de 12 ans à Brumath en 1658.
MARGRETA, femme du prévôt de Vendenheim, poursuivie en 1596.
MARGUERITE H., brûlée vive à Obernai en 1587.
MARGUERITE, la sage-femme de Buhl, jugée en 1615, sentence non connue.
MARGUERITE, servante d'Anne Gutermartin, jugée à Colmar, relâchée.
MARIA DIE TREUBELWIRTHIN, 54 ans, femme de l'hôtelier du Raisin à Haguenau, fille du cordonnier Caspar Stoebel, brûlée à Haguenau en 1627 après avoir été étranglée.
MARIA N., 8 ans, petite-fille d'Adam Welsch, de Molsheim, brûlée à Molsheim en 1630.
MARIA, de Lorraine, jugée à Colmar, expulsée dans les années 1610-1638.
MARIE LA COUTELIÈRE, brûlée à Guebwiller en 1615.
MARTIN (ou MARTINELIN), dit le garçon d'Ada Vickel, 14 ans, petit-fils de la vieille Vogt(in) Anna, de Surbourg, brûlé à Haguenau en 1627 après avoir été étranglé.
MARTIN ANNA, 90 ans, veuve d'Ehrart Martin, de Holtzheim, jugée à Molsheim en 1623, sentence non connue.
MARTIN JEHENNON, femme de Jacot-Jean Martin, de Sainte-Croix-aux-Mines, brûlée en 1605.

MARTIN MARGUERITE, femme d'Allexander Martin, de Lièpvre, bannie en 1582.
MARTIN URSULA, poursuivie à Guebwiller en 1615.
MARTIN VERONICA, femme de Georg Martin, jugée à Schnersheim, brûlée en 1631.
MARTIN N., femme de Jacob-Didier Martin, du Val de Lièpvre, brûlée avant 1594.
MARTIN N., femme de Jean Martin, brûlée à Rothau.
MARTIN N., femme de Nicolas Martin, de Stotzheim, brûlée en 1625.
MARTZ ÉLISABETH, dite la Gross Els, femme de Hans Martz, de Niedernai, poursuivie en 1630.
MARZELL DIEBOLD, célibataire, fils de Johann Marzell (ou Marcel), échevin, et de Catharina, de Dehlingen, brûlé à Diemeringen en 1673.
MARZLOF AURELIA, veuve d'Anstett Marzlof, de Surbourg, jugée à Haguenau, brûlée en 1616 après avoir été étranglée.
MATHIS ANNE, femme de Marc Mathis, d'Epfig, poursuivie en 1628.
MATHIS N., enfant d'Epfig, poursuivi en 1630.
MATHISSEN CATARINA, femme de Marcel Mathissen, de Mutzenhouse, jugée à Haguenau, brûlée en 1616 après avoir été étranglée.
MATT ANNA-MARIA, femme de Thiebold Matte, de Weislingen, brûlée à Diemeringen en 1673.
MATT THIEBOLD, tailleur de pierre, de Weislingen, brûlé à Diemeringen en 1673.
MAUCK MARGARETHA, femme de Hans Mauck, de Biblenheim (village aujourd'hui disparu, proche de Soultz-les-Bains), jugée à Molsheim, brûlée vive en 1621.
MAURER (ou MAEURER) ANNA, de Turckheim, brûlée en 1571.
MAURER APPOLONIE, 90 ans, veuve de Balthasar Maurer, brûlée à Sélestat en 1630 après avoir été décapitée.
MAURER MARGUERITE, 10 ans, fille de Beat Maurer, brûlée à Soultz en 1615.
MAYER(IN) (ou MEYERIN) MARGRED, sage-femme, brûlée à Ensisheim en 1598.
MAYER(IN) BARBARA, poursuivie à Ensisheim en 1613.
MEIER (ou MEYER) ODILE (ou OTHILIA), femme de Bastien Meier, de Hindisheim, jugée à Molsheim, brûlée en 1621 après avoir été décapitée.
MEINBERGER(IN) ANNA, suicidée dans son cachot à Rideseltz en 1602.
MEISE N., femme de Deng Meise, jugée à Colmar en 1574, bannie.
MEMMINGER N., femme d'Edmond Memminger, d'Ebermunster, jugée en 1665, sentence non connue.
MENGEATTE DES ROSES, veuve de Jean des Roses, de Sainte-Marie-aux-Mines, renvoyée jusqu'à rappel en 1595.
MENGEOTTE LA SAGRESSE, 50 ans environ, femme de Noël de Fraisse, de Sainte-Marie-aux-Mines, brûlée vive en 1582.
MENSCHER(IN) APPOLONIA, de Ruelisheim, poursuivie à Ensisheim en 1615.
MERCKL(IN) N., femme de Michel Mercklin, brûlée à Colmar.
MERG DIE SCHULTHEISSEN, de Wingersheim, jugée à Haguenau en 1616, libérée sous serment.
MERG SIMONE, cuisinière de prêtre, d'Epfig, poursuivie en 1630.
MERZ (ou METZ) CATHERINE, femme de Jacques Merz, de Kogenheim, brûlée à Benfeld en 1630.
MESSER N., femme de Jean Messer, de Niederhaslach, relâchée dans les années 1628-1629.
MESSINGER MADLEN, femme de Georg Messinger, de Dinsheim, trouvée étranglée dans son cachot en 1620.
METZ (ou METZEN ou METZER) AGNÈS, femme de Jakob Metz, cordonnier, jugée à Saverne, brûlée en 1614.
METZ (ou MEZIN) CUNÉGONDE, veuve de Conrad Weise, d'Ebersheim, jugée en 1620, sentence non connue.
METZ BARBE, femme de N. Hinderholzer, d'Epfig, brûlée en 1629.
METZ CATHERINE, femme de Laurent Mühe, de Châtenois, brûlée à Sélestat en 1630.

METZ CATHERINE, femme de Martin Metz, d'Egersheim, poursuivie en 1628.
METZ CATHERINE, femme de Michel Metz, prévôt de Stotzheim, jugée en 1629, sentence non connue.
METZ URSULA, femme de Nicolas Metz, de Stotzheim, poursuivie en 1628.
METZ(IN) ANNE, brûlée à Bergholtz en 1615.
METZEN CATHARINA, femme de Georges Metzen, de Kienheim, arrêtée à Saverne en 1629.
METZEN CLAUS, jugé à Haguenau en 1631, libéré sous serment.
METZGER (ou METZIGER) ANNA, femme d'Anstett Metziger, de Soultz-les-Bains, jugée à Molsheim en 1625, sentence non connue.
METZGER N., femme de Quirin Metzger, de Châtenois, poursuivie en 1630.
MEYER AGATHE, fripière, femme d'André Zimmermann, de Rodern, brûlée à Bergheim en 1630 après avoir été décapitée.
MEYER ANNA, veuve de Martin Dinger, de Rorschwihr, poursuivie à Bergheim en 1683.
MEYER ANNA-MARIA, de Bischwiller, emprisonnée en 1856.
MEYER ANTOINE, brûlé à Dornach, écart de Mulhouse en 1630.
MEYER APPOLINE, veuve Haas, femme de Jean Meyer en secondes noces, de Westhalten, emprisonnée à Soultz en 1615, suite du procès non connue.
MEYER AURÉLIE, femme d'Adam Meyer, de Hindisheim, brûlée à Benfeld en 1630.
MEYER BARBARA, femme de Clauss Meyer, laboureur, brûlée à Sélestat en 1630 après avoir été décapitée.
MEYER CAECILIA, veuve de Jacob Meyer et sœur d'Anne Führer, jugée à Molsheim, brûlée en 1630.
MEYER CATHARINA, femme d'Andreas Essel, de Ribeauvillé, brûlée en 1622.
MEYER CLARA, femme de Claus Meyer, de Gresswiller, jugée à Molsheim en 1624, sentence non connue.
MEYER LOUIS, de Weyler, écart de Hohrod, emprisonné à Colmar en 1595.
MEYER MAGDALENA, 70 ans, veuve de Benedict Roser, de Rorschwihr, jugée à Bergheim en 1683, morte sous la torture.
MEYER MARGRETHA, femme de Hansel, poursuivie à Schnersheim en 1631.
MEYER MARIA, femme de Sébastien Meyer, d'Hindisheim, jugée à Molsheim en 1624, sentence non connue.
MEYER MARIA, veuve de Théobaldt Meyer, brûlée à Sélestat en 1629 après avoir été décapitée.
MEYER OTHILIA, femme de Vix Meyer, de Griesheim-près-Molsheim, jugée à Molsheim en 1625, sentence non connue.
MEYER THOMANN, de Traenheim, poursuivi à Westhoffen en 1659.
MEYER N., femme de Thomann Meyer, de Traenheim, poursuivie à Westhoffen en 1659.
MEYER N., femme de Veltin Meyer, *Schultheiss* de Hombourg, morte en prison dans les années 1620-1628, puis brûlée.
MEYER(IN) CATHARINA, femme de Hans-Jacob Gautier, jardinier, arrêtée à Saverne, expulsée en 1695.
MEYERHOF AGNÈS, veuve de Nicolas Meyerhof, barbier, brûlée à Rouffach en 1615.
MEYGER LOUIS, poursuivi à Mulhouse vers 1460.
MEYH AGNÈS, veuve de Michel Meyh, brûlée à Sélestat en 1629.
MEYH ANNA, dite Anna Stahl, femme de Claus Börer, brûlée à Sélestat en 1630 après avoir été décapitée.
MEYS THENG, poursuivi à Colmar, libéré sous condition.
MEYS N., femme de Theng Meys, jugée à Colmar, libérée sous condition.
MICHEL CLAUDE, berger communal, brûlé à Bellefosse vers 1620-1621.
MICHEL DOROTHÉE, née Zacher, femme de Nicolas Michel, berger, de Wittisheim, brûlée en 1594.
MICHEL N., femme d'Albrecht Michel, bourgeois de Ribeauvillé, brûlée en 1622.

MICHLER(IN) GERTRUDE, brûlée à Soultzmatt en 1615.
MIEH (ou MIEHL) MARIA, 20 ans, célibataire, fille de Lorentz Mieh, brûlée à Sélestat en 1629.
MILAN N., bourreau de Waldersbach, fils de Nicolas Milan, brûlé en 1621.
MILAN N., frère de Mougeotte Milan, du Ban-de-la-Roche, brûlé dans les années 1620-1622.
MINICUS MARGUERITE, femme de Maurice Minicus, de Dachstein, poursuivie en 1628.
MITSCHE (ou MUTSCH) CATHERINE, 40 ans, femme de Catherine Mitsche, brûlée à Châtenois en 1623.
MŒGLIN JEAN, brûlé à Gundolsheim en 1631.
MŒNCH (ou MUNSCH) VALENTIN, boulanger de pain noir à Molsheim, brûlé à Molsheim en 1630.
MŒRDERER CHRISTINA, d'Appenwihr, brûlée à Horbourg-Wihr en 1630.
MOLITOR DANIEL, 14 ans, élève des jésuites de Molsheim, fils de Conrad Molitor, bedeau du conseil ecclésiastique, brûlé à Molsheim en 1630.
MOLL ANNE, brûlée à Châtenois en 1630 après avoir été décapitée.
MOLLER (ou MOHLER) ANNA, femme de Martin Moller, brûlée à Sélestat en 1641 après avoir été décapitée.
MOMBAURS BARBARA, femme du receveur de Bouxwiller, brûlée à Bouxwiller en 1617 après avoir été étranglée.
MONSCHALL (MOUSCHELL) IRMELL, 60 ans, veuve, guérisseuse de Labaroche, brûlée en 1619.
MONSCHEIN CLAIRE, veuve de Clade (ou Claude) Monschein, brûlée à Molsheim en 1631.
MONSY CLORE, femme de Martin Monsy, de Woll, ancien hameau proche de La Bresse (Vosges), sujette de la famille de Hattstatt, coseigneur de La Bresse, libérée en 1484 sous serment.
MOPART(IN) ANNA, jugée à Obernai en 1629, sentence non connue.
MORANDE (ou MORGANDE) MARGUERITE, femme de Jacot-Jean Martin, de Sainte-Croix-aux-Mines, brûlée vive en 1592.
MOREY BARBARA, mariée, de Soultzeren, jugée à Munster, brûlée en 1617 après avoir été décapitée.
MORG(IN) ANNE, de Thann, brûlée en 1641 après avoir été décapitée.
MORITZ MARGARETHA, sage-femme, veuve de N. Rotmann, de Buhl, jugée à Guebwiller en 1617, sentence non connue.
MÖRS(IN) JACOBÉ, femme de Jacques Schott, de Vendenheim, brûlée en 1557 (ou 1597).
MOSER (ou MOSSER) ANNA, femme de Jeörg Moser, charpentier, de Molsheim, brûlée en 1623.
MOSER HANS-JACOB, époux de l'aubergiste du Chêne à Haguenau, brûlé à Haguenau en 1629 après avoir été étranglé.
MOUQUE (ou MOUSQUIN) ÉLISABETH, de Bergheim, jugée et relâchée à Bergheim en 1683.
MÖWEL (ou MÖWELLER) ANNA, femme de Georges Walperger, tonnelier, brûlée à Bergheim en 1630 après avoir été décapitée.
MÖWEL AGNÈS, femme de Beat Danner, brûlée à Bergheim en 1627 après avoir été étranglée.
MÖWEL MARGUERITE, dite la Boudeuse, de Bergheim, brûlée vive en 1582.
MÖWEL MARIE, femme de Jacques Bottenkunger (ou Bottenkönig), brûlée à Bergheim en 1630 après avoir été décapitée.
MUCKENSTURM BARBE, femme de Michel Muckensturm, de Molsheim, brûlée en 1599.
MUCKENSTURM(IN) URSULA, jugée à Haguenau, brûlée en 1617 après avoir été étranglée.
MUEHE (ou MÜHE) CATHARINA, dite die Metz Catherine, femme de Lorentz Muehe, brûlée à Sélestat en 1630 après avoir été décapitée.
MÜLLER AMALIA, femme d'Anstett Müller, huilier de Diemeringen, brûlée à Diemeringen en 1673 après avoir été décapitée.
MÜLLER BARBARA, mariée, de Sondernach, brûlée en 1623 après avoir été décapitée.

MÜLLER CATHERINE, femme de Mathis Lentz, vigneron, brûlée à Bergheim en 1630 après avoir été décapitée.
MÜLLER CLAIRE, femme de Michel Bart, d'Orschwihr, brûlée à Altkirch en 1607.
MÜLLER HANS-MARTIN, 26 ans, tailleur, fils célibataire d'Anstett Müller, huilier, s'est pendu dans son cachot à Diemeringen en 1671.
MÜLLER HENSEL, 14 ans, de Dachstein, jugé à Molsheim, brûlé à Dachstein en 1624.
MÜLLER JACQUES, de Wahlheim, brûlé en 1615.
MÜLLER MARGARETHA, jugée à Obernai en 1542, sentence non connue.
MUELLER MARGUERITE, fille de Michel Mueller, jugée à Colmar en 1572, libérée sous condition.
MÜLLER N., femme de Dachstein, brûlée avec son fils Hensel à Dachstein en 1624.
MÜSCHLER DIDIER, brûlé dans le Ban-de-la-Roche vers 1620-1621.
MÜSCHLER N., femme de Didier Müschler, brûlée dans le Ban-de-la-Roche vers 1620.
MUESLIN MARGUERITE, veuve de Hans Mueslin, brûlée vive à Châtenois en 1622.
MÜTZLER APPOLONIA, femme de Christmann Mützler, de Hindisheim, jugée à Molsheim en 1623, sentence non connue.
MULG (ou MULGEN) ANNA, veuve de Nikolaus Mulg (ou Claus Mulgen), brûlée à Saverne en 1615.
MULLER ANNA, d'Obernai, brûlée vive en 1495.
MULLER ÉLISABETH, dite die Beckin, femme d'Ulrich Kreutter, tisserand, poursuivie à Ensisheim en 1590.
MULLER ÉLISE, femme de Hans Muller, de Wolxheim, jugée à Molsheim, brûlée en 1621.
MULLER MARGARETHA, femme de Geörg Muller, d'Oberhaslach, brûlée à Molsheim en 1623.
MULLER MARGRETHA, sage-femme d'Obersoultzbach, suicidée dans son cachot en 1617.
MULLER NICOLE (ou Nicole la Meunière), veuve de Didier Muller, du Ban-de-la-Roche, assassinée après avoir été renvoyée jusqu'à rappel dans les années 1620-1630.
MULLER OTHILIA, femme de Michel Muller, tailleur, de Molsheim, brûlée à Molsheim en 1623.
MULLER OTTILIA, femme de N. Keller, jugée à Colmar, bannie.
MULLER PANCRACE, bourgeois de Colmar, emprisonné en 1602.
MULLER N., femme de Hans Muller, de Traenheim, poursuivie à Westhoffen en 1659.
MULLER(IN) ÉLISABETH, sage-femme, poursuivie à Ensisheim en 1590.
MULLER(IN) MARIA, brûlée à Ensisheim en 1621.
MUNTZER BARBE, veuve de Jean Eger, de Ballersdorf, brûlée en 1623.
MUNTZER URSULA, veuve d'Erhardt Entzberger, cordonnier, de Molsheim, bannie en 1590 sous serment.
MURRÉ JEAN, brûlé dans le Ban-de-la-Roche vers 1620.
MUSCH N., femme de Jean-Christian Musch, brûlée à Wildersbach dans les années 1620-1621.
MUSER ANNA, jugée à Obernai en 1629, sentence non connue.
MUSSER N., femme de Bastian Musser, jugée à Obernai en 1630, sentence non connue.
MUSSIN MARGARETHA, femme de Michel Breitenweg, emprisonnée à Rosheim en 1627.
MUTSCHLER ANNE, femme de Balthasar Mutschler, bourgeois de Lipsheim, poursuivie en 1630.
MUTSCHLER AURÉLIE, femme de Sébastien Mutschler, de Hindisheim, poursuivie en 1630.
MUTZENBERGER(IN) MARGRED, de Rouffach, poursuivie à Ensisheim.

## N

NÄHER MARGRETH, die Kuhhirtin, femme de Christoph Näher, jugée à Haguenau en 1607, expulsée, son mari devant l'accompagner.
NEBEL ODILE, femme de Mathias Nebel, de Hindisheim, jugée à Molsheim en 1630, sentence non connue.
NEBELL AURÉLIE, de Hindisheim, poursuivie dans les années 1623-1624.
NEGER ANDRÉ, de Benfeld, poursuivi en 1601.
NEIDTLING ANNA, mariée, de Metzeral, brûlée en 1584.

*La porte de Munster à Turckheim, ou « Obertor », également appelée la « Tour des supplices ».*

NELL JEAN, dit Pfeifferhänsel, brûlé à Rouffach en 1615.
NESSLER(IN) ROSINE, brûlée à Pfaffenheim en 1615.
NEUBECKER (ou NEUNBECKER) URSULE, femme de Dietrich Neubecker, tonnelier, de Benfeld, brûlée à Benfeld en 1629.
NIBEL N., femme de Guillaume Nibel, de Thann, brûlée en 1698.
NICKEL FRANTZ, dit Frantz le Jeune, fils de Nickel et Janetta Frantz, de Diemeringen, brûlé à Diemeringen en 1671.
NICOLE DE NOMEY, femme de Demenge de Nomey, de Sainte-Marie-aux-Mines, poursuivie en 1615.
NIETH(IN) MARIA, 14 ans, native de Lauterbourg, fille de feu Paul Nieth, brûlée à Hagenau en 1627 après avoir été décapitée.
NITSCHELM (ou NITSCHEN) HANS, d'Ensisheim, brûlé vif en 1618.
NITSCHELM MARIA, dite la Falcknerin, veuve de Geörg Flackner, puis femme de Hans Nitschelm, d'Ensisheim, brûlée vive en 1612 après avoir été tenaillée.
NODLER(IN) MARIE-CLAIRE, 30 ans, femme de Hans Ginter, forgeron, de Bergbieten, jugée en 1697, sentence non connue.
NÖHR ANNA, veuve de Munster, brûlée à Munster en 1630 après pendaison.
NOLLENBERGER MARGARETHA, femme de Hans Nollenberger, de Bergbieten, brûlée à Molsheim en 1625 après avoir été décapitée.
NONNENMACHER(IN) CATHERINE, dite la vieille Nonnenmacherin, 80 ans, brûlée à Sélestat en 1629 après avoir été décapitée.
NÖSTER(IN) CATHARINA, femme du Lohnherr, brûlée à Haguenau en 1629 après avoir été étranglée.
NÜRENBERGER ANNA, poursuivie à Ensisheim en 1586.

# O

OBERLER MADELEINE, poursuivie dans le Haut-Rhin en 1630.
OBERMEYER N., habitant de Heiteren, brûlé dans les années 1600.
OBRECHT N., femme de Jacques Obrecht, de Turckheim, bannie.
ODILE, femme d'Ulrich, meunier à Trouchy, hameau de Fouday, brûlée en 1620.
ODILE, femme du tisserand et sacristain d'Osthouse, brûlée en 1630.
OERTSCHER ADÉLAÏDE, femme de Klaus Oertscher, de Fülleren, brûlée à Altkirch en 1589.
OFERLIN FRANÇOISE, jugée et relâchée à Bergheim en 1683.
OHL SOPHIA, brûlée à Hochfelden en 1612.
ORTH CHRISTINE, femme de Diebolt Orth, de Sand, brûlée à Benfeld en 1629.
ORTHLIN (ou ORTLIEB) MARIA, femme de Samuel Orthlin, brûlée à Sélestat en 1641 après avoir été décapitée.
OST SALOMÉ, de Kertzfeld, poursuivie en 1614.
OSTER ANNA, veuve de Hans Oster, de Surbourg, jugée à Haguenau, brûlée en 1616.
OSTER CHRISTINA, femme de Clauss Oster, brûlée à Saverne en 1615.
OTHILIA, *Kühhirtin* (vachère), de Dahlenheim, jugée à Molsheim, brûlée en 1620 après avoir été étranglée.
OTHMAN ANNA, de Bergholtz, jugée à Guebwiller en 1615, sentence non connue.
OTT ANNA, suicidée dans son cachot à Sélestat en 1569.
OTT N., veuve de Georg Ott, de Holtzheim, jugée à Molsheim (Nas-Rhin), brûlée vive en 1621.
OTTEL BERNARD, de Bergheim, brûlé en 1565.
OTTILIA N., jugée à Haguenau, expulsée en 1616 après avoir été fouettée.
OURY (ou UHRY) ANNA-MARIA, jugée et relâchée à Bergheim en 1683.

# P

PABST SIMON, péager à Benfeld, jugé en 1630, sentence non connue.
PALLMER ANDREAS, brûlé à Riedseltz en 1624.

PALLMER CATHARINA, brûlée à Riedseltz en 1624 après avoir été décapitée.
PARMENTIER LAURENCE, femme de Jean Parmentier, de Fouchy, brûlée à Saint-Dié (Vosges) en 1598.
PARMENTIER MARION, 60 ans, fille de Jacob-Jean Parmentier, de Fouchy, interrogée à Sainte-Marie-aux-Mines, brûlée en 1618.
PARMENTIER MICLIN (ou MICHEL), paysan aisé, de Labaroche, poursuivi en 1644.
PARROIE CLAUDETTE, femme d'Allois le Marchal, de Sainte-Croix-aux-Mines, brûlée en 1595.
PENZER(IN) SYBILLE, dite la Fondeuse en étain, brûlée à Wuenheim en 1615.
PETER JEAN, brûlé à Rothau vers 1620.
PETER N., femme de Jean Peter, brûlée à Rothau vers 1620.
PETERLER CATHARINA, femme de Frantz Peterler, de Grendelbruch, jugée à Molsheim en 1623, sentence non connue.
PETRONILLE, femme d'Oberhaslach, brûlée avec ses deux filles, Anne et Christine, à Oberhaslach en 1617.
PETRUSS URSULA, née Mummert, veuve de Hanns Petruss, de Turckheim, brûlée en 1628.
PFAFFENZELLER BRIGITTE, poursuivie à Guebwiller en 1611.
PFAFFENZELLER JEAN, violoniste, brûlé à Guebwiller en 1619.
PFAFFENZELLER(IN) CATHERINE, brûlée à Guebwiller en 1615.
PFÄNDT CATHERINE, veuve de Michel Hell, remariée à Clauss Böckler (ou Vogtlin), de Bergheim, brûlée à Bergheim en 1627 après avoir été décapitée.
PFEHLER(IN) COLUMBIA, fille de Dorothea Friesserin, de Ruelisheim, jugée à Ensisheim en 1606, sentence non connue.
PFEIFFER BARTHOLOMAEUS, 16 ans, fils de Peter Pfeiffer, paveur à Molsheim, banni de Molsheim en 1631.
PFEIFFER CATHERINE, sage-femme, brûlée à Cernay en 1573.
PFEIFFER N., femme de Hans Pfeiffer, emprisonnée à Haguenau en 1609.
PFERZLER ANNA, femme de Daniel Maurer, de Rodern, morte à Bergheim sous la torture en 1630.
PFISTER DOROTHÉE, femme de Jacques Pfister, de Geispolsheim, brûlée à Saverne en 1616.
PFŒRZLIN BARBE, dite la Couturière boiteuse, veuve de Clauss Pförzlin, d'Oberbergheim, aujourd'hui Bergheim, brûlée vive à Bergheim en 1586.
PHILIPPI CHRISTOPHE, jeune enfant de Bollwiller, inculpé en 1641.
PICCART (ou PIERRAT) ANNO, femme de Robert Piccart, de Sainte-Marie-aux-Mines, brûlée en 1594.
PIMPEL APPOLONIA, jugée à Obernai en 1595, sentence non connue.
PIMPEL N., femme de Barthel Pimpel, jugée à Obernai en 1618, sentence non connue.
PIRRIN GUSA, de Ruelisheim, poursuivie à Ensisheim en 1615.
PLUEMER MARGUERITE, femme de Jacques Pluemer, d'Ingersheim, brûlée en 1615.
POSS ODILE, femme de Marc Poss, d'Epfig, poursuivie en 1628.
POTT REGINA, brûlée à Ensisheim en 1580.
PREY(IN) MARGRED, jugée à Ensisheim, sentence non connue.
PRINSON N., femme de Villaume François, de Sainte-Croix-aux-Mines, brûlée en 1592.
PRINTALEINE MARGUERITE, brûlée à Wuenheim en 1615.
PUTSCHATTER ELSA, de Burnhaupt-le-Bas, brûlée en 1586.

## R

RAMBECK CATHERINE, de Saint-Pierre, jugée en 1629, sentence non connue.
RAPP APPOLONIE, femme de Michel Rapp, brûlée à Sélestat en 1631 après avoir été décapitée.
RAPPER(IN) GERTRUD, de Ruelisheim, jugée à Ensisheim en 1607, sentence non connue.
RAPPERT CATHERINE, de Rueslíheim, jugée à Ensisheim, brûlée à Ensisheim en 1606.

RAUMKIST (ou RUNKIST) APPOLONIE, femme de Michel Raumkist, brûlée à Sélestat en 1630 après avoir été décapitée.

RAUMKIST (ou RUNKIST) MARGRETH, femme d'André Raumkist, brûlée à Sélestat en 1630.

RAUSCHER SÉBASTIEN, 13 ans, fils de Paul Rauscher, portier, et de Marguerite, brûlé à Molsheim en 1630.

REB BARBEL, de Bouxwiller, brûlée vive en 1577.

REB OTHILIA, femme de Hans Reb, d'Altorf, jugée à Molsheim en 1623, sentence non connue.

REBMÄNN(IN) BARBE, brûlée à Guebwiller en 1615.

REFFMACHER N., vieille femme de Cernay, brûlée en 1606.

REIBEL BARBARA, femme de Hans Reibel, brûlée à Sélestat en 1630 après avoir été décapitée.

REIBER(IN) ANNE, femme de Valentin Maulbeck, brûlée à Rouffach en 1615.

REICHARDE (ou REICKHARDT) GRETA (ou MARGUERITE), brûlée à Sélestat en 1629 après avoir été décapitée.

REICHLER BARBARA, poursuivie à Ensisheim en 1586.

REIFF AGNÈS, veuve de boulanger, de Bouxwiller, brûlée à Bouxwiller en 1617 après avoir été étranglée.

REIMBOLT (ou REINBOLD) ELSA, brûlée à Mulhouse en 1454.

REINMAR (ou RIMMER) ÉVA, femme de Cornélius Reinmar, de Bergbieten, jugée à Molsheim, brûlée en 1625 après avoir été tenaillée au fer rouge.

REISS (ou REYS) URSULA, veuve de Diebolt Reiss, de Molsheim, jugée en 1621, sentence non connue.

REISS BARBE, femme de Diebolt Reiss, de Traenheim, brûlée à Westhoffen en 1659 après avoir été étranglée.

REISS DIEBOLT, de Molsheim, poursuivi à Molsheim en 1630.

REISS HANS-ADOLPH, 9 ans, de Molsheim, jugé à Molsheim, brûlé en 1629.

REISS JOANNES, fils de Diebolt Reiss, de Molsheim, poursuivi à Molsheim, en fuite en 1630.

REISS N., femme de Bläss Reiss, de Traenheim, poursuivie à Westhoffen en 1659.

REISS N., fille de Diebolt Reiss, de Traenheim, poursuivie à Westhoffen en 1659.

RELINGER MARIA, femme de Hans Relinger, d'Oberottrott (Ottrott aujourd'hui), jugée à Molsheim, brûlée en 1620.

RESZ BARBARA, femme de Daniel Resz, de Châtenois, poursuivie en 1630.

REUTER N., mari d'Ève Reuter, poursuivi dans le Bas-Rhin en 1629.

REUTTERMANN(IN) ANNA, brûlée à Turckheim en 1571.

REYSS THIÉBAUT, de Molsheim, poursuivi en 1630.

RHUEL(IN) BARBARA, jugée à Riedseltz en 1602, sentence non connue.

RICH N., femme d'Urban Rich, jugée à Obernai en 1630, sentence non connue.

RICHERT MARIE, de Heidwiller, en fuite en 1590.

RIEBLER(IN) ANNA-MARIA, de Bergheim, torturée à Bergheim en 1683, suite du procès non connue.

RIEDINGER SALOMÉ, femme d'Adam Riedinger, de Sand, brûlée à Benfeld en 1629.

RIET N., femme de Martin Riet, jugée à Haguenau en 1573, sentence non connue.

RIETSCH PAUL, d'Eichhoffen, poursuivi en 1606.

RIETSCHER (ou RUETSCHER) ELSA (ou ÉLISABETH), de Pfetterhouse, brûlée en 1627.

RIGGERT N., femme de Peter Riggert, de Soultz, poursuivie en 1618.

RINCK CONRAD, 11 ans, fils de Gall Rinck, tonnelier, et d'Agathe Geuff, sage-femme, de Dahlenheim, brûlé à Molsheim en 1630.

RINCK HANS, 13 ans, fils de Gall Rinck, tonnelier, et d'Agathe Geuff, sage-femme, de Dahlenheim, jugé à Molsheim, libéré sous condition en 1630.

RINDERMASS REGULA, femme de Georges Rindermass, bourgeois de Kientzheim, poursuivie dans les années 1590.

RINGLER BRIGIDA, brûlée à Turckheim en 1571.
RIPPLER(IN) ANNA, de Ruelisheim, poursuivie à Ensisheim en 1615.
RIS (ou RISS) ANNA, dite la Wiesten, veuve de Görg Ris, brûlée à Sélestat en 1641.
RISZ (ou RISZIN, ou RISS) URSULA, femme d'Adam Henszler, brûlée à Sélestat en 1629 après avoir été décapitée.
ROHMER ANNE, femme de Sigismond Rohmer, de Benfeld, brûlée à Benfeld en 1629.
ROHNER JONAS, vannier à La Petite-Pierre, poursuivi en 1627.
ROLLER CATHERINE, d'Haguenau, brûlée à Haguenau en 1627.
ROLLER PETER, 13 ans, gardien de porcs, fils de Georges Roller, de Surbourg, jugé à Haguenau en 1628, finalement relâché.
ROMANN FLORA, jugée à Guebwiller en 1615, sentence non connue.
ROMER BARBE, femme de Georges Romer, de Semersheim, brûlée à Benfeld en 1631.
ROMER N., enfant d'Epfig, poursuivi en 1630.
ROMER N., veuve de Sigismond Romer, de Benfeld, poursuivie en 1629.
ROSENVELDER ANNA, femme de Wolff Rosenvelder, brûlée à Bouxwiller en 1617 après avoir été étranglée.
RÖSZER(IN) (ou RÖSZLER) ANNA, femme de Mathias Armbruster, brûlée à Sélestat en 1642.
ROTH BARBARA, dite Schönschenkelin, veuve de Paul Roth, cordonnier, jugée à Saverne, brûlée en 1614.
ROTH ÉLISABETH, jugée à Obernai en 1629, sentence non connue.
ROTHBERGER N., femme de Nicolas Rothberger, de Traenheim, poursuivie à Westhoffen en 1659.
ROUSSEL (ou RUSSEL) JEAN-GUILLAUME, de Molsheim, jugé et emprisonné à Molsheim en 1697.
RUCH URSULA, femme de Paulus Dirr, brûlée à Sélestat en 1630.
RUEFF GEORGES, de Benfeld, brûlé en 1629.
RUEG CATHARINA, femme de Dieboldt Rueg, de Soultz-les-Bains, jugée à Molsheim, brûlée en 1621.
RUEL LE VIEUX JACQUES, brûlé à Rouffach en 1615.
RUFF APPOLONIE, femme d'Urban Ruff, prévôt de Benfeld, brûlée à Benfeld en 1629.
RUFF ANSTETT, de Benfeld, brûlé à Benfeld en 1629.
RULMANN JACQUES, d'Epfig, jugé en 1630, sentence non connue.
RUOFF MARIA, dite die Ruffin, femme de Daniel Jehel, brûlée à Sélestat en 1629.
RUOFF RICHARDE, de Benfeld, jugée en 1630, sentence non connue.
RUOL ANNA, de Hindisheim, jugée à Molsheim, brûlée en 1630.
RUTH AGATHA, de Bernardswiller, pendue à Obernai en 1628.

## S

SACHS ÉLISABETH, femme de Mathias Sachs, prévôt, de Matzenheim, brûlée en 1630.
SÄCKLER(IN) VERONICA, femme de Stoffel Jäger, écrivain, poursuivie à Ensisheim en 1616.
SANDER MARGUERITE, femme de Caspar Sander, de Westhoffen, brûlée en 1659 après avoir été étranglée.
SASSIER CLAUS, de Sondernach, brûlé en 1630.
SAUER JEAN, d'Eichhoffen, jugé en 1629, sentence non connue.
SAUR MERG, veuve de Hans Saur, de Wittisheim, brûlée en 1594.
SAUWER MARIE, fille mineure de Bergheim, brûlée à Bergheim en 1630 après avoir été décapitée.
SCHACHENMAIER MARGUERITE, de Munchhouse, brûlée en 1571.
SCHACHER BARBE, femme de Laurent Frou, de Munchhouse, brûlée en 1571.
SCHAEFFER APOLONIA, femme de Lorentz Schaeffer, ancien *Stettmeister*, de Molsheim, brûlée en 1589.

*« Tour de la sorcière » à Soultz (Haut-Rhin), avec vue sur le Grand Ballon.*

SCHAEFFER DOROTHEA, dite la Schusterin, 40 ans, femme de Hans-Georg Gottler, de Surbourg, jugée à Haguenau en 1628, libérée sous serment.
SCHAEFFER ELSBETH, veuve de Wendling Schaeffer, recluse à domicile à Saverne en 1630.
SCHAEFFER ODILE, d'Ammerschwihr, jugée en 1654, sentence non connue.
SCHAEFFER N., femme d'Epfig, poursuivie en 1630.
SCHÄFFER MARGUERITE, dite Gred, femme de Jean Schäffer, messager-courrier de Bergheim, brûlée vive en 1586.
SCHAFFNER N., femme de Christian Schaffner, brûlée dans le Ban-de-la-Roche vers 1620.
SCHALB N., veuve de Thomas Schalb, brûlée à Colmar.
SCHALCK URSULA, 48 ans, femme de Niclaus Haberstrumpff, brûlée à Sélestat en 1630 après avoir été décapitée.
SCHALK OTHILIA, femme de Mathias Schalk, de Hindisheim, jugée à Molsheim en 1624, sentence non connue
SCHAN(IN) AGATHA, veuve d'Adam Moritz, garde-forestier, brûlée à Boersch en 1617.
SCHAUBLER(IN) ANNE, brûlée à Murbach en 1615.
SCHEDLER(IN) URSULE, veuve de Philippe Hänslin, brûlée à Pfaffenheim en 1615.
SCHEEL (ou SEHEL, ou SCHEER), sage-femme de Saverne, expulsée sous serment de Saverne en 1629.
SCHEER BERBEL (ou BARBE), femme de Jacques Herlin (ou Hoerrlin), de Matzenheim, brûlée en 1630.
SCHENDT N., veuve de Hans Schendt, jugée à Colmar en 1581, recluse à domicile.
SCHENLER ANNA, de Mülbach-sur-Munster, jugée à Munster, brûlée en 1600.
SCHER (ou SCHERER) CATHARINA, femme de Michel Scher, tailleur à Molsheim, brûlée à Molsheim en 1621 après avoir été décapitée.
SCHER MARIE, femme de Jean-Jacques Huck, pâtissier, de Molsheim, brûlée en 1654.
SCHER MERG (ou MERGEN), veuve de Geörg Hertel, de Hindisheim, jugée à Molsheim, brûlée en 1630.

SCHER(IN) (ou SCHERER) MARGARETHA, de Molsheim, jugée à Molsheim en 1630, sentence non connue.
SCHEREN ANNELIN, dite die hubsch Annelin, femme de Martin Scheren, poursuivie à Ensisheim.
SCHEREN CATARINA, dite Catarina die Müllerin, femme de Melchior Scheren, de Surbourg, jugée à Haguenau, brûlée en 1621 après avoir été décapitée.
SCHEREN(ou SCHERER) MARTIN (ou MATERN), poursuivi à Ensisheim en 1586.
SCHERER (ou SCHERRER) MARGRED, servante à Cernay, poursuivie à Ensisheim en 1586.
SCHERER MARGARETHA, femme de Wilhelm Scherer, avocat à la Régence, procureur et notaire apostolique, de Molsheim, brûlée à Molsheim en 1630.
SCHERER OTHILIA, dite die Hoffschneiderin, femme de Jacob Scherer, tailleur à Molsheim, brûlée en 1647.
SCHERER URSULA, née Monschein, veuve de Heinrich Scherer, receveur du grand chapitre de Strasbourg, torturée à Molsheim en 1623, meurt en 1624, un mois après avoir été relâchée.
SCHERER N., veuve de Hans Scherer, brûlée vive à Thann en 1584.
SCHERER N., veuve, brûlée à Saverne en 1630.
SCHERER-MEYER-HANCK MARIA, fille de Wilhelm Scherer, procureur au Consistoire, femme de Jean-Jacques Hanck, de Molsheim, brûlée à Molsheim en 1654.
SCHEUBLER ANNE-DOROTHÉE, veuve de Joseph d'Altenrodt, ancien intendant, d'Andlau, jugée en 1630, sentence non connue.
SCHEURLIN N., femme du Dyrpletzin, poursuivie à Haguenau en 1578.
SCHILD (ou SCHLID) ADAM, de Harthouse, jugé à Haguenau, suicidé en 1628.
SCHILD (ou SCHLID) CATHARINA, dite die Ackermeisterin, femme d'Adam Schild, de Harthouse, brûlée à Haguenau en 1629 après avoir été étranglée.
SCHILD (ou SCHLID) CHRISTMANN, fils mineur d'Adam et Catharina Schild, de Harthouse, brûlé à Haguenau en 1629 après avoir été étranglé.
SCHILDER ÉLISABETH, femme de Thibaut Schilder, de Stotzheim, poursuivie en 1628.
SCHILLENGER(IN) (ou SCHILLINGER) VÉRONIQUE, dite la Truttmännin, brûlée à Rouffach en 1615.
SCHILLING BARBARA, femme de Mathias Kuhlmann, fabricant de bateaux, de Sélestat, brûlée en 1629.
SCHILLING HÉLÈNE, 60 ans, femme de Hans Schilling le Vieux, de Châtenois, brûlée à Châtenois en 1629.
SCHILLING LOLLA, brûlée à Bellefosse vers 1620.
SCHILT CLARA, veuve de Georges Sigel, puis de Hans Weidner, brûlée à Sélestat en 1630 après avoir été décapitée.
SCHIMPERLIN MARIE, femme d'Adam Schimperlin, de Balbronn, brûlée en 1659 après avoir été étranglée.
SCHLATER N., mère de Simon Schlater, horloger à Rosheim, brûlée en 1630.
SCHLATTER N., femme de Georg Schlatter, originaire de Marmoutier, jugée à Turckheim en 1628, sentence non connue.
SCHLENKER ANNA, jugée à Colmar, sentence non connue.
SCHLESINGER EVA, dite die Savoyardin, femme d'Anton Coppas le Savoyard, jugée à Saverne, brûlée en 1614.
SCHLETTENBACH MARGUERITE, veuve de Hans Schlettenbach, d'Avolsheim, jugée à Molsheim, brûlée en 1620 après avoir été étranglée.
SCHLIFFEL MARGUERITE, jugée à Obernai en 1542, sentence non connue.
SCHLOFF PHILIPP, appelé aussi Geiger, 35 ans, violoniste, de Surbourg, brûlé à Haguenau en 1627 après avoir été étranglé.
SCHLOSSER N., veuve de Jean-Jacques Schlosser, de Thann, enfuie en 1626.
SCHMID ANNA, femme de Hans Braustin (ou Jean Braunstein), originaire de Stotzheim, brûlée à Sélestat en 1629 après avoir été décapitée.

SCHMID CARLIN, trompette et agent de ville, poursuivi à Ensisheim en 1616.
SCHMID MARGARETHA, femme de Barthel Schmid, emprisonnée à Rosheim en 1627, suite du procès non connue.
SCHMIDIN MARGUERITE, brûlée à Soultz en 1615.
SCHMIDT (ou SCHMITT) CLAUDETTE, femme de Jean Schmidt, de Trouchy, hameau de Fouday, brûlée à Fouday.
SCHMIDT (ou SCHMITT) OTILIA, femme de Johann Schmidt, tisserand, jugée à Saverne en 1627, sentence non connue.
SCHMIDT ANNA, de Ribeauvillé, enfuie en 1614.
SCHMIDT BARBE, femme de Jean Schmidt, aubergiste, brûlée vive à Sélestat en 1570.
SCHMIDT CATHARINA, femme de Georg Schmidt, de Schwindratzheim, brûlée à Bouxwiller en 1629 après avoir été décapitée.
SCHMIDT CLAIRE, femme de Jean Schmidt, poursuivie en 1600 dans le Bas-Rhin.
SCHMIDT CLARA, femme de Hans Schmidt, potier, brûlée à Saverne en 1615.
SCHMIDT JACOB, de Bossendorf, jugé à Haguenau, en 1631, libéré sous serment.
SCHMIDT NICOLAS, de Fouday, brûlé à Fouday vers 1620-1621.
SCHMIDT WOLFF, de Stotzheim, brûlé en 1628.
SCHMIDT N., femme de Nicolas Schmidt, de Fouday, brûlée à Fouday vers 1620-1621.
SCHMIED DIEBOLD, jugé à Obernai en 1514, sentence non connue.
SCHMIED SABRINA, femme du messager de Bouxwiller, brûlée à Bouxwiller en 1617 après avoir été étranglée.
SCHMIEDLER CATHARINA, brûlée à Turckheim en 1571.
SCHMITT CATHARINA, veuve d'Ampfersbach, brûlée en 1630 après avoir été décapitée.
SCHMITT CATHERINE, femme de Jean Schmitt, tisserand, de Sand, brûlée à Benfeld en 1629.
SCHNEE ANNA, femme de Clauss Schnée, de Bischoffsheim, jugée à Molsheim, brûlée en 1621.
SCHNEELER BARBE, de Zillisheim, brûlée en 1579.
SCHNEIDER BARBARA, de Benfeld, jugée en 1629, sentence non connue.
SCHNEIDER CATHARINA, femme de Hannsen Schneider, poursuivie à Schnersheim en 1631.
SCHNEIDER CLAUS, dit der alte Kuhhirt (le vieux gardien de vaches), jugé à Haguenau, libéré sous serment en 1630.
SCHNEIDER HANS, de Ribeauvillé, poursuivi en 1615.
SCHNEIDER Margaretha, brûlée à Turckheim dans les années 1571-1575.
SCHNEIDER OTTILIA, femme du fileur de laine de Lichtenberg, brûlée à Bouxwiller en 1617 après avoir été étranglée.
SCHNEIDER SALOMÉ, femme de Martzoff Schneider, de Lichtenberg, brûlée à Bouxwiller en 1617 après avoir été étranglée.
SCHNEIDER N., femme de Hans Schneider, de Hombourg, brûlée dans les années 1620-1628.
SCHNEIDERLIN JEAN, jeune enfant de Bollwiller, poursuivi en 1641.
SCHNIPS (ou SCHNÜPS) MARTIN, alias Lübeck, 35 ans, flûtiste, de Surbourg, brûlé à Haguenau en 1627.
SCHOELKOPFF MARGUERITE, femme de Christmann Schoelkopff, d'Osthouse, poursuivie en 1630.
SCHOLLEN N., dite die Kastenkellerin, veuve de Jost Schollen, jugée à Haguenau en 1621, libérée sous serment.
SCHOLLKOEPF CATHERINE, d'Osthouse, brûlée à Colmar dans les années 1640-1660, après avoir été décapitée.
SCHOLLKOEPFF GEORGES, brûlé à Colmar avant 1648 après avoir été décapité.
SCHONER JONAS, jugé à Saverne en 1627, sentence non connue.
SCHORR MARGARETHA, femme de Christian Schorr, brûlée à Sélestat en 1631 après avoir été décapitée.
SCHOTT AGNÈS, femme de Hänslin Schott, de Surbourg, jugée à Haguenau, brûlée en 1616

après avoir été étranglée.

SCHOTT BRIGITHA, femme de Lienhart Schott, jugée à Schnersheim, brûlée en 1631.

SCHOTT MAGDELENA, veuve de Hansen Schott, de Mutzenhouse (Bas-Rhin, jugée à Haguenau, brûlée en 1617 après avoir été étranglée.

SCHRAMM PHILIPPE, 9 ans, fils de Valentin Schramm, prévôt de Stotzheim, brûlé en 1630 après avoir été étranglé.

SCHREIBER MARTIN, de Houssen, poursuivi dans les années 1592-1631.

SCHREIER APPOLONIE, femme de Jean Schull, de Ballersdorf, brûlée en 1630.

SCHREINER KATHARINA, dite Dreher-Käthel, jugée à Saverne, bannie en 1628.

SCHREINER MARTIN, jugé à Colmar en 1592, sentence non connue.

SCHREINER(IN) ANNA, brûlée à Sélestat en 1570.

SCHROEDER ANNA, dite la Wannenwirthin, 65 ans, hôtelière d'Haguenau, libérée sous condition en 1628.

SCHÜRMEYER AGNÈS, de Dachstein, poursuivie en 1628.

SCHUFLER CATHERINE, jugée à Colmar, expulsée.

SCHULL JEAN, de Ballersdorf, brûlé en 1630.

SCHULL MORANT, de Ballersdorf, brûlé en 1630.

SCHULTHEISS URSULA, femme de Hans Schultheiss, de Sundhouse, brûlée en 1594.

SCHULTZ (ou SCHULTHEISS) GEORG, 15 ans, fils de Hans Schultheiss, charpentier, et de Veronica Wambster, brûlé à Molsheim en 1630.

SCHULTZE BARBARA, femme de Michael Schultze, poursuivie à Molsheim en 1621.

SCHUSTER GALL, dite la Holtzen Els, de Meistratzheim, poursuivie en 1631.

SCHUTZ ANNA, femme de Martin Schutz, de Herbasch, brûlée à Molsheim en 1625.

SCHWAB OTHILIA, femme de Georges Schwab, brûlée à Molsheim en 1599.

SCHWABEL ÉTIENNE, jugé dans le Bas-Rhin en 1626, sentence non connue.

SCHWARTZ ÈVE, de Rhinau, jugée en 1629, sentence non connue.

SCHWARTZ LUX, femme de Blaise Schwartz, de Rhinau, brûlée à Benfeld en 1630.

SCHWARTZ MAGDALENA, jugée à Munster, expulsée en 1601.

SCHWARTZ MARIA, femme de Christophe Schwartz, tailleur, de Molsheim, jugée à Molsheim, brûlée en 1620 après avoir été décapitée.

SCHWARTZWÄLD KUNIGUND, de Ruelisheim, poursuivie à Ensisheim en 1615.

SCHWARZEN BARBARA, femme de Hans Schwarzen, poursuivie à Haguenau en 1612.

SCHWEIBEL (ou SCHWEIBER, ou SCHREIWER) MAGDALENA, dite Schoppin, 70 ans, femme de Moritz Schweibel, brûlée à Sélestat en 1630 après avoir été décapitée.

SCHWEICKHARDT (ou SCHEICKHARDT) MARGARETH, femme de Caspar Schweickhardt, forgeron, jugée à Saverne, brûlée en 1614.

SCHWEICKHARDT CASPAR, forgeron, expulsé de Saverne en 1617.

SCHWEITZER VERENA, poursuivie à Ensisheim en 1616.

SCHWEITZER N., dite La Bilheckherin, femme de Benoît Schweitzer, morte sous la torture à Thann en 1608.

SCHWEITZER N., femme de Georg Schweitzer, sellier, jugée à Molsheim en 1630, sentence non connue.

SCHWENCK CHRISTINE, veuve de Hans Meyer, forgeron à Rorschwihr, brûlée à Bergheim en 1630 après avoir été décapitée.

SCHWERTZ ANNETTE, originaire de Soultz, brûlée à Mulhouse en 1492.

SCHWESTER URSULA, femme de Georg Schwester, charron, brûlée à Saverne en 1628.

SCHWESTER N., femme poursuivie dans le Bas-Rhin en 1624.

SEGER CATHERINE, poursuivie dans la seigneurie de Ribeaupierre en 1628.

SEGER HANS, de Sondernach, brûlé en 1630.

SEILERN N., femme de Pierre Seilern, jugée à Colmar, bannie.

SEINNER BARBARA, veuve de Claus Seinner, de Dorlisheim, torturée en 1539, suite du procès non connue.

SELEREIN CUNÉGONDE, brûlée à Cernay en 1573.
SEMELER (ou SEMLER) URSULE, 60 ans, aveugle et mendiante, veuve de Jakob Baumann, de Bergheim, pendue à Bergheim en 1683.
SEMMER MARTHE, d'Uffholtz, jugée à Guebwiller en 1616, sentence non connue.
SERRER ANGELA, femme de Paul Serrer, brûlée à Sélestat en 1630 après avoir été décapitée.
SEÜTER ANNA, femme de Simon Haffner, notable de Bergheim, brûlée à Bergheim en 1630 après avoir été décapitée.
SEYER (ou SIGER, ou SIGRIST) JEAN, originaire de Hochfelden, boucher à Saverne, brûlé à Saverne en 1629.
SEYER (ou SIGER, ou SIGRIST) MARGUERITE, dite die Hochfelderin, femme de Jean Seyer, boucher de Saverne, brûlée à Saverne en 1629.
SEYER N., sœur de Johann Seyer, brûlée à Hochfelden en 1616.
SEYER(IN) MARIA-MAGDALENA, d'Eckartswiller, torturée à Saverne en 1678, suite du procès non connue.
SEYFRIDT CATHERINE, femme de Lorentz Seyfridt, boulanger, de Molsheim, brûlée à Molsheim en 1621 après avoir été décapitée.
SEYFRIDT HANS, de Molsheim, emprisonné à Molsheim en 1599, suite du procès non connue.
SEYFRIDT N., femme de Hans Seyfridt, brûlée à Molsheim en 1599.
SEYFRIED AGATHE, femme de Thomas Seyfried, de Bischoffsheim, jugée à Molsheim, brûlée en 1620 après avoir été décapitée.
SEYLLER TRAUWEL (ou AURÉLIE), fille du maître-tanneur Beat Seyller, femme de Caspar Westerman, de Sélestat, brûlée à Sélestat en 1630 après avoir été décapitée.
SIBENTHALLER MENGEATTE, veuve de Didier Sibenthaller, de Musloch, écart de Lièpvre, renvoyée jusqu'à rappel en 1595.
SICK APOLONIA, femme de Michel Sick, de Molsheim, jugée à Molsheim, brûlée en 1620 après avoir été étranglée.
SIEGEL DIEBOLD, fossoyeur, jugé à Obernai en 1579, sentence non connue.
SIEGEL SOPHIE, sage-femme d'Epfig, jugée en 1606, sentence non connue.
SIEMON (ou SIMON) CATHERINE, 30 ans, de Bouxwiller, brûlée en 1663 après avoir été décapitée.
SIGEL BARBE, de Benfeld, jugée en 1629, sentence non connue.
SIGEL N., femme de Jacques Sigel, brûlée dans le Haut-Rhin en 1596.
SIGRIST JEAN, 15 ans, fils d'un cordonnier de Bergheim, brûlé à Sélestat en 1630 après avoir été décapité.
SIMON CATHARINA, femme de Geörg Simon, de Bergbieten, jugée à Molsheim, brûlée vive en 1621.
SIMON CATHERINE, femme de Colas-Mathieu Simon, de Saulxures, brûlée en 1616.
SIRCK ANNE, femme de Jacques Dietrich, de Molsheim, jugée à Molsheim en 1630, sentence non connue.
SŒHNLEN BRIGITTE, femme d'André Wagner, de Soultz, brûlée à Soultz en 1615.
SOLER(IN) APPOLONIA, de Ruelisheim, poursuivie à Ensisheim en 1615.
SOLL ANNA, jugée à Obernai en 1629, sentence non connue.
SOLLINGER MARGARETHA, jugée à Obernai en 1629, sentence non connue.
SOPHIE DE HUTTENHEIM, dite la Fillette, de Stotzheim, poursuivie en 1614.
SPÄNGEL HÄNSEL, banni de Molsheim en 1634.
SPÄT AGATHE, femme de Michel Spät, poursuivie dans le Haut-Rhin en 1640.
SPECHT ANNA, dite la Petite Anna, 12 ans, fille de Jean Specht, brûlée à Sélestat en 1630.
SPECHT CATHARINA, femme de Christmann Specht, garde-forestier, jugée à Haguenau, brûlée en 1621 après avoir été décapitée.
SPECK (ou SPECHT) BARBARA, veuve de Théobald Speck, brûlée à Sélestat en 1630 après avoir été décapitée.

La « *Tour des sorcières* » à *Bergheim.*

SPECK (ou SPECHT) MAGDALENA, fille de Théobald Speck, brûlée à Sélestat en 1630 après avoir été décapitée.

SPENER APPOLONIE, veuve de Michel Spener, de Geispolsheim, brûlée à Saverne en 1616.

SPIELMÄNN(IN) ANNA, femme de Caspar Leytterer, de Hunawihr, jugée à Riquewihr, expulsée de la seigneurie en 1602.

SPIESSEN BARBARA, originaire d'Uberlingen (Allemagne), brûlée à Ensisheim en 1599.

SPRENG (ou SPRENGER) ANNA, femme de Hans Mörlin, maire, brûlée à Sélestat en 1641 après avoir été décapitée.

SPÜNDLER URSULA, veuve d'Ingersheim, poursuivie en 1615.

SPYRRER URSULE, de Pfetterhouse, brûlée en 1627.

STAB GERTRUDE, fille d'Élisabeth Heumänin, brûlée à Ensisheim en 1598 après avoir été décapitée.

STAHEL GERTRUD, femme de Claus Stahel, de Metzeral, brûlée en 1596.

STAHL MARIA, dite la Vieille Messerschmidtin, veuve de Samuel Stahl, coutelier, brûlée à Sélestat en 1630.

STAHL N., veuve de Velten Stahl, tonnelier, jugée à Saverne en 1630, sentence non connue.

STAMM CATHERINE, femme de Hans Stamm, de Westhoffen, brûlée en 1659 après avoir été décapitée.

STARCK PETER, poursuivi à Riedseltz en 1614.

STATTENHARDT (STATENHARTER) ANNA, femme de Hans Stattenhardt, brûlée à Sélestat en 1629 après avoir été décapitée.

STATTHARTIN ANNA, veuve de Georges Statthartin, brûlée à Sélestat en 1629 après avoir été décapitée.

STEFFAN MAGDALENA, 40 ans, femme de Jacob Steffan, brûlée à Sélestat en 1630.

STEGMANN AMELAY (ou AMALIA), veuve de Hans Stegmann, libérée sous serment à Saverne en 1629.

STEHLIN CATHARINA, 59 ans, femme de Jacob Stehlin, forgeron, brûlée à Châtenois en 1629.

STEINAX APPOLINE, veuve de Georges Bentz, de Biesheim, brûlée à Breisach-am-Rhein (Allemagne) en 1630.

STEINER(IN) AGATHA, poursuivie à Ensisheim en 1612.

STEINER(IN) ANNA, poursuivie à Ensisheim en 1616.

STELLER N., femme de Lienhard Steller, jugée à Obernai en 1630, sentence non connue.

STEPHAN BRIGITTA, veuve de Mathis Stephan, de Dachstein, jugée à Molsheim, brûlée en 1621.

STERCKER(IN) APPOLONIA, de Ruelisheim, poursuivie à Ensisheim en 1607.

STIPP LORENZ, fils mineur de Kaspar le tourneur, de Saverne, brûlé en 1630.

STIRITZ RUDOLF, boulanger, brûlé à Sélestat en 1630 après avoir été décapité.

STOECKEL MARGARETHA, femme de Conrad Stoeckel, forgeron, de Molsheim, brûlée à Molsheim en 1621 après avoir été décapitée.

STOESSEL AGATHE, veuve de Lienhardt Stoessel, brûlée vive à Châtenois en 1622.

STOESSEL N., femme de Lienhardt Stoessel, fils d'Agathe Stoessel, de Châtenois, poursuivie en 1630.

STOLL BARBARA, femme de Peter Stoll, boulanger, brûlée à Saverne en 1614.

STOLL ÉLISABETH, femme de Jean Hermann (ou Heinrich Schmitt), charron, meurt sous la torture à Saverne en 1629.

STOLZ MARGARETHA, femme de Lienard Stolz, emprisonnée à Rosheim en 1627, suite du procès non connue.

STOTTELUS JULIENNE, fille de Jean-Adolphe Stottelus et de Marie Flach, femme de Jean-Blaise Eberbach (ou Eberhart) brûlée à Saverne en 1629.

STÖTZEL MARGUERITE, veuve de Dietrich Stötzel, de Molsheim, brûlée vive à Molsheim en 1621.

STRAUB ANNE, femme de Nicolas Straub, menuisier, brûlée vive à Sélestat en 1570.
STRAUB ÉLISABETH, veuve de Kaspar Schlosser, brûlée à Ensisheim en 1614.
STRAUSS ANNE, veuve de Christmann, de Rhinau, brûlée à Benfeld en 1629.
STRENTZ(IN) MARGARETHA, de Gunstett, brûlée à Haguenau en 1629 après avoir été étranglée.
STROLER MARGUERITE, brûlée à Cernay en 1573.
STRÖWLER ANNE, femme de Michel Zuger, réfugiée à Zimmerbach après évasion des prisons de Brisach, dans les années 1577-1589.
STRUB (ou STUB) AENNEL, jugée à Obernai en 1542, mise dans un tonneau jeté à l'eau.
STRUDEL MAGDALENA, veuve de Hans Strudel, brûlée à Sélestat en 1641.
STUMPF SYMPHORIANIS (SINDEL ou SINEL), femme de Balthasar Stumpf, menuisier, de Molsheim, jugée à Molsheim, brûlée en 1620 après avoir été décapitée.
STURM MARGARETHA, veuve de Ribeauvillé, brûlée en 1627.
STURMIN CATHERINE, brûlée à Haguenau en 1571.
SUSANNA, veuve de Hans von Mollkirch, emprisonnée à Rosheim en 1627, suite du procès non connue.
SUTOR(IN) URSULA, poursuivie à Ensisheim en 1618.
SUTTER (ou SUTOR) ÉTIENNE, fils mineur de Georges Sutter, boulanger et conseiller, et de Catherine Ostermann, relâché à Saverne en 1629.
SYBOLT MADELEINE, femme du berger communal de Bergheim, brûlée à Bergheim en 1630 après avoir été décapitée.

## T

TÄSCHER(IN) (ou TÄSCHIN) MARIE, veuve d'Antonie Ruelen, de Bergholtzzell, brûlée à Bergholtz en 1615.
TÄSCHLÉ (ou TESCHLEIN, ou TÖSCHLEIN, ou TÖSCHLER) CUNÉGONDE, de Ruelisheim, brûlée vive à Ensisheim en 1606 après avoir été tenaillée au fer rouge.
TÄSCHLÉ (ou TESCHLEIN, ou TÖSCHLEIN, ou TÖSCHLER) THÉOBALD (ou THIÉBAUT), de Ruelisheim, brûlé à Ensisheim en 1606.
TESCHLER(IN) BRIGITTE, femme de Sigismond Weibel, brûlée à Wuenheim en 1615.
THALHAMMER BARBARA, native d'Ensisheim, brûlée vive à Bergheim en 1625.
THEBSTEN MARTHANNA, femme de Michel Thebsten, poursuivie à Schnersheim en 1630.
THENIG CATHARINA, dite die Schlagenmacherin, jugée à Boersch, brûlée dans les années 1617-1619.
THENNING LEONHARDT, de Grendelbruch, jugé à Molsheim, brûlé en 1621 après avoir été décapité.
THIRIAT CATHERINE, veuve de Noël-Demange Thiriat, de Saulxures, brûlée à Badonviller (Meurthe-et-Moselle) en 1618.
THIRION NICOLAS-JEAN, de Russ, brûlé à Molsheim en 1620.
THOMANN DANIEL (ou DAVID), ouvrier mineur, d'Èchery, poursuivi à Sainte-Marie-aux-Mines en 1615.
THOMAS FEUTTER, d'Osthouse, poursuivi en 1630.
THON MADELEINE, de Waldersbach, veuve du justicier Humbert Thon, brûlée à Waldersbach vers 1620-1621.
THÜRNER ANNA, sage-femme, femme de Hans Hugelmann, de Rorschwihr, brûlée à Bergheim en 1630 après avoir été décapitée.
TIPP STÉPHAN, vacher, d'Uttenhoffen, brûlé à Wœrth en 1630 après avoir été étranglé.
TONI (ou THONI) OTTILIA, fille de Barbara Roth, femme de Mathis Toni, forgeron, libérée sous serment à Saverne en 1615.
TRAEGER (ou TRÄYER) GEORGES, de Heiligenberg, brûlé vif à Molsheim en 1621.
TRÄGER BARBARA, femme de Michel Träger, de Grendelbruch, brûlée vive à Molsheim en 1621.
TRAUBACH ADÉLAÏDE, brûlée à Mulhouse en 1454.

TRAUTWEINS SALOMON, brûlé à Saverne en 1630.
TRENSZ AUGUSTIN, 18 ans, de Strasbourg, brûlé en 1613.
TRESCH OTHILIA, veuve d'Anthoni Tresch, maçon, de Molsheim, brûlée en 1599.
TRESCHSLER(IN) (ou TRECKSLERIN) SUSANNA, de Ruelisheim, brûlée à Ensisheim en 1616.
TRETSCH ULRICH, de Rosheim, relâché en 1630.
TROCHSLER(IN) CATHARINA, dite die Ellerbachin, femme d'Augustin Ellerbach, brûlée à Ensisheim en 1612.
TROESCHER ÉLISABETH, brûlée à Thann en 1588.
TSCHABRIS WALBURGE, veuve de Pierre Tschabris, de Vieux-Thann, brûlée en 1614.
TSCHEIBLER MARGUERITE, femme de Hans Tscheibler, de Fülleren, brûlée à Altkirch en 1589.
TSCHEN ANNA, veuve de Thomas Tschen, brûlée à Guebwiller en 1621.
TÜRCKENSCHNEIDER SOPHIE, de Boersch, jugée en 1619, sentence non connue.
TUPPIUS N., enfant de Molsheim, poursuivi à Molsheim en 1623, relâché.
TYNE DE RICHESHOVEN, dite la Brantreiten, jugée à Sélestat, bannie à perpétuité «par-delà le Rhin» en 1403.

## U

UDA N., femme de Hans Uda, de Turckheim, brûlée en 1628.
UHL ANNA, femme de Theobald Uhl, brûlée à Sélestat en 1630.
UHL MADELEINE, femme de Wendling Uhl, de Semersheim, brûlée à Benfeld en 1631.
ULRICH MARIA, femme de Leonhardt Ulrich, de Dachstein, jugée à Molsheim, brûlée en 1621.
ULRICH URSULA, femme de Hans Ulrich, de Bergbieten, jugée à Molsheim en 1625, sentence non connue.
URSCHEL (ou URSULE), sage-femme de Thann, brûlée à Thann en 1608.
URSEL AURÉLIA, veuve de Peter Ursel, de Lipsheim, jugée à Molsheim en 1624, sentence non connue.
URSULA N., de Dingsheim, brûlée à Molsheim en 1624.
UTZ ANNE, femme de Marx Utz, d'Ebersheim, brûlée à Enersheim en 1622.

## V

VAUDELSKINDT CHRESTIENNE, dite la Baltzatte, veuve de Balthazar Vaudelskindt, de Rombach-le-Franc, brûlée en 1592.
VENGER (ou WENGER) MARGUERITE, 58 ans, de Balbronn, brûlée en 1659 après avoir été étranglée.
VERONICA N., enfant de Molsheim, poursuivie à Molsheim en 1630, relâchée.
VERRER ANGÈLE, femme de Paul Verrer, brûlée à Sélestat entre 1629 et 1642.
VETELRES CATHERINE, de Grendelbruch, jugée à Molsheim en 1623, sentence non connue.
VIEHOCHS, bourgeois d'Ernolsheim-lès-Saverne, brûlé en 1617 après avoir été étranglé.
VIERLING N., femme d'Ehrhardt Vierling, de Traenheim, poursuivie à Westhoffen en 1659.
VINCK CATHARINA, dite la Knapperin, veuve de Georg Vinck, de Surbourg, brûlée à Haguenau en 1627 après avoir été tenaillée et étranglée.
VIOL(IN) KATHARINA, de Ruelisheim, poursuivie à Ensisheim en 1612.
VISCHER CHRISTINA, dite Hügerlin, veuve de Sondernach, brûlée en 1630 après avoir été décapitée.
VIX BRIGITTE, femme de Haimburger l'Aîné, brûlée à Westhoffen en 1630.
VIXEN AGATHA, femme de Simon Vixen, jugée à Schnersheim, brûlée en 1631.
VOCKHENES M., mariée, de Breitenbach, brûlée en 1588.
VOGEL APPOLONIE, femme de Jacob Vogel le Jeune, brûlée à Sélestat en 1630 après avoir été décapitée.

VOGEL MARGUERITE, de Merxheim, brûlée en 1582.
VOGEL MARTIN, châtreur de porcs, brûlé à Sélestat en 1630.
VOGEL N., femme de Bindernheim, poursuivie en 1630.
VOGELEISEN CATHERINE, veuve d'André Vogeleisen, de Benfeld, poursuivie en 1630.
VOGLER GERTRUDE, de Vieux-Thann, brûlée en 1614.
VOGLIN KUNIGUND, mariée, de Mühlbach-sur-Munster, brûlée en 1583.
VOGT MARIA, femme de Michel Vogt, jugée à Molsheim, brûlée en 1620.
VOGT N., dite die alte Cronwirthin, femme de Hans Vogt, aubergiste à Meistratzheim, poursuivie en 1630.
VOGT N., dite la Boulangère, femme de Hans Vogt, brûlée à Saint-Hippolyte en 1616.
VOGTMAN SOPHIE, femme de l'aubergiste Sébastien Vogtman, d'Artzenheim, relâchée en 1572.
VOLCH ÉLISABETH, femme de Michel Volch, de Rhinau, brûlée à Benfeld en 1630.
VOLK BARBARA, dite la Schumacherin, 60 ans, veuve du cordonnier Hans Volk, de Surbourg, brûlée à Haguenau en 1627 après avoir été étranglée.
VÖLKEL ANNA, dite la Küblerin, sage-femme, femme de Hans (ou Michael) Völkel, tonnelier, brûlée vive à Haguenau en 1578.
VOLLMAR MAGDALENA, de Bergheim, jugée et relâchée à Bergheim en 1683.
VOLMAR (ou WOLMAR) CATHERINE, femme de Jacques Volmar, cultivateur-vigneron, de Rodern, brûlée en 1618 après avoir été étranglée.
VOLTZ JOHANNES, fils de Philip Voltz, marchand drapier, brûlé à Molsheim en 1630.
VUILLAUME NICOLLE, femme de Demenge Vuillaume, de Sainte-Croix-aux-Mines, brûlée en 1605.

## W

WACHERNELL ANNA, femme de Barthel Wachernell, de Hindisheim, jugée à Molsheim en 1630, sentence non connue.
WÄCHLER(IN) COLOMBE, brûlée à Soultz en 1615.
WAGNER ANDRÉ, charron de Soultz, poursuivi en 1619.
WAGNER ANNA, poursuivie à Ensisheim.
WAGNER BARBARA (ou BARBE), dite Köschin (ou Röschin), de Rorschwihr, brûlée vive à Bergheim en 1586.
WAGNER BARBARA, dite Gredels Jerg Frau, femme de Georg Wagner, de Surbourg, brûlée à Haguenau en 1627 après avoir été tenaillée et étranglée.
WAGNER CATHARINA, de Ruelisheim, jugée à Ensisheim en 1616, sentence non connue.
WAGNER JACOB, 18 ans, fils de Barbara Wagner, de Surbourg, brûlé à Haguenau en 1627 après avoir été étranglé.
WAGNER MARGARETH, 19 ans, fille de Barbara Wagner, de Surbourg, brûlée à Haguenau en 1627 après avoir été étranglée.
WAGNER MARGARETHA, femme de Caspar Wagner, brûlée à Rosheim en 1627.
WAGNER MARTIN, tourneur, brûlé à Guebwiller en 1615.
WAGNER SYBILLE, brûlée à Haguenau en 1629 après avoir été étranglée.
WALDSCHEND ANNE, brûlée à Colmar entre 1561 et 1610.
WALDTER THIEBOLDT, de Still, brûlé à Molsheim en 1621.
WALLISER(IN) ENA, jugée à Obernai en 1579, sentence non connue.
WALTER ANNA (ou ANNE), femme de Pierre Walter, brûlée vive à Ensisheim en 1571 après avoir été tenaillée.
WALTER ANNE, de Huttenheim, poursuivie en 1631.
WALTER BARBE, femme de Georges Walter, de Kogenheim, brûlée à Benfeld en 1631.
WALTER HEINRICH, 10 ans, fils de Diebolt et Barbara Walter, brûlé à Molsheim en 1630.
WALTER MARGUERITE, femme de Jacques Walter, de Matzenheim, poursuivie en 1630.
WALTER MARGUERITE, veuve de Thibaut Walter, de Kogenheim, brûlée à Benfeld en 1630.

WALTER MARIE, femme de Georges Walter, de Kogenheim, brûlée à Benfeld en 1630.
WALTER MARTIN, de Dambach-la-Ville, jugé en 1630, sentence non connue.
WALTER SUZANNA, femme de Michel Walter, de Bischoffsheim, jugée à Molsheim en 1623, sentence non connue.
WATTMANN HEINRICH, de Wattwiller, brûlé en 1619.
WAYDER(IN) MAGDALENA, poursuivie à Ensisheim en 1614.
WEBER AGATHE, de Dahlenheim, jugée à Molsheim, brûlée en 1620 après avoir été étranglée.
WEBER APPOLONIA, femme de Claus Weber, de Kaltenhouse, jugée à Haguenau en 1531, bannie sous serment.
WEBER AURELIA (ou TRILLIG), dite die Hertebeinin, née Reiss, femme de Nicolas Weber, jugée à Molsheim, brûlée en 1620 après avoir été décapitée.
WEBER LUC, brûlé à Soultz en 1615.
WEBER SALOMÉ, femme d'Urbain Weber, de Bichoffsheim, jugée à Molsheim, brûlée en 1621 après avoir été décapitée.
WEBER URSULE, femme de Gaspard Ketz, de Hilsenheim, poursuivie dans les années 1560-1578.
WEBER N., femme d'Uhlmann Weber, brûlée à Bergholtz en 1615.
WEBER N., femme de Nicolas Weber, brûlée dans le Bas-Rhin en 1620.
WEBER(IN) ANNE, dite la Pâtissière, brûlée à Guebwiller en 1615.
WECKENZIPFEL (ou WICKENZIPFEL) ANNA, guérisseuse, femme d'Adam Wickenzipfel, de Rodern, brûlée vive en 1586.
WECKHOLDER AENNELIN, sage-femme, femme de Hans Sturm, brûlée à Haguenau en 1578.
WEINBURNIN MARGUERITE, morte dans son cachot à Sélestat en 1499.
WEINGARTER MARGARETHE, femme de Jakob Weingarter, de Birlenbach (aujourd'hui Drachenbronn-Birlenbach), relâchée en 1592 après avoir été torturée.
WEISROCK (ou WEISZRÖCK) BARBARA, femme du bourgmestre Mövel de Bergheim, puis de Melchior Buttel, bourgmestre de Sélestat, morte en prison en 1630.
WEISS BARBARA, femme d'Albrecht, brûlée à Bergheim en 1630 après avoir été décapitée.
WEISS LORENTZ, serrurier, expulsé de Saverne en 1629.
WEISS MARGUERITE, femme de Bläss Weiss, tonnelier, de Balbronn, brûlée en 1659 après avoir été étranglée.
WEISSENBURGER BARBE, 60 ans, femme de Lorentz Weissenburger, de Traenheim, jugée à Westhoffen, bannie du comté de Hanau-Lichtenberg en 1660.
WEISSENBURGER CATHERINE, veuve de Clauss Kniffer, notable de Bergheim, brûlée à Bergheim en 1630 après avoir été décapitée.
WEISSHARTER(IN) ROSINA, brûlée à Ensisheim en 1616.
WEISSKOPFF ÈVE, de Stotzheim, jugée en 1629, sentence non connue.
WEISSMANTEL NICOLAS, forgeron de Biesheim, brûlé à Breisach-am-Rhein (Allemagne) en 1630.
WEISSWÄLD(IN) MARTHA, femme de Niclaus Müller, brûlée dans le Haut-Rhin en 1615.
WELKER NIKLAUS, jugé à Haguenau en 1616, libéré sous serment.
WELSCH (ou WELSCHAUSS) CLEOPHA, veuve de Hans Welsch, de Dachstein, jugée à Molsheim en 1623, sentence non connue.
WELSCH ANNE, veuve de Thibaut Welsch, de Stotzheim, poursuivie en 1628.
WELSCH MADELEINE, de Benfeld, brûlée en 1605.
WELSCH MARGUERITE, femme de Didier Welsch, de Dinsheim-sur-Bruche, brûlée à Molsheim en 1625.
WELSCH N., femme de Georg Welsch, cordonnier, de Traenheim, poursuivie à Westhoffen en 1659.
WENDEL ROSINA, brûlée après avoir été étranglée à Riedseltz en 1603.
WENDTLING MARGARETHA, veuve de Kurtzenhouse, morte dans son cachot à Geudertheim en 1570.

WENTZINGER GERTRUDE, veuve de Nicolas Wentzinger, de Rhinau, brûlée à Benfeld en 1629.
WERNERT CLAUDINE, d'Issenheim, brûlée en 1629.
WÉTENEY CLAUDINE, brûlée dans le Haut-Rhin en 1594.
WETTERMANN CHRISTINA, dite la Vieille Schäfferin, 50 ans, femme de Hans Heiden, de Surbourg, brûlée à Haguenau en 1627 après avoir été tenaillée et étranglée.
WETZEL CATHARINA, mariée, de Soultzeren, jugée à Munster, brûlée après avoir été décapitée en 1617.
WETZELER(IN) MARGARETH (ou MARGRED), de Ruelisheim, poursuivie à Ensisheim en 1606-1607.
WEYDSTICHER(IN) BARBE, dite l'Arquebusière, brûlée à Guebwiller en 1615.
WEYLAND DIEBOLD, célibataire, fils de Johann Marzell (ou Marcel), échevin, et de Catharina, de Dehlingen, brûlé à Diemeringen en 1673.
WEYLAND MAGDALENA, jugée à Obernai en 1618, sentence non connue.
WILHER SCHOLASTIQUE, brûlée à Cernay en 1573.
WILLER (ou WILLERIN, ou WILLEIN) MARGUERITE, brûlée à Bergholtz en 1615.
WILLMANN ANNE, femme d'Anstett Willmann, aubergiste, de Matzenheim, brûlée en 1630.
WILLMANN MARIE, femme de Jean Willmann, aubergiste, de Kogenheim, brûlée à Benfeld en 1630.
WINCK MAGDELENA, femme de Jacob Däntz (ou Duntz), brûlée à Sélestat en 1629.
WINDY N., femme de Colas Windy, sujette de la seigneurie de Ribeaupierre, brûlée à Taintrux (Vosges) en 1612.
WINTER N., mari de Barbe Winter, bourgeois de Benfeld, brûlé en 1630.
WINTZ JEAN, de Balbronn, brûlé en 1659 après avoir été décapité.
WIRREY KUNINGUND, veuve, brûlée à Munster en 1584.
WIRTEMBERG HANS, brûlé à Mulhouse en 1492 après avoir été décapité.
WIRTEMBERG N., femme de Hans Wirtemberg, brûlée à Mulhouse en 1492.
WISSWALD MARTHE, de Vieux-Thann, brûlée vers 1616.
WITTSTICH N., veuve de Jacques Wittstich, jugée à Thann, brûlée en 1602.
WOELFLIN MARGARETH, 60 ans, femme du Petit Woelflin, de Surbourg, brûlée en 1628, après avoir été décapitée.
WOGHALS MARGUERITE, brûlée à Mulhouse en 1454.
WOLFF APPOLONIA, femme de Dieboldt Wolff, d'Avolsheim, jugée à Molsheim brûlée en 1620 après avoir été étranglée.
WOLFF BARBARA, veuve de Beat Wolff, brûlée à Châtenois en 1623.
WOLFF MARGARETHA, jugée à Obernai en 1629, sentence non connue.
WOLFF MARIE, femme de David Wolff, d'Avolsheim, jugée à Molsheim, brûlée en 1621 après avoir été décapitée.
WOLFFEN SOPHIA, femme de Hans-Fridrich Wolffen, jugée à Boersch, brûlée en 1619.
WÖLFFER(IN) URSULA, poursuivie à Ensisheim en 1616.
WOLFGANG N., femme de Wolfgang, brûlée dans le Ban-de-la-Roche vers 1620-1621.
WOLGETHAN URSULE, femme de Claude Scheurer, d'Altkirch, brûlée en 1571.
WOLLEBIN OTTILIA, de Dangolsheim, capturée après fuite et livrée à Haguenau en 1617, sentence non connue.
WORMBSER PIERRE, de Ballersdorf, brûlé en 1630.
WÜRTZLER(IN) MARIA, brûlée à Ensisheim en 1598.
WURMER(IN) ÉLISABETH, poursuivie à Ensisheim en 1615.
WURPULAR BARBE, brûlée à Cernay en 1573.

## Y

YRINGER MERGE, poursuivie à Ensisheim en 1612.
YSSINGER N., veuve de Michel Yssinger, jugée à Colmar, expulsée entre 1544-1597.

# Z

ZABÉ MATHIOTTE, femme de Claudon Jean Zabé, de Les Quelles, écart de La Broque, brûlée à Badonviller (Meurthe-et-Moselle) en 1614.
ZALLER(IN) CLAIRE ou ZOLLER(IN) CLARA, femme de Nicolas Kornmann, brûlée à Guebwiller en 1615.
ZAUSER ÉLISABETH, célibataire, fille de Johann Zauser, brûlée à Sélestat en 1636 après avoir été décapitée.
ZELLENBERGER ODILE, femme de l'aubergiste Au Bœuf, de Rhinau, brûlée à Benfeld en 1629.
ZENGER(IN) BARBARA, dite die Cronenbärbel, jugée et libérée sous serment à Bergheim en 1683.
ZENTZEN FRAWEL, femme de Mathis Zentzen, tailleur, de Steinbourg, jugée à Saverne, expulsée en 1629.
ZIEGLER ANNE, de Ribeauvillé, jugée à Colmar, expulsée entre 1546 et 1597.
ZIEGLER HEINRICH, dit der Hexenmeister, brûlé à Sélestat en 1630 après avoir été décapité.
ZIEGLER JACQUES, d'Orschwihr, banni en 1581.
ZIEGLER MARGARETHA, femme de Barthel Ziegler, poursuivie à Molsheim en 1621.
ZIEGLER MARIE, de Westhoffen, brûlée en 1659 après avoir été étranglée.
ZIMMER MADELEINE, femme de Jean Lips, de Boersch, libérée sous serment en 1617.
ZIMMERMANN CATHERINE, veuve de Jean Probst, de Brunstatt, brûlée en 1577.
ZIMMERMANN HANS, 10 ans, fils de Hans et Sibilla Zimmermann, brûlé à Molsheim en 1630.
ZIMMERMANN JEAN, de Fertrupt, écart de Sainte-Marie-aux-Mines, poursuivi en 1610, décédé durant l'instruction.
ZIMMERMANN PIERRE, poursuivi dans le bailliage de Barr dans les années 1599-1630.
ZIMMERMANN SIBILLA, femme de Hans Zimmermann, berger de Molsheim, jugée à Molsheim, brûlée en 1620 après avoir été décapitée.
ZIMMERMANN N., enfant de Molsheim, sans doute un autre fils de Hans et Sibilla Zimmermann, brûlé à Molsheim en 1629 après avoir été décapité.
ZIMMERMANN N., femme de Christian Zimmermann, brûlée à Bellefosse vers 1620.
ZIMMERMÄNN(IN) ÉLISABETH, dite la Störcklerin, brûlée à Wuenheim en 1615.
ZINSMEISTER GEORGES, poursuivi à Schiltigheim en 1607.
ZOLLER ANNE, de Bergheim, jugée à Bergheim en 1683, libérée sous condition.
ZOPFFER(IN) MARIE, femme de Georges Schlegel, brûlée à Rouffach en 1615.
ZORNINGER ANNA, femme d'André Zorninger, de Bischoffsheim, jugée à Molsheim, brûlée en 1624 après avoir été décapitée.
ZSCHEPPEL(IN) URSULA, poursuivie à Ensisheim en 1621.

# Table

numérique
Impression & brochage - France
Numéro d'impression : N20643180505 - Achevé d'imprimer : Juin 2018
Dépôt légal : Juin 2018
IMPRIM'VERT®